车广秀⊙著

捂着伤口还在愛

海南出版社

图书在版编目（CIP）数据

捂着伤口还在爱 / 车广秀著. — 海口：海南出版社，
2010.2

ISBN 978-7-5443-3203-3

Ⅰ.①捂… Ⅱ.①车… Ⅲ.①女性—爱情—通俗读物
②女性—婚姻—通俗读物 Ⅳ.①C913.1-49

中国版本图书馆 CIP 数据核字（2010）第 028116 号

捂着伤口还在爱

作　　者：车广秀
责任编辑：王振德
特约编辑：汪　洪
封面设计：黎花莉
印刷装订：海南海狮印刷有限公司
海南出版社　出版发行
地址：海口市金盘开发区建设三横路 2 号
邮编：570216
电话：0898-66830931　66830932
网址：http://www.hncbs.cn
E-mail：wd3838@sina.com
经销：全国新华书店经销
开本：1/16
字数：300 千字
印张：17
版次：2010 年 2 月第 1 版
印次：2012 年 9 月第 2 次印刷
书号：ISBN 978-7-5443-3203-3
定价：28 元

目　录

一、妻子的控诉

　　我无意中发现了那个女人发给他的信息，内容是："我想你了，最近还好吗?"我凭直觉知道是她。趁丈夫不注意，我用自己的手机拨过去。当那边传来女声时，我如雷轰顶，果然是她！我的心还在流血，那块伤疤又被他们残忍地揭开了，我痛得甚至不能呼吸……

二、丈夫的呐喊

妻子苦苦哀求我原谅她，说和那个男人完全是逢场作戏。为了赎罪，她整天忙进忙出，小心翼翼看我的脸色行事。但我无法释怀，感情再也无法回到从前。一看到她，就觉得她很脏，碰都不愿意碰她。我经常失眠，醉酒，曾经发生的一切像毒蛇般紧紧地啃噬着我的心，让我愤恨和绝望……

三、孩子的眼泪

初二时，父亲再次染上了性病。那一次，我真希望妈妈离婚，但妈妈还是没有离。带着破碎不堪的心和颓废的精神，我去参加高考，结果可想而知。尽管已经没有眼泪，甚至连活的勇气都没了，但我在别人面前都竭力表现得正常。只有回家看到爸爸，才会失去控制。曾经很多次，我都想把他杀了，但理智告诉我，这会毁灭自己……

四、第三者的声音

我是个第三者，但绝非本意。他是我的老板，平常很严肃，有次出差在外地，醉酒后他突然推门闯到我房里……我有家，他也有家。我爱我的家庭和老公，却阴差阳错和他发生了性关系，虽然是醉酒后，毕竟不能当作什么都没发生。三毛说，女人的爱情是直通阴道的，我现在信了……

五、幸福婚姻解码

本是十多年的夫妻,有着美好的过去和深厚的感情,却因为其中一方不安于平淡,有了出轨经历,另一方知情后,痛苦万分。尽管出轨的一方诚心诚意想改,可受伤的那一方却在两难境地中徘徊不已。他们问我最多的问题是:怎么办?!离又离不了,忘又忘不掉,每天过得暗无天日,身心俱疲……

妻子的控诉

　　我无意中发现了那个女人发给他的信息，内容是："我想你了，最近还好吗？"我凭直觉知道是她。趁丈夫不注意，我用自己的手机拨过去。当那边传来女声时，我如雷轰顶，果然是她！我的心还在流血，那块伤疤又被他们残忍地揭开了，我痛得甚至不能呼吸……

我的心现在还在滴血，那块刚刚愈合的伤疤被他们残忍地揭开了。于是，鲜血淋漓，我痛得甚至不能呼吸……

01. 一条暧昧短信，再次撕裂我的心！

车老师：

我的婚姻充满坎坷。由于几年前的一次变故，丈夫曾经迷失过，虽然我原谅了他，但心里的伤疤还在隐隐作痛，我一直小心翼翼，不去碰触它。毕竟事情已经过去了多年，我也没再发现丈夫和那个女人有什么瓜葛，我一直很相信他。可是，就在昨天，我无意中发现了那个女人发给他的信息，内容是："我想你了，最近还好吗？"

虽然我不知道那个女人的电话号码，但凭直觉知道是她。趁丈夫不注意，我用自己的手机拨过去。当那边传来女声时，我如雷轰顶，果然是她！原来这么多年他们一直保持着联系，我深信的丈夫竟然一直在骗我！尽管丈夫矢口否认，但我知道我又一次被骗了。因为，丈夫的手机号码已换过几次，如果不是他主动和她联系，她怎么会知道他的电话？我怎么也想不明白，丈夫怎么会如此糊涂，难道多年前的那个教训还不够吗？因为他的那次出轨，导致我们

情感聚焦

1. 姚木兰是旧时代的女性，和现在社会的女性有所不同。作为当今社会的女性，要拿得起放得下，不要过分依赖男人，自己养活自己。男人出轨，就是他们的错，不能说女人做得不好，错了就是错了。

的婚姻一直摩擦不断，甚至有过一段时间的分手，他为什么还不知道珍惜？

面对我的质问，丈夫的回答是：和她联系是在我们分手后的那段时间，和好后就没再与她联系了，谁知那个女人会给他发信息呢？

我不知道丈夫说的是真是假，但我愤怒了。我恨他们，恨那个女人，我告诉丈夫，如果再让我发现他们有联系，我一定要让那个女人好看，我不会再像当年一样受辱，我要以牙还牙！

车老师，我真的迷茫了。难道在一起风风雨雨十几年的夫妻，感情还不如一段露水缘？我不知道他们当年是否真有感情，又到了何种程度。我想请私家侦探调查那个女人，然后把她的所作所为告诉她的家人，警告她别人的东西不能碰，让她本分点儿，又怕会伤害到她的家人，导致一个家庭破裂。可是我实在不甘心啊！既不甘心那个女人纠缠我丈夫，又希冀家的完整平静，不愿意再节外生枝。

我的心现在还在流血，那块伤疤被他们残忍地揭开了，我痛得甚至不能呼吸。但是丈夫总是一副很无辜的样子，我被弄懵了。我该怎么办？

尽管这位女子心痛到难以呼吸，但内心深处还是希望守住婚姻。面对第三者的入侵，怎样做才能击败她，使婚姻稳如磐石？

比较明智的做法是：用智慧和宽容与第三者斗智斗勇，让丈夫的心回归。在这方面，有很多聪明女子的做法值得借鉴。

一、不战而屈人之兵

这是孙子兵法三十六计中的宗旨和目的，也是林语堂所著小说《京华烟云》中的主角之一——姚木兰制服第三者的做法。

姚木兰和荪亚携手走过了十多年的婚姻，在步入中年以后，遭遇了一场情感危机。那是为实现田园生活的梦想，他们告别京城奢侈豪华的生活，到杭州隐居期间发生的故事。隐居期间，木兰急于实现自己的生活理想，她穿简单朴素的布旗袍，亲自操持一些家事，有时甚至和孩子一同去捡柴，戏称自己为"乡

即使妻子做得不好，也不能作为出轨的理由。妻子能不能原谅是另外一回事了。（新浪网友）

2. 难道说，第三者就没有爱吗？错了，她应该说是爱得很深很深的。否则，一个有品德修养的人，不会去破坏别人的家庭，她心里肯定也是很不好过的。我觉得，

4

下老婆子"。可生于富贵、长于富贵的荪亚，一下子很难接受木兰的这些改变。烦闷之际，他对杭州艺专的女生曹丽华展开情感攻势，对曹谎称自己的太太是个乡下旧式妇女，不幸娶了那样旧式妇女的男人，都想要一个如曹这样的时髦妻子。

荪亚的异常表现被木兰发现了。在父亲的帮助下，木兰知道了情敌的名字和通信地址。她没有忙着兴师问罪，而是竭力表现出一如既往的样子，稳住丈夫。然后，她给情敌曹丽华写了封短信，约其见面。

聪慧的木兰能够猜出丈夫在情人面前是如何诋毁自己的，为了先声夺人，在气势上压倒对方，见面的那一天，她有意穿一件鲜艳的海蓝色旗袍，质地高贵，裁剪得体，式样新潮。曹丽华看到美丽高雅、光彩照人的木兰，第一个念头就是自己被骗了。经过交谈，她得知木兰原来就是赫赫有名的京城王府花园姚家的大小姐，受骗的感觉就更强烈了。在谈话结束之后，她简直以提到荪亚的名字为耻。

木兰轻而易举地让情敌折服之后，并没有就此罢手，她有意减少做家事的时间，用丈夫喜欢的时髦衣饰和欢悦如常的表现来挽回丈夫的心。另一方面，她继续写信约见丽华，以尊重和理解的态度提出解决问题的两个方法：第一和荪亚断绝关系，第二嫁给荪亚做妾。她很诚恳地表示，丽华选择什么，她都可以接受并且支持她。木兰的坦然和大度再次让丽华心折，她毫不犹豫地选择了离开。

就这样，木兰靠着过人的智慧，轻而易举地打败了第三者，并且得到丈夫由衷的爱戴和敬意。

二、不想撕破脸，就不要去捅破它

假如说木兰的例子距离现代生活有点远，现代女子在保卫婚姻方面摸索出来的经验也很多。我印象最深的是一位叫葳的女子，在发现恩爱多年的丈夫出轨后，她痛不欲生。但反复衡量之后，自问不论是为了孩子，还是为了自己，都输不起婚姻。所以，她采用的策略是装傻，理由是"如果不想撕破脸，就不要去捅透它"。

她努力带好孩子，把家事料理得井井有条，对丈夫嘘寒问暖、关怀备至，使丈夫心中有愧，不敢公然跟情人来往。然后

一条暧昧短信，再次撕裂我的心！

她只不过是比作妻子的出现或是遇上的晚了些。试问有哪个女人想这样啊？（QQQQ）

她进出美容院，把自己修饰得容光焕发，把生活安排得丰富多彩，经常当丈夫的面，接一些神秘电话，深夜才归家（其实是出去和女友喝茶聊天），回来后表现出很兴奋的样子，让丈夫疑神疑鬼，担心被她扣上绿帽子，不由自主减少了和情人在一起的时间，有空就在家陪她。

有一次，她深夜查看丈夫的电话，发现情人约丈夫在一家餐馆见面。她用丈夫的手机发短信给第三者，跟她约定见面的时间和地点。第二天，她打扮得端庄得体，找个借口带着孩子，挽着丈夫的手臂，很亲密地出现在第三者面前，让情人亲眼目睹她们一家的天伦之乐，感受自己躲在暗角里的悲哀和醋意。

情人无隙可乘，无法排解，总是找碴跟她丈夫吵闹。丈夫吃不消，心生厌倦，觉得还是老婆明白事理。于是彻底跟情人分手，回归家庭。葳承认这样做很辛苦，但她说，我的目的就是守住婚姻，让那个女人明白，她是永远见不得阳光的，只是男人寻求刺激的玩偶，我才是名正言顺的老婆。只要丈夫是我的，她就注定输得比我惨。

总结一下姚木兰和葳制服第三者的招数：第一，在丈夫面前镇定自若，不动声色，稳住丈夫的心。第二，善于反省，敢于担当。不把出轨的过错全归罪于丈夫，而是努力从自身找原因，改变自己，去挽回丈夫的心，修复感情的裂痕。第三，设法跟第三者交朋友，展示个人魅力，让她知难而退。或者，在第三者面前展示自己与丈夫的恩爱和谐，让她无隙可乘。

当然，以上做法只适用于有感情基础、以保卫婚姻为目的的女子，不适用于以下两种情形：

第一，女人自尊独立，性情刚烈，绝对无法接受丈夫出轨的事实。这样的女子可以选择果断离开，优雅转身。第二，丈夫对第三者动了真情，不惜代价要和妻子离婚。在这种情形下，妻子的努力注定无果，不如放他离开，也给自己一条生路。

有时候，舍得本身也就是一种获得。

在我为争得婚姻的幸福而努力、而奔波时，他们的偷情却变本加厉……心伤透了！我要离婚，岂料，他却死活不肯……

02. 出轨老公，为何不肯和我离婚？

车老师：

我和先生结婚4年了，有一个两岁的儿子。我们都是比较传统的人，当初也是经过长辈的介绍才相识的，结婚使得我们的生活质量得到提高，我常常环顾这个有房有车的家，私下窃喜自己的婚姻还是幸福美满的。

我的父母都是聪明勤劳、热情好客的人，所以我性格率真，朋友众多，从小到大都是学生干部。尽管高考落榜没有上大学，但终因我的勤恳和真诚，跻身在外企中坐稳了位置。

他的家庭却很特别。他的父母早年为双方的亲朋所拒，孤立无援地抚养了姐弟两人。他是家里的小儿子，在家人的宠爱下，性格冷傲自负，除了读书，对其余的事情都漠不关心。比如说，他不知道下面条时要等锅里的水烧开，也不知道客人来了应该主动倒茶……

父亲曾暗示我这段婚姻不会幸福。我却常常觉得自己在学习中没有达到的高度全部由他弥补了，因为他是研究生，我和孩子都会因为

精彩点击

1. 似乎跟主人公有着某些相似的地方，就是我很任性，而且脾气很不好。老公出轨后，我曾经以为是自己的问题，可当我为了心爱的人改变自己时，我才发现，原来并非如此。不管我改变了多少，

他提升学识和教养。父亲尊重我的选择，没有阻拦我和先生的结合。

婚后第一年，父亲得了绝症。病危时，我怀孕六个月。这期间，老公虽然一直陪伴左右，却始终像个没有感情的木偶。我为父亲的事情感到山穷水尽，恳求他救一救我跌入万丈深渊的心，他却反复说人总是要死的，更多的时间是在我的身边埋头玩手机游戏。在那段不平静的生活历程中，虽然我不是一个人，但是我非常孤独和无助，总是拿"我们是相爱的"来安慰自己。

爸爸去世不久，孩子出生了。生完孩子，丧父的伤痛始终挥之不去，加上坐月子时的焦虑和孤独，我得了产后抑郁症。我渴望他的抚慰，也曾提议看心理医生。他却说，你老公我就是最好的心理医生，我可以参透世事，我是神啊！你只要和我学就可以摆脱凡夫俗子的烦恼了。

我只好擦掉眼泪，独自一个人承受内心的煎熬，流泪—厌食—失眠—自杀！妈妈是在我尝试自杀的前几天才发现我的反常，不管她怎么呼唤、宽解，还是亲眼看到我毅然自杀的情景。那一刻，她的哭声几乎要唤醒了爸爸的亡灵，幸而我只是受了点儿轻伤。

自那以后，妈妈落户在我们家里，包办了所有家务，也一并承担起抚养婴儿的责任。他对于岳母的照顾非常受用，饭来张口、衣来伸手，常常是我们一遍遍地催促，他才离开电脑来吃饭。更多时候，我在客厅看电视，他在书房上网，妈妈在厨房忙碌。他懒，我也不愿勤快，两个人的衣服、物品随便地摆放在屋里，早上能睡多晚就睡多晚。所有妈妈做的事情，他都认为是理所当然的，毫无感激之心；所有妈妈没有做而我也没有做的事情，他都埋怨我太不贤惠；偶尔需要他动动手，他都会心生不平，认为男人做了女人分内该做的事情。

孩子两岁不到，他出轨了。事后，他说是因为无法克制自己对其他异性的渴望，主动去网上结识了这个第三者，对方长得较漂亮。交往两个月，纯粹是出于肉体的需要，并且被我知道当天就彻底断绝关系了。他表示还是很爱我的，很想有一个完整的家庭。我对他又打又骂，他都打不还手，骂不还口，跪

他都不会看到，他只会欣赏别人的老婆。而我，在他的眼里、心里，只是一朵已经凋落的残花。男人啊，什么时候才能学会用心去欣赏自己的老婆，而不是总把眼球放在别人的老婆身上！
（凋落的玫瑰）

2. 无论男人或女人出轨，往往都不是一个人的过错。

地恳求我的原谅。凭借我对他的了解，可以断定他真的很后悔，他其实还是很爱我、很爱这个家的。在一番痛苦的心理挣扎以后，我原谅了他，尤其是随之而来的汶川大地震，让我顿悟了平安是福的道理，决定和丈夫重归于好。

岂料，在我为婚姻的幸福而努力时，他们的偷情却变本加厉。更可怕的是，在我揭露的事实面前，老公镇定自若，死活不承认。我简直不寒而栗，原来我曾经以为是个"好人"的丈夫，竟然如此卑鄙、虚伪。

心伤透了！我要离婚，他却死活不离！离婚有两种方法，协议离婚和起诉离婚。前者平和，后者极端，甚至需要捉奸来获取证据。我选择离婚，目的在于停止他对我的伤害，所以，我尽力不用第二种方法。现在，我和妈妈、孩子搬离了家里，我让他考虑协议离婚。他还是那句话："我为什么要离，我爱你呀！"这个"爱你"两字令我作呕。

话说回来，如果我不说明以下这三点，对他是不公平的。

第一，我是个精神上的处女癖者，一直以来对于性生活非常冷淡。第二，我在外面是受气包，在家里是炸药包，常常像个泼妇一样指责他。第三，生完孩子并且好不容易从抑郁症的魔掌中爬出来以后，我完全忽略了女人应有的外在修饰和内在修养，每天蓬头垢面，不修边幅，只要孩子和自己的身体好，别无他求。

目前，我和他的离婚正在进行中。我痛恨那个第三者，她其实正在准备复婚，一边让自己的家庭破镜重圆，一边让我的家庭支离破碎。想到我两岁的孩子就这样没有了完整的家，我恨哪！难道没有法律制裁这些婚姻的破坏者吗？我该怎么办？

晓纯

尽管对晓纯即将离婚的结局感到惋惜，但还是觉得，这段失败的婚姻是两人共同造成的，不是一方的过失，现简单分析如下：

一、妻子的三点不足，是婚姻幸福的杀手

在对婚姻的反思中，晓纯尽管痛苦，还是坦率地说出了自己三个方面的不足：性冷淡；脾气暴躁，像个泼妇；忽略了女

当一方不能对另一方的情感进行慰藉，或满足其性欲，或一方性格有缺陷时，对方就很容易出轨。尤其是那些含有情感易变不忠基因的人；出轨的几率就更大。这时他（她）们的家庭观念和责任心根本不存在了，他们的情感转移了，又患上了新的精神病——坠入了另一条爱河。（椰风）

人的外在修饰和内在修养，每天蓬头垢面，不修边幅。

应该说，这"三点不足"对婚姻的杀伤力是致命的。因为和谐的性生活是婚姻稳定的基石。在婚姻中，注重内修外养，让自己看起来赏心悦目，才更能抓住丈夫的心。

晓纯因为怀孕生子，加上丧父的打击，又过于信任丈夫的爱，放任自己的个性，基本上是把自己性格中最糟糕的一面淋漓尽致地展现在老公面前。她没有意识到，人的天性是趋利向善，男人更愿意去爱让自己感觉舒适美好的人，不会因为婚姻的束缚，就无怨无悔地承受妻子的一切缺点。假如男人从妻子那里得不到精神和肉体的满足，更容易见异思迁，寻求婚外情填补空虚的心。

所以，女人婚后，更应完善个性与魅力，不要因自己的散漫和随意，使丈夫的内心出现情感真空。须知，外界的诱惑就像空气和水，一旦在家里出现真空，外面的诱惑就会渗入进来。

二、丈夫不成熟的性格，是出轨的罪魁

婚姻幸福主要是来自两个人性情相投。晓纯尽管自身存在不足，但她本质上率真、要强，重视婚姻。假如她丈夫性格沉稳，能包容她的不足，用成熟的心态去引领她，相信凭她的悟性，她会心领神会，努力配合丈夫，纠正自己的缺点，让婚姻更融洽幸福。

但事实是，她嫁的是个清高冷傲、孤芳自赏的书呆子。面对被病魔折磨的岳父，不是悉心安慰，而是漠然置之；面对被抑郁症折磨着的妻子，不是发自内心地去呵护，而是夸夸其谈；面对终日为他们小家忙碌操劳的岳母，不是心存感激，而是心安理得地接受。

尤其是在婚姻产生不和谐音之后，丈夫不是努力和妻子沟通，而是寻求婚外情填补空虚，并且一边和第三者偷欢享乐，一边以爱为由，拒绝和晓纯离婚。其实他不想离婚，绝对不是因为爱，而是因为无法承受离婚的后果，缺乏担当的勇气。

晓纯丈夫性格极不成熟，很难适应丈夫的角色要求，是导致婚姻解体的关键因素。

三、经营婚姻，需要成熟的心态

由晓纯的邮件，我想说的是，经营婚姻需要成熟的心态。

在选择婚姻伴侣时，谨慎一些；进入婚姻殿堂后，用心经营，多些宽容和体谅，不断完善和提升个人素质；在婚姻面临危机时，积极应对，努力化解，不是以寻求婚外情的方式回避问题。假如晓纯和她老公具备这样的婚姻智慧，我相信，他们的婚姻悲剧就不会发生。

事已至此，希望晓纯擦干泪水，理清思绪，积极汲取这段婚姻的教训，努力经营好以后的感情生活，让自己和孩子拥有想要的幸福！

> 我最痛苦的是：他现在一说出差我就特别害怕。因为,只要我看不到他,我就会想:他一定是和别的女人鬼混去了……

03. 老公"出差",成了我的彻骨之痛!

1. 自己爱的人背叛自己,这的确是个毁灭性的打击。可是,生活还是要继续,问题出现了,双方就要想办法去解决。指责、谩骂、泪水,都没办法减轻那些痛苦。只有调整心态,以积极的态度来

广秀姐:

我和老公是同学,因相爱而结合。结婚12年以来我们非常恩爱,再加上两个可爱的孩子,我觉得自己是最幸福的女人。但去年8月23日,老公手机上的一条短信,一下子粉碎了我的梦幻,把我打入了万丈深渊!

那天早上我送儿子上学,他在门口等我,等我出来打开车门时,看到老公拿着手机,神情很紧张。我把手机取过来一看,上面有一条刚刚写好还没发出去的短信:我在办儿子转学的事,你嫂子也在,想你!

看完短信,我的脑子一下就懵了。问他是给谁发的,他不说。我哭了起来。等我们回到家里,他说是一个外地的小姐(他是业务员,在外地有业务,经常出差),他找了她两次。她经常给他发短信,因为害怕我知道,他给她汇了500元钱分手了。

他告诉我那个小姐的电话。我打过去,在电话里,她承认自己是小姐,不记得他找过她

几次了。我相信他找了小姐，但我不相信他要发短信的人就是这个小姐，如果是，她不会叫我嫂子，肯定是熟人。他不承认，我就离家出走，住到了同学家里。

两天后，他打电话说要和我好好谈谈，我答应了。他说是他厂里以前的秘书，只是最近才发短信联系，并且还带我找了那个女孩。我相信了他，于是跟他回了家。等我把他的电话清单打出来一看，我就傻了。他出差的每天晚上都打电话，最长的是80分钟。我很生气，如果没什么，为什么会打那么长的电话呢？

在我的逼问之下，他把一切的一切都告诉我了，包括怎么找小姐的都说了。

这个打击对我来说实在太大了！我心里那个最疼爱我的老公，不仅身体背叛了我，心也背叛了我。我无法接受这个事实，每天都哭，哭累了就睡，睡醒了就哭，我的精神崩溃了！我控制不住自己，整天哭闹。这样持续了一个礼拜，他带我去外地看了心理医生，买回很多抗抑郁的药。从此我就靠药物来控制我的情绪，我真的快疯了。

事情过去十个月了，我还一直沉浸在痛苦中不能自拔，每天都在想他和小姐的事，想他们怎么做爱，想他和她打电话80分钟都说些什么……想到这些，我的心就会很疼很疼，心越疼我就越想，越想就越心疼。我已经习惯了那种心疼的感觉。

不知道是药物还是精神因素，我的身体垮了，每天除了睡觉就是看电视。我不再爱干净，也不再爱收拾，性格也变得自卑起来。我看过《伯恩斯的新情绪疗法》，上面有一个抑郁症的测试题，我作了一下测试，结果是，我得了重度抑郁。我真的很担心，我现在吃着抗抑郁症的药，怎么不见好，反而更严重了呢？我好怕，怕自己好不起来，因为我还有两个孩子，我不想这样难受。

最糟糕的不是我的身体，是我和他的关系。十个月来我每天都在骂他找小姐，开始他什么也不说，但现在他竟然让我也去找情人，并且每天都让我去找。他说这对我的病有好处。我不想找，我真的不想背叛他，于是他对我越来越冷淡，我们之间的话越来越少。我想离婚，以前也闹过离婚，都下不了决心，

面对人生，才是关键。为自己活一次吧，就这一次也好。（楚楚）

2. 说句实话，我也曾经与已婚男人好过，但他们心底最在意的其实是自己的妻子，情人什么也不是。没有几个傻瓜男人愿意众叛亲离地把情人迎娶回家，他们说白了就是玩。

妻子的控诉　　13

因为想到两个孩子，我就又不舍得了！

秀姐，你知道吗，离婚并不重要，重要的是我每天都不高兴，没有一点点的快乐感。我对什么都失去了兴趣，做什么都没意思，每天心烦得要命！就一个字：够！前几天他带我去了西安，看了兵马俑、大雁塔，我们玩了好几天。本来觉得可以散散心，但回来以后，心情还是跟以前一样沉重，还是高兴不起来，我真的一点办法也没有了。

我最痛苦的是：他现在一说出差我就特别害怕，觉得他出去又找小姐了；只要我看不到他，我就会想他是和别的女人鬼混去了。我控制不住自己的情绪和思想，活着比死都难受！我真的很痛苦，有时真想去死！广秀姐，我该怎么办呀？

请你把我的故事写出来放在博客上，我很想听听朋友的评论。不过，我得向你说明几点，

第一，我老公很爱我，但他却背叛了我。

第二，我很爱我的老公，我很想原谅他。

第三，我永远不可能原谅他，我很痛苦。

垠

这是我接到的第一个因老公出轨而引发抑郁症的案例。原来，对一些柔弱的女子来说，老公出轨的确是难以承受的生命之痛。垠在最痛苦的时候，将求助的目光投向了我。我特别希望我的文字能帮垠止痛疗伤，更希望垠勇敢地面对现实、积极自救，走出情感旋涡。

下面是我给垠的一些建议，供她参考：

从垠的陈述来看，她之所以表现出明显的抑郁症特征，是因为骤然得知老公出轨，缺乏心理承受能力，放任自己的悲伤导致的。

老公带她看心理医生的做法是正确的，但目前她把自己关在家里，靠服食抑郁症药物来控制情绪，这种做法不太理智。所谓"心病还需心药医"，她需要接受系统的心理疏导，把心结解开，提高自己的心理抵抗能力。而且，药物只能辅助治疗，很难根治此病。建议她尽快到专业的心理医生那里，接受系统的心理治疗。

男人活到老玩到老。有的男人爱玩牌，有的爱跳舞，有的爱聊天，有的爱泡女人……你这样做，无疑是把你的老公推了出去。我觉得你应该振作起来，不计前嫌，原谅你的老公。看看自己有哪些不足，找回从前自信的你，别总去想他的过去。毕竟你很爱他，

假如，她希望靠自己的力量自救，可以尝试以下一些做法：

一、倾诉与宣泄，给自己心理减压

当情感遭遇重创时，懂得倾诉和宣泄非常重要。垠也承认，把自己的遭遇通过QQ向我诉说之后，心里感觉好受多了。建议她继续通过日记、通过QQ、通过向亲朋密友诉说等方式，把内心积压的痛苦释放出去，给自己的心理减压。

因为痛苦有人分担，分量才会减弱。当心被痛苦禁锢时，靠自己的力量很难走出来，但别人的劝慰和开导会让她明白，事情并没有她所想的那般严重。而且，旁观者置身事外，不带感情色彩，容易发现问题的症结之所在，可以有的放矢地助其排遣，这对沉浸在痛苦中无力自拔的她来说，是很实在、很实用的。

二、寻找生命的紫罗兰，改变消极的生活方式

总把自己关在家里，健康的人精神上也会感到痛苦和无助，何况精神抑郁之后将自己封闭在家里，更容易加重病情。垠现在的生活方式对她的健康有害无益，她急需改变这种生活方式。

不妨参照一下非洲紫罗兰皇后的故事。这是一个真实的心理案例，是"策略派"的创始人艾里克森（Milton Erickson）的学生史提夫·基利近（Stephen Gilligan）讲述的：

一次，艾里克森到美国中南部一个小城讲学，一位同僚要求他顺道看看他独身的姑母。同僚说："我的姑母独自居住在一间古老大屋里，无亲无故。她患有极严重的忧郁症，人又死板，不肯改变生活方式，你看有没有办法令她改变？"

艾里克森到同僚姑母家去探访。发觉这位女士比同僚描述的更为孤单，一个人关在暗沉沉的百年老屋内，周围找不到一丝生气。艾里克森是位温文尔雅的男子，他很礼貌地对这姑母说："你能让我参观一下你的房子吗？"

姑母带着艾里克森一间又一间去看，终于在一间房间的窗台上，他找到几盆小小的非洲紫罗兰——屋内唯一有活力的几盆植物。

姑母说："没有事做，就是喜欢打理这几盆小东

想原谅他，不想离婚，不想让孩子变成单亲孩子。为了孩子，振作起来吧。（新浪网友）

西，这一盆还开始开花了。"

艾里克森说："好极了！你的花这般美丽，一定会给很多人带来快乐。你能否打听一下，城内什么人家有喜庆的事，结婚、生子或生日什么的，给他们送一盆花去，他们一定会高兴得不得了。"

姑母真的依艾里克森所言，大量种植非洲紫罗兰，城内几乎每个人都曾经受惠。不用说，姑母的生活大有改变，本来不透光的老屋，变得阳光普照，充满着色彩鲜明的小紫花。

一度孤独无依的姑母，变成了城中最受欢迎的人。在她逝世时，当地报章头条报道：全市痛失我们的非洲紫罗兰皇后。几乎全城人都去送丧，以回报她生前的慷慨。

艾里克森的一次短暂探访，之所以能改变这位姑母的后半生，是因为他帮她找到了一盆富有生命力、盛开在心灵中的紫罗兰！

同这位孤苦的姑母比起来，垠的景况要好得多，她绝对不止拥有一盆紫罗兰！她有两个可爱的孩子，呼唤着健康充沛的母爱；她有深爱她的丈夫，等待着她的宽恕和接纳；她还有青春和美貌，有很多快乐的岁月……

建议垠好好规划一下自己的生活，尽量不给自己独处的时间，而是选择健康积极的生活方式，让抑郁消退。

比如：制定一个运动计划，每天坚持散步、慢跑或爬山、游泳等等。只要坚持运动，让生命焕发出神采，就可以滋生出对抗不良情绪的力量。此外，也可以通过美容让自己容光焕发；通过参加亲朋好友聚会，让自己享受友谊；通过悉心照顾孩子，体验亲情之美；通过欣赏好书、音乐，享受美味佳肴，让自己充分感受美好；还可以找份工作，让自己充实忙碌。

所有这些，都可以开阔心胸、启迪心态，让人走出消极封闭的心理空间，逐渐变得明朗健康。

三、宽容与接纳，改变心态，让自己快乐

垠的抑郁是因老公情感出轨而起的，长达十个月，她之所以走不出抑郁的痛苦，内心备受煎熬，是因为自设了一个牛角尖，拼命往里面钻，把自己给卡住了。这个牛角尖就是她所说的三点声明：第一，我老公很爱我，但他却背叛了我。第二，我很爱我的老公，我很想原谅他。第三，我永远不可能原谅他，我很痛苦。

她不能接受老公爱她又背叛她的事实，也无法因为爱老公就原谅他。因为拒绝接受，拒绝原谅，一味地放任痛苦，才让自己的痛苦扩大，也让老公一筹莫展。

这简直是画地为牢，自己没罪找枷扛！

这简直是自设一张二律背反之网，自个把自个套进去，进而成了一个"套中人"！

既然问题已经出现，靠眼泪和无边的痛苦是解决不了问题的，回避只会使问题变得更加严重，把问题罗列出来，合理解决问题才更至关重要。

垠面对的问题看似复杂，解决起来也简单，无非是在下列两种情形中作出选择：第一，爱他，彻底原谅他，修复感情。第二，不爱了，心伤透了，放弃婚姻，另找幸福。

假如无从选择的话，可以把他值得爱和原谅的理由逐一罗列出来，再把他不值得爱和放弃的理由也罗列出来，仔细对比，反复衡量，作出一个明确的选择。一旦选择了，就要靠智慧和勇气去承担，设法让生活沿着好的方向转变。

在我看来，她老公出轨固然可恨，但考虑他经常出差的工作性质，考虑当下诱惑男人的因素诸多，考虑他只是用金钱换取身体的享乐，考虑事后他诚恳地认错，主动陪她看心理医生，承受她长达十个月的恶劣情绪等等。应该说，他还算是个有情有义的男人，为弥补过错作了很多努力，从中可以看出他对她仍有深厚的感情。而她呢，之所以那么持久地沉浸在痛苦中难以释怀，也是因为对他强烈而深刻的爱。爱得深，才伤得重！

既然如此，就选择彻底原谅和接纳吧，忘掉曾经的痛苦伤害，彼此间温柔相待，努力修复感情，重建信任，携手走完下半生！

> 新婚之夜竟发生这样荒唐的事情，我觉得老天简直在开玩笑。守着醉醺醺的老公，流了一整夜的泪……

04. 闪婚后，发现老公另有红颜知己！

车老师：

我和老公是通过相亲认识的，第一次见面双方感觉都很好。相处了半年后，今年10月份回他老家办了结婚仪式。

老公的手机是上密码的。结婚当天，他无意中在我面前输了一次，然后笑眯眯地问我，看清他的密码没有。我随口说了出来，他半真半假地说："这可不行！晚上回去我得改改。"

晚上，他喝醉了。我把他跌跌撞撞地扶上床，看到他的手紧握着手机，手机正处于写短信的状态，随便一按，屏幕亮了，上面写着："宝宝，我当然会想你的，我不能没有你！"

这条没有及时发送的短信，一下子把我打入了深渊。我双手哆嗦着打开收件箱，上面一条条诸如"你爱我吗?"、"你爱我又有什么用?"之类的短信看得我浑身发软。我忍不住失声痛哭起来，边哭边疯了一般叫他，他却没有任何反应。我的脑子里乱糟糟的，手忙脚乱地查看号码的主人。原来是她！她是我老公的朋友，已经结过婚，儿子也很大了。我们曾经见过一面，她似乎对我印象不好，觉得我太黑太笨，配不上老公。她和我老公在短信中一直都称我为"黑人"。

我用颤抖的手拨她的号码，质问她和我老公到底是什么关系。她说，我们不是你想象的那样，然后就把手机挂了。新婚之夜竟发生这样荒唐、揪心的事情，我觉得老天简直在开玩笑，虽然我们还没有登记，但结婚仪式已经办了，以后我该怎么办？天昏地暗的我，守着醉醺醺的老公，流了一整夜的泪。

第二天，我对他说看了他的短信，他显得很生气，对我大声吼叫着。

我问："你不想解释一下吗？"

他说："没什么好解释的，我们就是朋友！"

我无语，默默地洗衣服。过了一会儿，他把我叫进屋去，指责我不该给她打电话，害得他以后无法面对她。我说我只是想证实一下，他又开始对着我大吼大叫。

我忍不住驳斥说："你很有理吗？你既然那么爱她，为什么不去娶她，因为她有老公吗？因为你养不起她吗？是男人就坦荡一些，真爱就去争取一下，这么暧昧做什么？让人恶心！"

我的话彻底把他惹毛了，他叫喊着让我滚。这是新婚第二天，我能去哪里？

还是好心的婆婆帮了我，把儿子数落了一通。出来后，他态度明显好转，柔声地劝我不要再胡思乱想，根本没有那回事，是我自己想歪了。就这样不冷不热过了一天。

第三天是回门的日子，我打扮得漂漂亮亮和他回了娘家，对于在婆家发生的一切都保持缄默。从娘家回来，草草吃过晚饭，我们就上床了。那晚，他真诚地和我聊了很多。聊到他和她之间的感情时，他说他们之间像是朋友，又像是情人，他对她在精神上有很深的依恋，她对他也有着一份特殊的关爱。虽然他的话有伤我的地方，但也让我了解了他的另一面。我暗暗下决心，如果爱他，就努力接受他们之间的感情，谁叫她比我先到，我们又闪婚了呢？

几天后我回省城上班，他送我。同事聚餐，叫上他一起，他又喝醉了，醉得完全控制不住自己。他拿出手机，当着我的

闪婚后，发现老公另有红颜知己！

如果真的爱他，把他放弃也是唯一明智的选择——置之死地而后生。不然，结局只有一个：痛苦，永远都是撕心裂肺的痛苦。想这样过一辈子？甘心？情愿？问自己的心吧。真是遗憾，总是见到一些这样自以为是的女人，他酒醒后就是真正对你好？真是笑话！（新浪网友）

面发了一条短信给她："宝宝，我现在好想你。我又喝醉了！"

原以为我可以接纳，但看到他的醉后真言，我的心又感到了撕裂般的痛。他摇摇欲坠，站都站不稳，我忍痛抱住他。这时的他，满脸都是泪水，嘴里叫喊着："我好想宝宝，好想宝宝……"那副伤心欲绝的样子，让我倍感无奈和心酸。

第二天，我劝他回去工作，也让我们彼此都冷静一下，相约年底回家时，再决定是否去办结婚证，要不要孩子。

秀姐，他清醒时，对我很好，帮我打扫卫生，做很多很多让我开心的事，一心想让我幸福，但醉酒后又总是对她真情流露。朋友都说我应该接受他这个红颜知己，但我觉得做到这一步真的好难。我该怎么办？

笑笑

新婚之夜，发现老公痴爱的女人不是自己，这对任何一个女人来说，都是致命的打击。

从笑笑这段令人啼笑皆非的陈述中可以看出，她老公是性情中人，对那个她有一种深入骨髓的迷恋，或许他跟笑笑走入婚姻，更多的是想利用笑笑，将他从那份无望的感情中解救出来，而不是因为爱，才和她走到一起。

面对这样残酷的事实，笑笑该何去何从？我只能在我理解的范围之内，给她几条建议：

一、认清老公和那个她之间感情的性质

无论是笑笑的老公，还是那个她，在提及这份感情时，都会辩解："不是你想象的那样！"但从笑笑老公醉后流露出的真情来看，那又的确不是一般的感情。他对她如此痴迷，以至牵肠挂肚，念念不忘。

据此推测，她可能是他情窦初开后，一相情愿而又狂热地爱上的第一个女子。不管这份爱恋发生在她婚前还是婚后，他单恋的成分居多。因为始终没有得到，在彻骨的相思中，他不由自主地把她理想化和神圣化了，觉得她一切都好，美得无以复加。他沉浸在这份假想的、盲目的爱恋中无法自拔。

他对她的感情，有点类似于柏拉图式的爱情，更多的是精神上的痴迷，既不奢望走近，也不祈求拥有，因为陷得太深，

2. 以我的人生经历，还是断了吧。爱情应是互相的爱，你们不是。可能你多爱他一点或者为了面子，而不肯离开他，其实没什么，现在人们对这种事已经很宽容了。离开吧，否则一生都会痛苦的。我是因为有了孩子，没办法了，其实这样过日子，真的生不如死。(新浪网友)

明知不会有结果，仍然执迷不悟。

而她，感受到他非同寻常的爱，却无法付出同等的爱。她享受着完整的婚姻，跟他若即若离，以朋友相称，付出适度的关爱，但绝不会如他那般狂热而没有理智。他们之间，因为她的清醒和冷静，始终没有发生越轨之事，维持着比友谊多一点儿、比爱情少一点儿的交往。因为这种交往摒弃了肉欲，重精神轻物质，所以，她和他都可以理直气壮地宽慰笑笑说："不是你想象的那样！"

可笑笑听了，无论如何笑不出来！

二、弄清楚自己想要的，努力把握

面对这样一个痴迷她人的老公，新婚不久的笑笑需要冷静，理清思绪，弄清楚自己想要什么。

如果，笑笑追求的是互爱的婚姻，纯粹而踏实的感情，无法容忍老公心里还装着另一个女人，那就趁着尚未办理结婚登记，友好而平静地转身。也许会痛，但毕竟长痛不如短痛。

如果，笑笑难以割舍婚姻，更愿意付出时间和耐心，把老公从那份虚幻、不着边际的迷恋中拉出来，可以尝试以下几种做法：

1. 信任并体谅老公

人类的感情有时是很复杂的，不像数学题只有一个答案，非此即彼。

笑笑要说服自己，理解老公对那个她的欲罢不能，坚信他们之间的关系值得尊重，坚信老公肯给自己婚姻，至少表明自己在他心里的分量是那个她所不能及的，自己才是有资格跟他光明正大携手一生的女人。对老公不抱怨、不指责，而是给他充分的宽容和尊重，彼此间能够开诚布公、真诚相待。

2. 和那个女人成为好朋友

面对老公那么炽热的情感攻势，那个她尚能保持分寸和距离，已属难能可贵了。

笑笑要想固守婚姻，就要设法克服对她的敌意和排斥心理，友好地接近她，以真诚打动她，最好能够和她成为好友，经常邀请她和她家人来家里做客，让老公有机会多接触她，减少神秘感，也减轻对她的盲目迷恋。因为很多人和事，因为距离，才产生美，真正走近了，看清了，也就那么回事儿。

3. 淡化情感反应

其实，笑笑老公在清醒状态下，还是很努力地亲近她，理性地克制着对那个女人的感情，只是在醉酒状态下，才会真情流露。

根据这一点，对他清醒时的良好表现，要给予鼓励和感谢；对他醉后的失态之举，淡化处理，甚至在他清醒后连提都不提。这样，时间久了，他也许会慢慢走出来。

当然，笑笑要懂得，选择这条路很辛苦，需要足够的耐心和理性，还需要老公的配合。在对老公没有绝对的把握之前，不要轻易领证，更别草率地要孩子，给自己留得进退的余地，以便收放自如。

他又哭着说：不会了，以后真的不会了，再也不联系了！我没有吵没有闹，因为我心如枯井，再也没法相信他……

05. 面对反复出轨的老公，我该怎么办？

广秀姐：

你好！

我和老公结婚五年了，一直都很恩爱，去年初我们又有了个可爱的宝宝，可以说是非常令人羡慕的一家。

可是，在我怀孕期间，我发现他手机上的短信经常被有选择地删除。从那时起，我开始留意他的通信情况。果然，在小孩出生三个月时，我发现他和一个女孩关系密切。问他怎么回事，他说是我怀孕期间，不能行房事，心里空虚，找了个性伴侣，要是我不喜欢，可以马上不来往。我相信并原谅了他。

后来我发现他们继续来往。这个女孩是他之前的一位女友，因为他父母不同意就断掉了。去年一次偶然的相遇，又让他们走到了一起。我老公说，她挺可怜的。那女孩答应等她结婚就不再和我老公联系了，可那女孩婚后却发现她老公有遗传病，不停地问我老公怎么办。我老公对我说，他能保证不再和她有性关系，也

1. 看到这样的故事就让人心里绝望——这么多出轨男人！而且女人总是处于被动地位。这是社会、传统、历史造成的吧！就是性情刚烈的女子负气离了婚，又能怎样？那个男人还不是照常活得很好。而女人只能一天一天孤独地过着，即

可以保证不再主动和她联系，但完全不联系可能一时半会儿做不到。我爱老公，更爱儿子，我相信我老公对我也是有感情的，而且，日子还要继续，我想我应该抛开以前的事，开心生活，于是我又一次原谅了他。可是好景不长，就在今年过春节之前，我又发现他们在酒店开了房。

他哭着说以后真的不会了，再也不联系了。我没有大吵大闹，因为我心凉了，我没法再相信他，也不能原谅他一而再、再而三的背叛。他还说，我是他最爱的人，是要过一辈子的人，他看不得我伤心难过。这话我倒是相信，也许我们还在彼此相爱，我们之间不存在离婚的危机，因为我们都很爱我们的儿子。退一万步讲，为了儿子，我俩也不会离婚。除了这件事，我俩之间没有任何矛盾。有时我想我要是糊涂一点，也许现在仍然很幸福。我也很想再次原谅他，可他前后两次的忏悔是那么的相似，谁又能保证他不再重蹈覆辙？

我该怎么办？该原谅，该放弃，还是该调整我们之间的关系？希望广秀姐能给我指一条明路。

看不到未来

从她给自己取的网名，可以读出她内心的绝望和困惑；从她的字里行间，也可以看出她对家的依恋。尽管她老公的行为有让人愤恨的地方，但我觉得他们的婚姻并没有走到尽头，她应该以守卫婚姻为目的，设法原谅老公，化解情感危机。理由如下：

一、老公情感的天平倾向于她

他在她怀孕期间，出于生理需要跟那个女子在一起，贪图的只是一时肉体的发泄。其实，无论是他，还是那个女子，都没有长远在一起的打算。而且事发后他的承诺和眼泪都说明，他真正依恋的是妻子和儿子，从未打算抛妻弃子，跟那个女子长相守。

所以，我个人觉得，她老公的出轨更多的是在逢场作戏。那个女子危及不到他们的婚姻，至多只能充当他情感的调味品。而她和老公则是因爱而结合，婚后彼此相爱，同样深爱儿子，老公情感的天平明显倾向于她和家庭。

使再嫁也未必如意，而且生活已经不再完整……到什么时候，男人和女人的角色换一下就好了。（张叶）

2. 就算这个女子忍着心痛继续过下去，可是，这位丈夫能理解妻子，改过自新吗？如果原谅了他，他下一次仍然背叛，那女人是不是要承受无休止的耻辱？我认为此女子应该反思的是：为什么你离不开老公？经济原因，那就想办法努力赚钱，自立自足；情感原因，自尊永远是爱情的前提！感情也是上层建筑，

二、离婚不是她想要的结果

仔细读过邮件，我们可以发现，尽管她十分痛恨老公的背叛行为，但也坦承："我们还在彼此相爱，我们之间不存在离婚的危机，因为我们俩都很爱我们的儿子。退一万步讲，为了儿子，我俩也不会离婚。除了这件事，我俩之间没有任何矛盾……"

应该说，结婚五年，能够彼此相爱，没有任何矛盾的夫妻是很少见的，说明他们是非常适合的一对。现在，她之所以看不到未来，只是因为老公的背叛行为，她需要面对的是设法阻止他的进一步背叛。

三、彻底原谅，打败第三者

她态度鲜明地表示不会离婚。既如此，就宽容地接纳老公，努力对他好，让他心怀愧疚，收敛自己的不良行为。同时，设法和第三者接触，通过警告或者交友等方式，劝她离自己老公远点，以阻断痛苦之源。千万不要不离婚又不原谅，陷两人于痛苦的深渊中，给第三者以可乘之机。

也许，在选择原谅后，想到他多次出轨的事实，依然会痛苦不堪，但想想孩子，想想完整的婚姻，想想曾经的美好，想想老公悔恨的泪，还有什么无法释怀的呢？凤凰只有涅槃后才能重生，涅槃当然会痛，但痛过之后，其羽更丰，其音更清，其神更朗！！

最后，想对这位女子说，美好的未来就握在你的手中，只要你大度一些，智慧一些，就可以把握现在，赢得未来。

去到旷野，去到草坪，忘掉过去，放飞你明天幸福的风筝吧！

经济基础决定上层建筑，女人只有自立才会让男人看得起。如果你有随时拂袖而去的资格，那么，这个男人就算想出轨，也未必敢。我奉劝文中这位女子：早一点自立，内外兼修。等你变得优雅从容、自尊自信，自然就可以摆脱这种处境了。别说"为了儿子我们也不会离婚"，作为一个母亲，我认为，阴云密布的父母双全之家，肯定不如一个温馨的单亲家庭对孩子更好，原谅也不能太盲目！

孩子是母亲的心头肉，可是他父亲这个样子，能给他稳定幸福的家庭吗？能给他快乐的生活和未来吗？我无法跟他沟通……

06. 老公无情，我该打掉孩子离婚吗？

秀老师：

　　我怀孕快三个月了，但是丈夫对我非常冷漠，我该不该和他离婚呢？

　　之前的一年多来，他以为我不能怀孕，便挑剔我各种毛病，嫌我贤惠（他说女人光贤惠没用），嫌我不会发脾气，嫌我爱读书而不爱跳舞，等等。我浑身都是他看不顺眼的毛病。

　　实际上，作为一个大学教师，我能有多差劲呢。我曾经想，也许有了孩子就好多了，就一直吃药调养。其实，我也没有"不孕症"之类的毛病，主要是我们同居太少太少。他有外遇已经一年多了，而且不是同一个女人。在我怀孕后，他虽然收敛多了，工资卡也交给我了，但是之前他把卡上的几万块钱都花在别的女人身上了，而且他除了工资，还有其他的生意很挣钱。

　　我怀孕后，他并没有表现得比以前对我好。40分钟的路程，他却20天回家一次，平时电话也不打一个。我一个人承受着怀孕反应的种种

26

不适，没有人关爱，一个人买菜、买水果吃力地拎上六楼，父母又远在千里之外，我非常心酸。

秀，你也是母亲，能体会到我的感受。孩子来之不易，可是他父亲这个样子，能给他稳定幸福的家庭生活和灿烂的未来吗？我无法跟他沟通，因为他对我的问话一概不回答。我该怎么办啊？是离婚独自抚养孩子，还是拿掉孩子离婚（说到"拿掉孩子"，我的眼泪就出来了）？我问他是否想要离婚，他也不回答。他回来时偶尔还帮我修理家里的物品，但就是不说话。而他本人绝不是个沉默寡言的人，因为他能歌善舞，口才极好，当初恋爱时就因他的"口绽莲花"才使我爱上他并嫁给他的啊！

秀，帮帮我！

竹子

怀孕时期，是女人最无助、最需要关爱的时期，可竹子却不得不独自忍受孕期反应，面对着冷漠无情的丈夫，面对一份濒于破碎的婚姻，承受进退两难的折磨。

我只能通过文字紧紧地拥抱她，给她传递一种温暖和力量，并为她提供三种方案，供她参考：

一、找出婚姻症结，设法挽回婚姻

竹子，你不妨先试试挽回婚姻，毕竟你们是因爱而结合；毕竟你怀孕后，他已经收敛行为。婚姻需要磨合和适应，看能否以孩子为契机，稳定婚姻，让婚姻重获幸福。

据我所知，在怀孕期间，如果你坚持不离婚，丈夫是无法勉强的，而且从目前他的表现来看，他并没有离婚的打算。那么，你能否设法和他沟通，弄清楚他的态度，看有没有挽回的余地再作决定。

还有，到底是什么原因，让你丈夫在婚后，对你的态度发生了天翻地覆的变化？是性格不合，还是你过分依赖和顺从他，让他觉得乏味？找准原因，对症下药，你们之间也许有挽回的可能。

二、没有能力让孩子幸福，只好放弃

假如婚姻已走到尽头，你无法独自承担孕育和照顾孩子的责任，就趁着孩子无知无觉，在征得他爸爸同意后，做掉吧。

话他就沉默，根本不回答任何问题。我想，孩子我是要了，依从你的第三条建议。以我目前的状况和工作能力，还是可以养育孩子的。至于离婚与否，我再看看吧，我也被他伤透了，如果我彻底死心了，也就不指望他回头了。秀，谢谢你！（竹子）

2. 生孩子是一件人命关天的大事，女人要冒着多么大的危险生孩子啊！为什么要给一个对你不负责任的男人也许这个决定有点残忍。但我一直觉得，现代社会生存压力太大，假如父母不是全心全意爱孩子，假如父母无法让孩子接受高品质的教育、拥有高质量的人生，假如孩子注定要在不和谐或残缺的家庭中承受伤害，假如孩子将成为你重新生活的累赘，你可以选择放弃。毕竟他还没有出生，与其让他痛苦一生，不如狠心切断痛苦之源。长痛不如短痛啊！

你选择的唯一依据是：有没有能力让孩子幸福？假如没有，放弃孩子，也许是对孩子更为负责的选择。

三、爱孩子并敢于担当，就留下他

竹子，你说一提到"拿掉孩子"，你的眼泪就出来了。可以看出，你很爱这个孩子，你为了他曾吃过不少苦头，那么，你要好好想想，真的离婚了，你有没有能力对孩子负责到底？

假如，你有足够的经济能力抚养孩子长大，即使离婚，你也能够自信坦然地面对生活，就算孩子影响到你以后的再婚，你也一如既往地善待他，那么，你可以选择保全。

现代社会对离婚已经有很高的宽容度，很多单亲家庭的孩子，照样拥有幸福的人生和辉煌的事业。你不妨扪心自问，自己能否成为孩子可以依赖的大树。如果能，就要吧！

客观地说，这条路很难走，需要你心甘情愿地付出很多很多，你能吗？别勉强自己，一定要弄清自己最想要的。

说句老实话，这篇答复，我写得很艰难。因为生活是现实的，你的任何一种选择，都关系到三个人的命运。请你慎重思考，听凭内心的召唤，选出你最想要的那种，然后，为之奋斗、为之负责和担当到底。

再次紧紧地拥抱你，深深地祝福你！

去生孩子？孩子是爱的结晶，如果从怀上到生下来，都是你一个人在付出和承担，那么生孩子的意义是什么？无论他现在爱不爱你，为什么要忍受他对你的背叛？为什么还要原谅他？离开他，你没有能力过得很好吗？你是大学老师啊！你能当上大学老师，就证明你是出色的，很有能力的。离开他，去重新寻找好男人有什么不好呢？世界上好男人多得很，走出小巷思维吧！（新浪网友）

28

> 大多数时间，我们不是冷战，就是吵嘴、打架，针尖对麦芒。而结局都是：我先拿他出轨说事，他动手打我……

07. 老公出轨后，想幸福就别翻旧账！

车老师：

我结婚七年了，跟老公是在同一间公司打工时认识的，怀孕后辞职在家。孩子出生四个月，老公到另外一家公司打工。一次偶然的机会，我得知老公与前任公司的一个女同事相好，他也承认，说是因为工作关系，叫我原谅他。当时的我只能这么做，因为儿子还那么小，痛苦也只有自己承受。但他的出轨，对我的打击是致命的。

接下来的两年里，我简直像个神经病，总会傻傻发呆，默默流泪，半天都回不过神来。大多数时间，我们不是冷战，就是吵嘴、打架。大都是我先拿他出轨说事，他动手打我，打完后我主动与他和好，在外人面前还装得像没事人一样。那时我们貌合神离，却没有说出离婚两字。无助的我，经常向同部门一个关系不错的女同事诉说不幸。

两年后的一天，因无法忍受这种煎熬，趁他出差，我从他的账户上拿了三万多块钱，准

精彩跟帖

1. 我也说两句。我感觉那个老公也不是那种花心之人，但为什么会出轨，做老婆的，不能总往别人身上找不是，也得自我反省一下。而事情出了，你不找解决的方法，整天在那里内耗，只会让人越来越反感，

备到一个女同学家待一阵子，就这样离开他，走得远远的。这里有个插曲，也是绝对的事实，当时我觉得把现金带在身上不好，就把两万块钱交给那位我信任的那女同事，叫她到时把钱汇给我。可笑的是，拿钱给她时没留任何凭证。

老公回来后看不到我，焦急地到处找。他那么迫切地找，是在找钱呢，还是在找我，我至今也无法断定。当我到达同学家，打电话给那位女同事帮我汇钱时，才知道一切都晚了，电话停机，她早就自动离厂，真是欲哭无泪！

在同学家待了几天后，对儿子的思念及轻信他人的愧疚，促使我打电话给老公。

回到家，老公第一件事就是追问钱哪去了。我如实告之，身上剩下的几千块钱被老公拿走了。这件事对他也有阴影吧，至少我的出走出乎他的意料。但这也事出有因哪，如果没有他对我的伤害，我会那么去做吗？之后的日子里，老公常常数落我："只相信别人，不相信我！"

为了儿子，我们勉强生活在一起，又开始重复之前的生活模式。只要有空闲，他还特爱打麻将，我也曾劝过数次，他却说是我故意找茬。没办法，我只有听之任之。

现在的他不打工了，自己在创业，前期比较辛苦，资金也困难，老叫我帮他借钱。我有时帮他借一些，但借的不多。我对婚姻根本就没有信心，何苦借那么多钱给他呢！我仍在打工，7岁的儿子一直住在奶奶家，十分聪明可爱。对儿子我有愧，因为不够疼他，跟他在一起的时间也少。

七年间，前两年是最难熬的，现在的我已经无所谓了，反正过一天算一天，所有的热情与希望早在老公出轨后就被埋葬了。老公曾说过再生第二胎，我一直不同意，能维系我和老公关系的也许只剩下亲情了吧。于我，夫妻恩爱好像已经是太遥远的事情了。

我现在很矛盾，想跟他离婚，又怕我的父母、孩子受不了，我该如何走下去？

伤心人：王女士

这位王女士的不幸，与老公出轨有关，也与她优柔寡断的

并不能彻底征服他。自己找些事情做，把多余的精力挥发一下，找到自信的自己。我总觉得，亲人固然重要，但并不是一个人的全部，眼光放远些，心胸宽广些，生活还是很美的。另外，我所理解的爱情中，有一种人天生等着收获，而另一种人是辛勤耕耘付出后

性格有关。现结合她的邮件，将导致她不幸的根源指出来，希望她能改变生活态度，扭转自己的人生。

一、遇事缺乏决断

假如老公出轨之初，她无法接受，就应该决然离开。尽管离开会痛，但毕竟理亏的是老公，自己还年轻，孩子尚不知事，只要有足够的勇气，是可以重获幸福的。

既然没有离开，老公也有悔意，就应该选择彻底原谅他，忘掉伤害，设法修复感情，照顾好孩子，让自己和家人都幸福，才是上策。但是，她没有！

她始终无法忘掉伤害，沉浸在痛苦中无力自拔，对孩子付出很少，对老公心怀怨恨，反复拿出轨说事，而且一说，两人就打架。而她在挨打之后，又主动要求和好，更加剧了她和老公之间的隔膜，也是一种自找难堪的做法。

因此，我给她的第一条建议是：处世要果断，想清楚自己要什么，选择了，就设法使事情沿着好的方向去发展，不要左右摇摆，更不要总说那些于事无补又伤害感情的话，不但折磨自己，也折磨家人，令婚姻更岌岌可危。

二、易冲动，凡事总往坏处想

从她离家出走，草率地把钱交给朋友，可以看出，她遇事不够冷静，缺乏全面的思考。两万元在当时不是小数，也关系她以后的人生。而她却将这笔钱轻易交给那位重财轻义的朋友，说明她还缺乏识人之明。

还有，既然离家出走的本意是离开老公，手中也还有几千元钱，不如干脆自己在外打拼一下，看看有没有重新振作的能力。但她却因为朋友的背叛，乱了阵脚，在同学家中消极无为地待了几天，就主动打电话要求回家，给老公留下一个指责她的把柄，也白白损失了两万元钱。整件事暴露出她性格的不沉稳。

从她老公对这件事的反应来看，总体上，还是比较大度的。她如果心怀感激，从此跟老公一心一意过日子，可以再次获得幸福，但她偏偏又疑神疑鬼，怀疑老公是在找钱不是找她，抱怨老公对不起她才有她的不智之举……因为她这种不知反省的态度以及遇事总往坏处想的消极心理，使得两人的关系又错过一次转机。

老公出轨后，想幸福就别翻旧账！

得到收获。先前你会是第一类吧，不妨现在做个第二类。主动付出些，会有收获的！总之，希望你早日走出痛苦，奔向幸福！（新浪网友）

2. 性格即命运。当不幸降临时首先要镇定，这样才能看清自己的出路。同时要认真审视自己和老公的关系，

三、把精力用于"内耗"，而不是用于建设

"内耗"是管理心理学里的一个概念，指一群人在一起工作，如果不是相互合作，而是互相拆台，这群人的力量就会削弱，小于个体力量的相加。用公式表示即$1+1<2$。

对一个团体而言，"内耗"有时会造成毁灭性的后果；而对一个家庭来说，"内耗"的破坏性也不容小视。对于朝夕相处的家人来说，把精力用于互相猜疑、互相伤害上，会导致家不成家，家庭濒临破碎的危机，也势必耗去宝贵的时间及青春。

这位王女士，面对丈夫出轨的伤害，思考的不是如何改善夫妻关系、提高婚姻质量，而是把主要精力都用在翻旧账，互相伤害上，这是夫妻间最典型的"内耗"。因为过多的内耗，两人矛盾加深，怨恨加重，再也无法像寻常夫妻那样彼此亲近、相互取暖，幸福对她也越来越遥不可及。

王女士发邮件给我，最想知道的是今后何去何从。我的答案依然只有两种：彻底离开或者彻底原谅！

第一，假如真的觉得幸福无望，就选择彻底分开。当你离意已决，我相信不管是父母还是孩子，都没有力量阻止你。但离开之后，千万不要再瞻前顾后，而是要为自己的选择负责，苦乐独立承担。还有，离开并不意味着幸福唾手可得，这可能是一条更艰辛的路，要考虑自己有没有足够的勇气和智慧去承担。第二，假如为了父母，为了孩子，都无法离开，就选择彻底原谅吧。想想为他短暂的出轨，你们已经付出了七年幸福的代价；想想这么多年，他有负于你，你也有负于他，你们已经扯平，就不要再纠缠往事。从你开始做起，彻底不提过去，尊重他，力争成为他事业上的好帮手，好好照顾孩子，使人生向着幸福的方向迈进。

还有，我一直相信"性格即命运"。如果王女士不改变性格，即使离婚了，也难找到幸福。所以，我最终的建议是：从改变性格，善待老公和孩子开始，向幸福靠近吧！

学会打理和完善自己，学会在琐碎平淡的生活中经营幸福和婚姻。永远不要把不幸全归罪给别人，这样你就无法走出过去的阴影！
（谢冰倩）

从坐月子开始,他就不怎么和我说话了,一副冷漠的面孔。我主动找他沟通,他说是女儿出生让他觉得压力很大……

08. 生下女儿后，老公患上"产后抑郁症"？

车老师：

我和丈夫相识于网络，恋爱7年，2007年结婚。以前我在大学，他在南方，电话谈情，聚少离多，但我感觉他是个爱我的好男人，没有顾及外在的条件差异，在大学毕业的第二年嫁给了他。

这期间的几年，我们也经历过吵吵闹闹，我也曾试图选择别人，但终究还是舍不得多年的情分，和他结合在一起。婚后，我们很是恩爱了一段时间，一直到我怀孕，他也是疼爱有加，让我觉得自己的选择是正确的。可是，今年5月我生了女儿之后，一切都变了。

从坐月子开始，他就不怎么和我说话了。我主动找他沟通，他说是女儿出生让他觉得压力很大，心情不好，又责备我没别人的老婆有钱，能帮他减轻负担。我一再说自己是因为怀孕才辞职在家，等哺乳期过后会马上出去工作，他还是一脸阴沉，态度没有丝毫改变。

他又责怪我生的不是儿子，公婆给他施加

情感跟帖

1. 为什么你的观点总是让女人委曲求全？男人那么脆弱还叫男人吗？让他自己生孩子，自己一个人过！还找老婆、要家庭干什么呀！（新浪网友）

2. 我丈夫和故事中的男人很像，

压力。在养育孩子的问题上，他也一再和我发生争执。比如：说我娇惯女儿（才两个月大），不让我抱大哭的女儿，说没人管她，她就不哭了；给孩子喂药要强灌下去，也不管是不是会呛到；让我一个人在家单独带孩子，不考虑我是不是能忙得过来，怎么出去买菜煮饭……一谈论这些话题总要大吵，让我一筹莫展。

最重要的是，我俩的性格反差很大。我开朗外向，他阴郁内向，平时心态就不怎么成熟，想问题不是过于简单就是过分夸张，缺乏一种兵来将挡的气度，又不能心平气和地与我沟通，在外面碰到不顺心的事很容易想不开，回家来一句话都不讲。我想分担都不给我机会。

如果在以前，我也许会义无反顾地选择离婚，可现在我有女儿，希望给她一个完整的家，但我又实在不能在这样的气氛中生活下去，我该怎么做呢？

甚至有过之而无不及。我已经回娘家一个多月了，但对于我们的关系没有任何的改善。我女儿一岁半了，若是他患抑郁症，也时间太久了吧。原以为是我自己命不好，碰上了这样不成熟的男人，看来这样的男人还是大有人在。我认为他们不是男人，生理上是，

读这位女子的邮件，我感觉她的丈夫有轻微的"产后抑郁症"倾向。

女人患"产后抑郁症"不足为奇，说男人也易患此症，很多人可能难以置信。事实上，男性的"产后抑郁症"患病比率也是很高的，看看相关的研究资料：

为全面研究婴儿早期成长状况，美国东弗吉尼亚医学院儿科副教授詹姆斯·保尔森领导的课题组对新生儿父母患产后抑郁症的情况进行了调查。接受调查的5089对夫妇来自美国各地，他们均育有一名九个月大的婴儿。结果显示，夫妻双方在孩子出生后均容易患产后抑郁症。女性患病比例为14%，与之前研究数据基本持平；男性患病比例为10%。保尔森在《产后抑郁症对父母育儿行为的影响》一文中还列出一些男性产后抑郁症症状。例如疲劳、没精神、不开心，变得十分"懒惰"，逗弄孩子的时间和次数明显减少，等等。

下面，我将结合这位女子的邮件，分析一下男人患"产后抑郁症"的原因并提出建议。

一、男人患"产后抑郁症"的原因

概括起来，男性患"产后抑郁症"的原因主要有以下几点：

（一）性格不成熟，心理承受能力差

相关的研究结果表明：有产后抑郁状态的男性，一般平时都比较要强，有着明显的性格内向、爱钻牛角尖、神经质等性格特征。根据这位女子的描述，她丈夫阴郁内向的性格、不成熟的心态，应该是导致其产后抑郁的最主要原因。

（二）无法应对突如其来的角色变化

一个小生命呱呱落地之后，年轻的丈夫变成了父亲，要努力胜任父亲的角色要求，承担起父亲应尽的责任。一些心态不够成熟的男人，因为缺乏相应的心理准备，面对完全被打乱的生活节奏，面对幼小脆弱的婴儿，及家里时时充斥的孩子哭声，还有到处摆放的尿布、奶瓶，一时间会感到手足无措、无所适从。尤其是，过去他是妻子关注的焦点，现在妻子根本无暇顾及他，使他心理上产生强烈的失落感。所有问题堆积在一起，倘若自己不懂得如何排解的话，就容易产生心理冲突，造成抑郁倾向。

（三）无法承受陡然剧增的经济压力

养育一个孩子，父母要有相当的经济实力。孩子降生之后，各种婴儿用品包括奶粉等等，都是一笔不小的开支，而妻子休产假在家，使得丈夫必须成为家庭主要的经济支柱。假如丈夫收入不是特别丰厚，面对陡然间增加的经济压力会吃不消，在疲于应付的同时，往往会迁怒于妻子和孩子，也会产生心理恐慌和畏难情绪，进而引发抑郁症。

可以断定，这位女子的丈夫并不完全是因为她生了女儿才生气，而是面对她辞职的现实，面对沉重的经济压力，缺乏担当的勇气，情绪烦躁，才寻机发泄。

（四）无法承受来自传统观念的压力

我国是一个传统观念积淀很深的国度，传宗接代的意识根深蒂固。广东、广西和海南等南方地区更是如此。妻子生的是女儿，丈夫也许不在乎，但是，公婆往往耿耿于怀，想必会给他明里暗里施加压力。仅仅为此，导致婚姻不幸、家庭离异者，屡见不鲜。

心理上不是。我们已经到了离婚的边缘。现在不是舍不得放弃这个男人，而是怕女儿会因为没有一个完整的家而受苦。我女儿聪明可爱，现在他们家人也开始喜欢了。我还是觉得，多一个人爱我的女儿，我的女儿就能多一份关爱，幸福就多一些，所以一直在

二、怎样帮男人克服"产后抑郁症"

女人生产后，面临着生理和心理的一系列变化，正是最需要男人关爱呵护的时候，但碰上这种心态不成熟、自己率先抑郁的男人，只好降低对他的期望，在照顾好自己和孩子的同时，帮他舒缓"产后抑郁症"的困扰。

产后抑郁症的症状轻重不同，治疗措施也不一样。我觉得，这位女子的丈夫症状尚比较轻微，假如调整得法，可以很快恢复到健康状态。下面给她提供一些参考性建议：

1. 按照规律有条不紊地照顾孩子，在老公下班回家之前，把自己收拾得整洁漂亮，小家打理得井井有条，克服混乱无序的生活状态，降低孩子对家庭生活的负面影响，在一定程度上会减少他的烦躁心理。

2. 利用孩子睡觉的时间，多关心老公的工作生活，和他交流一些对孩子的看法。对他说得对的地方，及时给予肯定，并当着他的面实施，培养他的自信，激发他对孩子的责任感。

3. 每天，用欣喜的口吻向他报告孩子成长的变化。尤其是孩子精神状态好的时候，喊他过来一起欣赏孩子的一颦一笑；或者把孩子打扮得漂亮可爱，和老公一起抱着孩子外出散步，感受亲情的温馨，唤醒他沉睡的父爱。

4. 不管自己有多么辛苦，尽量不指责他，因为他也是身不由己。所以，多肯定他表现好的一面，多回忆那些美好的过去，在不经意间告诉他，你对女儿美好未来的期待和你愿意为之付出的努力。用美好的回忆和憧憬，缓解他的精神压力，给他振作的动力。

5. 假如上面这些措施实施起来效果不明显的话，可以征得老公同意，带孩子回娘家小住一段时日。坚持每隔一两天，打电话向老公述说牵挂，报告孩子可喜的变化。在老公休假的日子，邀请他回娘家，和他共同分享孩子成长的喜悦。这样做，既可以避免孩子在他眼前给他带来的心理压力，还可以因距离让他感受到孩子的可爱，产生接纳与亲近心理。

需要强调的是，以上这些措施都是针对一般性"产后抑郁症"，若抑郁症状严重，已经影响到正常工作与生活，则应尽快咨询心理医生，在医生指导下采取适当的药物治疗。

痛苦中犹豫不定，不敢轻易作出决定！
（新浪网友）

婆婆喜欢纵容孩子和我对着干，并以折磨我为乐，老公只会骂我。我简直要疯了……

09. 十年婚姻，带给我无尽哀怨！

车老师：

想当初，21岁的我嫁给了远在另一个城市的他。他是一个恋母情结很重的人，从结婚那天开始，就千方百计地控制我，我每个月的工资必须交给他，去哪里必须告诉他。当时，单纯的我以为那就是爱，多么可笑！

有了孩子之后，有关孩子的一切我都做不了主，由他母亲说了算。我在家里没有任何地位，他经常当着他父母的面骂我、打我。为了孩子，我都忍了。后来公公去世，因为没有房子，我们一直和婆婆同住。婆婆总能插嘴管我们的事情，对我横挑鼻子竖挑眼，又在外面和很多人说我的坏话，骂我是狐狸精，勾引他儿子，说我是扫帚星、白虎。我不懂，问了别人才知道"白虎"是什么意思。

十年了，我得了抑郁症，花了4000多元钱才治好，都是我娘家拿的钱。他挣钱不多，每个月只给我500元，可是女儿每个月看护费和三科特长费就要400元，我能支配的寥寥无几。

精彩跟帖

1. 我最近也跟老公吵架了，他说了一些让我伤心的话，我气哭了。可转念一想，凭什么因为他的几句话而不开心呢？虽然现在我留在家里照顾孩子，不挣钱就没自尊吗？我出去买了漂亮的衣服，换我原来是个有着雄心壮志的人，现在什么都没有了，只剩下无尽的哀怨，我每天都过得很痛苦，不知道该如何面对。有时想，干脆也不管孩子了，去外地打工吧。可是，我希望孩子有一个美好的未来，有思想，经济独立，不要像她妈妈一样懦弱。

对我来说，管孩子也不是件轻松的事情，因为婆婆总来干涉。更可笑的是，孩子每次和我顶嘴，婆婆就非常开心。她就是那样的一个人，喜欢让孩子和我对着干。老公只会骂我。婆婆不管在哪儿，都没有人喜欢她，她就以折磨我为乐。我简直要疯了，做什么工作都做不下去，辅导孩子都觉得难，就像中间隔着什么东西似的。

唉！帮帮我！！

这位匿名女子，之所以在婚姻中一步步走向绝望，缘于她的被动和自虐。尤其是面临各种婚姻问题，她不是积极寻求解决方法，而是选择妥协和忍让。她在婚姻中所犯的三个原则性错误，直接将她推向了痛苦与无助的深渊。现简单分析如下。

错误一：经济大权拱手相让

经济基础决定上层建筑。在家庭中，经济大权由谁掌控是非常重要的一个问题，关乎家庭的稳定和婚姻的幸福。

一般来说，夫妻都有工作，在具有一定经济能力的条件下，钱财共管，经济透明，这种经济上的民主平等，可以减少很多婚内摩擦。假如女方没有工作，但男方爱和信任她，自觉自愿地把收入交给她统筹安排，而她懂得给他一定自主空间，懂得怎样将家事安排得井井有条，让他无懈可击，家庭也可以正常运转。

最恐怖的是，一方将经济权拱手出让，另一方觉得理所当然，并且拿了对方的钱，丝毫不考虑对方的感受和需要，使得对方在经济上捉襟见肘，内心失去平衡，从而导致矛盾重重，夫妻失和。

这位女子从结婚那天开始，就听命于老公，将每月工资都交给他，丧失了经济自主权。包括后来，她因为精神上的痛苦，无法工作，也缺乏固定的经济来源，连治疗抑郁症的钱都由娘家提供。这种经济权利的丧失，成为她自卑、痛苦的一个根源。

了发型，打扮一新，心情也好了很多。女人要善待自己，对男人越好，越容易丢失自己，他们反而觉得那是束缚。我是看开了，女人要自强，千万别看轻自己。自信是女人的法宝。（小静）

2. 如今社会，女人既要工作，又要相夫教子，男人应有感激之心，给所以，在婚姻生活中，女子保持经济独立、保留一定的经济自主权是非常重要的。

错误二：误将纵容当成宽容

夫妻之间建立平等互敬的相处模式，婚姻才能和谐。这种模式的建立，取决于双方的努力。尤其是在婚后第一年，在彼此磨合的阶段，坚持原则，保持个性与尊严，不纵容对方恶习，对夫妻长远的相守非常重要。

这位女子的丈夫有恋母情结，又有很重的大男子主义，靠拳头和暴力树立自己的权威。她没有及时遏制他的劣习，而是选择忍气吞声、逆来顺受，美其名曰是为了孩子。结果，她的忍让和纵容，换来的是他变本加厉的欺凌，使她活在没有尊严、压抑的婚姻状态中。

假如，他第一次动拳头，她选择奋起反抗，联合家人及社会的力量，迫使他道歉，让他第一时间明白，暴力在她身上是行不通的，就不会助长他的暴力倾向。而正是因为她的软弱和纵容，使得他对她打骂成性，令她身心俱损。

对她的遭遇，我想特别说明一下：经营婚姻需要宽容，但宽容绝对不是纵容。宽容的底线是让对方明白自己的错，并且能够心怀感激，努力纠错；纵容则是助长对方的恶习，让对方肆无忌惮地伤害自己。女人一定要有防范意识，在男人的酗酒、暴力、出轨等行为初露端倪时，千万不要姑息纵容，一味忍让。

其实，很多男人是色厉内荏，尤其是窝里横的男人，更是品行不堪的纸老虎，只敢在比他软弱的女子面前发威，碰上比他还横的，立刻就蔫了。

错误三：用自虐的方式回避问题

在面临丧失经济自主权、遭遇老公暴力及婆婆嘲笑等各种婚姻问题时，这位女子并没有积极面对，而是选择自虐的方式回避问题。

我这里所说的自虐，是指在长达十年的婚姻生活中，她放任自己沉浸在哀怨痛苦的情绪中，以至患上了抑郁症，花费娘家的钱来医治精神上的痛苦，却没有办法阻断痛苦之源。进而使得老公更为嚣张，婆婆更为蔑视她，包括孩子都可以跟她对吵，不把她放在眼里。由此可见，以这种自虐的方式回避问题，

女人应有的安全感，让女人有更多的精力教育子女。孩子们之间的竞争，实际上是母亲间的竞争，家庭间的竞争。问题家庭中的子女既缺少安全感，更缺少积极的心态。我倒奉劝男人们少些自私，多些家庭责任感。或者说，你即使没有太多精力用在子女身上，

只会使问题变得更加尖锐，让自己更进一步陷入痛苦的深渊。

其实，她才三十出头，以后还有漫长的路要走，她所面临的婚姻问题并不是无法解决的顽疾，只要她振作起来，勇敢抗争，积极应对，相信一些问题会迎刃而解，她的人生也会重现希望的曙光。以下，是我给她提供的几条建议：

一、坚持工作，保持经济的独立

工作可以让人实现自身的价值，可以让人充实和美丽，更重要的是，工作可以获得报酬，使她在一定程度上实现经济独立。所以，不管再难，一定要找份工作，坚持做下去。通过工作找回个人尊严，挽回失落的信心。

二、对老公和婆婆不卑不亢，保持尊严

也许一时难以改变和老公一家相处的模式，但要通过心态的改变，通过必要的反击，让他们明白，你并非软弱可欺。通过敬而远之、针锋相对、不卑不亢等做法，对他们产生一定的威慑力，使之不敢把你当成"软柿子"一样随便捏。

实在不行，就去报名参加武术班或跆拳道班，学几招防身术。在老公无理打骂时，奋起反击，将他制服，教会他怎样尊重女性。

三、努力当个自信能干的妈妈

这位女子说，不敢外出工作的理由是为了孩子，"希望她有一个美好的未来，有思想，经济独立，不要像她的妈妈一样"。她没有意识到，父母是孩子最好的榜样，一个懦弱、自卑、缺乏独立能力，惯于自怨自艾的母亲，很难培养出开朗、自信、独立性强的孩子。

身教重于言教。如果自己的生活一团糟，仅靠空洞的说教很难让女儿信服，这也是她教育女儿力不从心的原因。所以，为了女儿，就一定要工作，要独立，在女儿面前塑造一个自信能干、容光焕发的妈妈形象！

希望这位女子积极自救，尽快走出绝望的深渊！

也应该给妻子安全感和和谐的家庭环境，使妻子有更多的精力投入孩子的教育，孩子才能更专注地学习。实际上，孩子的教育，不也是一个家庭更大的事业吗？（新浪网友）

> 我打电话质问他为啥不把碗筷收一下，他却怪我小题大做。我想他应该知道我不是要他收碗，我要的是病后的关心和体贴……

10. 两只碗引发婚姻"中风"，如何救治？

秀老师：

我和老公又吵架了，起因是两只碗。

事情是这样的：从上周五我就感冒，咳嗽，浑身发冷，但能坚持上班。前天是周一，上班到 12 点实在难受就提前回家了，回家看到老公在睡觉（他前一天晚上喝多了），我尽管难受还是强打精神把饭做上。做好后，我随便吃了几口就上床睡觉了，直到电话铃声把我吵醒。一看表，已是午后四点多了，赶紧起来去单位。此时老公已经上班，剩菜和空碗还放在桌子上。我有点生气，病了几天，连这点关心也得不到吗？

我打电话质问他为啥不把碗筷收一下，他却怪我小题大做。这样的小事，我以前从没要求他干，也没有感到过不公平。我想他应该知道我不是要他收碗，我要的是病后的关心和体贴。我听后有点生气，就把电话挂掉了。

好不容易坚持到下班，回到家听说他晚上有应酬不回来吃饭了。我打开手机看到一个 7:

情感贴士

1. 文中那个老公是个绝顶的自私鬼，只知道无尽索取，却不愿付出一丁点儿。现实生活中那样的男人太多，不过多半也是妻子惯出来的。所以我认为妻子应该看清自己的立场了，自私一点，多为自己

50 的未接来电，就给他回了一个电话，告诉他少喝酒早回家。然后，我没有吃饭就躺下了。

躺下没有多久就开始头疼，头疼欲裂加上身体的忽冷忽热使我倍感脆弱，坚持到 11 点就打电话给他，告诉他我很难受让他早点回家。他说马上回家。凌晨一点多，他终于回来了。回来后第一件事是把我的被子掀到地下，让我起来，之后是长达一个多小时的谩骂："你天天找事，两个碗没洗也值得你打电话到办公室吗？""你是不是更年期到了，不让人过一天好日子"……浑身的冷和疼使我无力还口，只是泪如泉涌。骂够了，他穿上衣服要出去。半夜三更我能让他走吗？我拖着带病的身子起来拉他睡下。我一直哭到凌晨才睡着。

起床后我去医院，发烧 39 度，医生让我住院。我就办住院手续、检查、打针，直到下午 6 点多，我没有收到一个问候电话。昨晚，他又喝醉了，又因为同样的原因把我骂了一顿。我告诉他我发烧 39 度，他置若罔闻。

您说，这样的婚姻还有必要继续吗？

读这封邮件，我脑子里突然冒出几年前广为流传的一段顺口溜："摸着小姐的手，就像回到十八九；摸着情人的手，一股暖流在心头；摸着老婆的手，就像左手摸右手，一点感觉都没有。"

她和老公已有 20 年的婚姻，处于左手摸右手、感觉麻木的阶段。但婚姻是否就因此走到了尽头，还需具体问题具体分析。我们都知道，左手摸右手，尽管一点感觉都没有，但左右手是血肉相连，没有人会因为摸着右手没有感觉而斩断右手。生活中，左右手也一样相伴而行，互相照应，比如：左手提东西累了，会自动地换给右手；右手被烫伤了，左手会取代它的一些工作。那么什么情况下，当右手受伤，左手却无动于衷呢？概括起来，大致有三种情形：

一、两手同时生病，无力彼此关心

通常情况下，左右手需要互相帮助与配合，但是，当左右手同时受伤时，它们就很难关照彼此了。

发邮件给我的这位女子，她被病痛折磨，身体和心理都承受着痛苦，情绪极其脆弱，需要得到丈夫的关爱。从她强撑病

一点，不要让男人以为你笨。息事宁人，委曲求全的做法是没主见、不自信，也是一种怂恿。（新浪网友）

2. 我觉得是夫妻二人在沟通上出了问题。找个合适的机会多沟通沟通，毕竟是 20 多年的夫妻了。祝你们和好如初，白头到老！（新浪网友）

体给丈夫煮饭、打电话嘱咐丈夫早点回家到为丈夫的无情而痛哭，都充分说明，她情感上非常依恋丈夫。

丈夫的表现则很不近情理，不但对她的病痛置若罔闻，而且还对她横加指责。也许出现这种情形，是因为他工作中正面临着巨大压力，自顾无暇，他正处于紧张烦躁的时候。再加上感冒毕竟是寻常小病，妻子的要求让他觉得是小题大做、无事生非，所以他以怒制怨，宣泄自己的不满。

假如真是这样的情形，只能理解为：两只手都受伤了，分身乏术，无力去关照对方。那就只好等伤好痊愈，也就是说，当这位女子病体康复，她丈夫工作压力也解除，两人心平气和地沟通一下，彼此体谅，烦恼就可烟消云散。

我希望，他们之间是这样的情形。

二、分工不同，左手无法取代右手

人的左右手分工不同，左手能够胜任的事情，对右手而言，也许很困难。比如，对"左撇子"的人来说，你偏让他用右手吃饭、缝衣或者写字，他肯定力不从心。

从邮件中可以看出，这对夫妻奉行的是"男主外，女主内"的分工。女子任劳任怨地做了20年家务，从没有要求老公分担，也没有感到过不公平，男子也习惯了这样的相处模式，对诸如洗碗、做饭等家务已非常生疏，觉得与己无关了。

在这种情形下，他骤然在办公室接到妻子指责自己的电话，只是因为两只没洗的碗。在他的观念中，他觉得妻子是在无理取闹，自然会发火。

生活中的惯性、惰性异常可怕。正如一匹飞奔的烈马，你想让它突然停下或者转向，很难！

这种情形属于沟通障碍，即他没有意识到两只碗背后，掩藏着妻子的病痛与渴盼；妻子也没有意识到，自己要求的突兀之处，让一个平时不做家务、很少细心呵护妻子的男人，一下子变得体贴能干，是件很困难的事情，需要付出耐心和时间。

如果是这种情形，希望这位女子在冷静之后，能够多想想丈夫在外工作、应酬的劳累，想想自己那天确有情绪低落泛化他缺点的倾向，多和丈夫沟通，消除隔阂与矛盾。以后，则从点滴小事开始，循序渐进地培养他的家务能力和体贴意识。

三、左手彻底中风，无法呵护右手

下面这个故事是从杂志中看到的，大意是：

一男子患了中风，左边的身子不能动了，心里十分痛苦。亲友们去安慰他。他说，我不害怕我的病治不好，我担心我的妻子留不住。

没过多久，他的妻子果然离开了他。亲友们骂那个女人薄情。男子说，不要责备她，是我不好。接着，他忏悔道：她做饭忙不过来的时候，我坐在电视前无动于衷；她生病需要去医院的时候，我以工作忙让她一人前往……我们的婚姻早就因为我的这些行为而"中风"，只是我原来没有感觉到。现在我左边的身子不能动了，我一下子感觉到了。

后来，有人把这些话说给了男人的妻子。男人的妻子非常感动，说，既然他这么说，我也就回去吧。在女人的精心照料下，男人渐渐康复。

有一次，他们一起在黄昏中散步。女人问，怎么会想起婚姻也会中风这样的事来。男人说，当我的右手因蚊子叮咬而奇痒的时候，我的左手一点反应都没有，假若我没有中风，会出现这样的情况吗？过去，你那么辛苦，而我却一点都不去分担，我想，这就是婚姻中风了。

对照这个故事，那位丈夫对妻子的病痛浑然不觉，甚至指责和谩骂，显然，他已患了婚姻中风症，对妻子丧失了起码的温情与责任，妻子的怨愤和不满绝非空穴来风。我们都知道，中风后，抢救及时，可以康复，否则，就会彻底瘫痪。婚姻"中风"也是如此。

希望这位丈夫意识到面临的婚姻危机，了解妻子内心的痛苦，多体谅关心妻子，使婚姻生活温暖和谐。

他说，他就像童年没有过够的孩子，需要出去玩，玩得潇潇洒洒；并威胁我说，如果坚持把孩子生下来，他就离婚……

11. 怎样面对"BABY(孩子)恐惧症"的老公？

车老师：

我老公是自由职业者，曾结过婚，有一个八岁的女儿，随前妻一起生活。我是在他离婚一年后才认识他的，因为感情而结合。结婚一年多来，他都没有很好的收入，家里的开销、按揭都是我在付，有时还要支付他的零用钱。

现在，我已经怀孕六个月了。刚怀孕时，我并不想要这个孩子，但一起商量后，还是决定要。直到一个星期前，他突然说压力太大，不要这个孩子了，还要一个人搬出去住，试着过一个人的生活。我不知道，我是不是还要留着这个孩子，不要孩子的话，我们还有没有未来？

需要补充的是，老公的前妻没工作，生活费都是他来承担，他觉得那样的生活太辛苦，不想重新回到那样的生活中去。两人离婚后，他很希望女儿跟他亲近，但在前妻调唆下，他女儿除了要生活费时会打电话来，平常很少理他，这对他伤害很大。前妻和他基本不沟通，我见

1. 从人道主义的观点来讲，孩子是不应该打掉的。我觉得不是孩子的问题，是他们的婚姻有问题，因此要三思而后行啊。（阿冰）

2. 六个月再打掉孩子，太残忍了。这个老公该去看心

过她女儿，也看过前妻给他的信，觉得对孩子有很多误导，但是我什么都做不了。

前一阵子，他想把女儿接到我们这里过节，但是他女儿拒绝了，而且连爸爸都不叫，这让他很伤心，觉得生孩子没意思。他说他就像童年没有过够的孩子，需要出去玩，不想再过以前那样辛苦的生活；还说，如果我坚持把孩子生下来，他现在就离婚。

最近他天天在外面玩，能不回家就不回家。我是外地人，在这里没有亲戚，一个人很辛苦。我不知道我能改变什么，是坚持把孩子生下来，抱着一线和好的希望？如果他到时候仍然不能够回心转意，我怕我会后悔生孩子。

我现在很痛苦，也很无助，我该怎么办呢？

从她老公现在执意不回家，无视妻子怀孕六个月的事实，及其不惜用离婚要挟她来看，她老公是"BABY（小孩）恐惧症"患者。

患病原因缘于第一份婚姻的阴影及前妻、女儿对他的伤害，让他误以为婚姻容易剥夺自由，孩子带来的是麻烦与负担，使他对孩子和婚姻同时产生恐惧心理，从而选择逃避。

根据她老公的心态及他们目前的婚姻状况，我觉得现在要这个孩子时机不够成熟。因为这个孩子不是在父母的翘首期盼中到来的。假如因为他（她）的到来，导致婚姻解体，对孩子的父亲来说，婚姻再次失败，会对婚姻和家庭进一步丧失信心，沉沦下去；对孩子的母亲来说，原本是为爱才决定要孩子，如果适得其反，承受的打击会更大；而孩子的成长更需要一个充满爱的家庭环境，在父亲排斥、母亲犹疑的情况下，贸然把孩子带到人世间，对孩子不公平，也是对生命不尊重的表现。

当然，打掉孩子的前提是：首先要咨询妇科医生，保证自己的身体健康。而自己也要在情感上反复权衡，自己是否很难独立承担母亲的职责，愿不愿意因为孩子失去婚姻。孩子拿掉之后，要努力调整心态。如果因为这件事，对这个男人丧失信心，趁此机会彻底离开他，也不失为明智之举。

如果舍不得离开，就要理解老公因为过往经历所导致的心

理医生了。如果单纯是因为惧怕小孩带来的压力，以及前妻和女儿给他的阴影，那么真的该去看看心理医生。妻子的健康也很重要，孩子已经会胎动，这样做太残忍了。假如妻子不打掉孩子，她的丈夫就和她离婚，这种男人不要也罢。他目前并未为家庭付

46

理异常，帮助老公重建自信，培植他对家的责任感，帮他克服"BABY（小孩）恐惧症"。

首先，她应该设法和老公沟通，以打掉孩子为代价，让他回家，保全婚姻。其次，多鼓励他，表达对他的爱；有意地让他承担一些家庭开销，培植他对家的责任感；尊重他的生活方式，让他对家庭生活恢复信心。再次，设法跟他前妻沟通，让她努力改变对前老公的态度，鼓励女儿友好地跟父亲相处，用亲情修复他失落的自尊。假如自己付出很多努力后，依然很难改变老公，却又舍不得放手，可以陪他接受心理治疗。

总之，因为这个女子面对的是一个人格不成熟，缺乏责任感，又有过失败婚姻经历的男人，必须先花费心血和智慧，帮助他成长为一个敢于担当的男子汉。等他心态平稳，两人感情和睦后，再去考虑要不要孩子的问题。

希望她凭借自己的理性和智慧，作出抉择，渡过难关。

出什么，是妻子在承担经济责任，他为了自己轻松，就让妻子冒险引产，对六个月的胎儿毫无情感，并且现在"能不回家就不回家"，已经很不像话了。打掉孩子也好，如果妻子为了保住婚姻而做出让步，但他仍然不顾家庭，那么就该果断分手了。（张叶）

> 生完女儿，我就成了一个"千古罪人"，无论我做什么，他们都说我的不是。搞得我左右不是，手足无措，这可如何是好……

12. 难道生女儿是我的错吗?

车老师：

我是一个普通工人，30岁，结婚五年，今年刚生下一个女儿，现在女儿刚满两个月。我们有自己的住房，因为生孩子，公婆从农村搬来和我们一起住。

老公一直希望我生个男孩。我也希望如此，但事非人愿。结果，我刚做完手术，虚弱地躺在病床上时，老公就冲我发脾气，让我非常伤心。难道，生女儿是我的错吗？

因为公婆重男轻女的思想很严重，从我的女儿出生那天起，他们就很不满意。坐月子时，我没得到他们的关心和对一个产妇应有的照顾。生完女儿，我就像一个千古罪人，无论我做什么，他们都说我的不是。孩子出生后因为没奶，一直喂奶粉。坐月子期间因为忍受不了家庭的种种压力，再加上一直休息不好，营养不好，身体状况很差，落下很多月子病。老公及其家人无人问津。我无法忍受这种度日如年的生活，没出满月，就扔下女儿回娘家去住了。我当然

48

也心疼自己的孩子，但实在无法忍受老公和家人这种态度。

40天的时候，我身体好些了，再次回到自己家。回来之后，公婆总是拿一些小事制造家庭矛盾。我的老公是个愚孝型的儿子，无论他父母是对是错，都听他父母的。渐渐地，我和老公的感情变淡了。老公总是无故就发脾气，和我缺乏沟通，勉强说话，也是只言片语。

我们是白手起家，以前一直在单位吃食堂、住宿舍，现在条件刚刚好些。我因为生孩子没有工作，而且身体一直不好。现在他家人都对我有成见，我们的婚姻如同一个没有感情的躯壳。老公之所以没有提出离婚，主要原因是存款和房子。存款都在老公那儿，房子没有最终的产权证，但相关的房子资料在我这里，他们想慢慢拖我，什么都不给我，让我净身出户。

他们总是在朋友和邻居面前说我的不是，对我进行恶意中伤。因为我身体不好，他们又不停地在精神上折磨我，以致我身体状况越来越差，甚至精神受到严重的打击，目前不适合去工作。我们的孩子还小，我身体不好，没有能力照顾孩子。不知道我用什么方式，才能保护我自己的合法权益不受侵害，我不知道还能在这样的家庭中挣扎多久？

车老师，我的叙述可能有点儿乱，因为我现在情绪很乱，请谅解。

痛苦中的女人

仔细读过她的邮件，我想从以下三个方面给她提供一些建议：

一、生女儿不是她的错

我想，她和公婆家人产生隔阂最主要的原因是：他们重男轻女，而她产下的是女儿。所以，他们有迁怒于她的倾向，她有不甘心和不得已而产生的委屈和遗憾。我想对她说：生女儿不是你的错，因为生男生女根本不是由母亲单方面决定的。

作为常识，很多人都知道，在人体细胞中，有23对染色体（人的遗传物质），其中有一对是性染色体，胎儿的性别由它来决定。这两条性染色体，一条来自母亲，一条来自父亲。如果两条都是X型，将来会孕育出女孩；如果X型、Y型各一，便会

是个好女人。而且这个妈妈是个全职妈妈，家庭的负累全部在老公身上，她不但不关心体谅老公，连她自己都照顾不好。其实公婆和老公不是对她生女孩不满，而是对她个人有意见。（新浪网友）

2. 女主人的老公存在重男轻女的观念，的确让做妈妈的她难以接受。可是，这样的问题

妻子的控诉　49

孕育出男孩。女性卵巢每个月通常只有一个成熟卵细胞排出，它们均只含X型的性染色体，就是说，胎儿的性别不是由母亲决定的。

男性的精子有两种类型，一种含X型、一种含Y型的性染色体。卵细胞与不同类型的精子结合，便决定了胎儿的性别。然而哪种精子与卵子结合完全是随机的，并不受人们意志的支配，也和器官的功能没有联系。因此，科学地说，生男生女和父母双方不存在任何"责任"关系，它是不以人们的意志为转移的。

从这个角度来看，老公和公婆将生下女孩的过错归罪于她，是不公平不理智的。她完全没必要自责，应该委婉地表述生女孩不是她的错，男孩女孩都一样的观点。

从她所陈述的事实来看，老公尽管对她照顾不周，但没有提出离婚；公婆心中虽有不满，但在她抛下孩子回娘家的情况下，还是积极承担起照顾孩子的职责。至少说明，他们由最初的不情愿接受到现在努力接受这个孩子，并非不近情理。事情也绝非她想象的那样糟糕，倒是她自己夸大了公婆重男轻女的倾向，忽视了他们的努力和表现。建议她在力所能及的范围内体谅公婆，全身心地爱自己的女儿，用自己的行动和努力，进一步转化家人的偏见，为女儿的健康成长创造条件。

二、照顾好自己和孩子，避免产后抑郁症的困扰

产后抑郁症是妇女在生产孩子后由于生理和心理因素造成的。研究显示，50%~75%的女性都将随着孩子的出生经历一段产后抑郁症，出现不稳定情绪。产后抑郁症一般在产后六周内发病，疲乏、易怒、焦虑、恐惧和忧郁是产后抑郁的主要特征。

从这位女子在邮件中流露出的焦虑不安、牢骚满腹和患得患失的情绪来看，她已经有产后抑郁症倾向。发病原因与生女儿后的失望、丈夫及公婆对她照顾不周有关，也与她放任自己情绪、对家人有过高期待有关。所以，她目前最应该关注的不是离婚问题，而是如何调整情绪，避免产后抑郁症困扰的问题。

建议她合理安排自己的生活，尽量保证充足的睡眠和饮食，使自己身体得以康复；在体力能够承受的范围之内，多照看孩子、观察孩子的成长变化、写育儿日记等，转移自己的注意力；如果时间及精力允许的话，可以多看书及有趣的电视节目，让

已经发生了，我觉得你应该想办法解决，不能破罐破摔呀。秀老师常说："要用智慧经营婚姻。"我非常喜欢这句话，我也记住了这句话。你和老公沟通有问题，言语表达行不通，那么换个方式看看。你可以以写作的方式发邮件给他，直发到他接受为止。我就用过这样的方法。和老公意见不合后冷战，于是就将我

自己的内心趋于宁静；尽量心平气和地跟老公沟通，主动邀请老公散步、喝茶、聊天，倾诉苦闷，寻求老公精神上的慰藉；也可以跟以前的女同事或好友多交流一些教子心得，缓解情绪压力，保持内心平和。

还有，多从乐观的角度看问题，学会感激。比如：感激上天给你一个健康可爱的女儿，赋予你做母亲的神圣权利；感激公婆在你最需要帮助的时候，帮你照顾孩子、承担家务；感激老公没有因为你生女儿而绝情离开、放弃责任。

三、走出自我中心，以尊重和宽容的方式和家人沟通

读她的邮件，感觉最明显的是她比较自我，通篇都在谈"我"的委屈和愤怒，老公及公婆对"我"的照顾不周，很少流露出对女儿的真情和对老公及公婆的体谅。这可能与她特定时期的情绪有关，但也反映出她认识方面的偏差，即过分关注自我，一味索求，自己却吝于付出。也许这才是她和老公及公婆难以相处的真正原因。

比如说，她一直强调自己身体差没有奶水，没出满月，就扔下孩子跑回娘家。这是对孩子极不负责任的做法。孩子生下后，更多的是由公婆和老公来照顾。照顾这么小又没有母乳吃的孩子非常辛苦，作为孩子的母亲，她理应感激，但她没有，而是只看到公婆对她照顾不周的地方，在那里怨天尤人。

她觉得老公不关心自己，内心充满委屈，但她忽略了，老公面临着初为人父的角色转变，面对孩子的啼哭和婆媳纷争，他的处境更困难。假如她通情达理，凡事体谅他，不正面和公婆冲突，也许，他们可以处得很好。事实上，她放任自己的负面情绪，连自己都照顾不好，也无力照顾孩子，更无暇为丈夫分忧，却又一味地苛求丈夫的关心。这种不切实际的想法，容易让丈夫疲劳焦躁，对她失去耐心。

我觉得他们的婚姻有深厚的情感基础，她的丈夫和公婆也不是太难相处的人，他们之间并没有闹到非离不可的地步。只是她情绪失控，索求过多，付出太少，才导致了交流方面的一些障碍。希望她能稳定情绪，从爱自己、爱女儿和爱老公，体谅公婆的角度调整心态，凝聚亲情，使自己重新拥有和睦温馨的婚姻家庭生活。

写的日记发给了他，把我的感受、他的不足统统分析上去。没想到效果很好，当天晚上他就主动示好了。所以，有时在沟通方面，直接对话可能会因为语气不善，达不到效果。也可以通过第三方的关系去劝解你老公，跟你老公沟通。只要你自己愿意面去对去解决，方法会有很多，而不是当个逃兵，放弃神圣的责任。

（新浪网友）

> 他从来不看书，教育孩子也很暴力，衣架、牙签、筷子，都是他打孩子的工具。我一再劝说，却毫无效果，真的很痛心……

13. 九年婚姻——离也难，不离也难！

广秀老师：

　　我在南方一个城市家庭长大。读大学时，认识了比我低两届的男友，他外形帅，人品也好，可惜我们不能分配在一起，迫于母亲的压力而分手。

　　大学毕业后，我如愿进入一家效益较好的企业从事信息工作，很快和同部门的班长好上了，当时觉得他人好，为人也大方。由于单位是最后一批房改，不结婚的话，以后就没福利房，我和班长很快结婚了。顺便说一下，他长得不好，读的书也少（中专），是外地一个农村家庭出来的孩子。当我和他恋爱结婚的消息传出时，许多人都感到意外。

　　有了儿子之后，日子过得一直不顺，因为我们能交流的东西太少了。他的确是一个老实人，好人，也很勤快，但常因小事和我争执，而且故意在孩子面前吵。他从不看书，教育孩子也很暴力，衣架、牙签、筷子，都是他打孩子的工具。有时我想自己多苦都无所谓，但他

精彩跟帖

　　1. 秀老师说得有道理。再过几年，也许你就不如他了，婚姻有时就是搭配。另外，婚姻需要经营，不如把自己先放低一点，对他的期望值不要过高，然后努力经营你们的家庭，也许效果会好些。打孩子是

52

这样对孩子，我真的很痛心。孩子三岁的时候，我曾提出离婚，无论如何他就是不肯离，就这样忍了下来。

嫁给他后，他事业上一直停滞不前。做班长靠技术，要往上走，就要靠关系。他偏偏是那种一见领导就害怕的人，而且很好面子。有些事情明明他做得不好，我想给点建议，他根本听不进，而且我一说话他就发火，经常说"我不用你教"。

作为妻子，我当然关心他事业的发展，得知一大城市企业需要技术人员，他专业对口，也想换换环境，征得他同意后，我去找一领导帮忙推荐。本来那家企业是只要他的，后因我是本科毕业，而且内部有人帮忙，对方也要了我。

我们夫妇一起调动到了大城市，这是让许多人羡慕无比的事情，但我们的关系还是老样子。刚到新单位，肯定有些不适应，我自己也有点难受，一直咬牙硬挺。而他不适应，就整天黑着脸，还把原因归罪于我，说我拖累他，说他在原单位如何如何好。我很快适应了新的工作环境，他还是老样子，动不动就发火，经常抱怨，我难受得不得了。和他这样的人一起生活，真的很累。

我对自己现在的工作、收入都很满意，唯有和他的关系令我苦恼。其实我想离婚已经想过很多年了，口头提出过多次，每次他不是大声吵就是不理我，我也曾起草过申诉书，又不想太兴师动众。要想离婚的话，唯一可以做的是搬出这个家，但我又舍不得孩子。他一不开心就拿儿子出气。为了儿子不能离婚？有时我倒感觉为了儿子需要离婚，因为夫妇长期这样对孩子也不好。孩子现在有点内向。

广秀老师，我不知道以后的日子如何过。真的，每想到这样的老公我就伤心不已，不求精神上有什么交流，不争吵我就知足了。有时我想和他好好过下去，毕竟离婚不是光彩的事，而且我已经35岁，结婚都九年了，担心离婚后很难找到好男人。

我感觉婚姻中讲究门当户对是很有道理的。我是城市出生的大学生，他是农村出生的中专生，我们真的很难交流。有时他说出的话让我感觉他特傻，特没文化。

广秀老师，我想听一下你的意见，能在百忙中回复我吗？

九年婚姻——离也难，不离也难！

不好，但是也表现出他的烦恼和对生活的不满意。孩子大些就会好的。（阿冰）

2. 人生短短几十年，是要对得起自己，不是活给别人看的！如果真累了就放手。我们不求大富大贵，求个平平淡淡总行吧！我的婚姻也是充满苦涩，现在解脱了

妻子的控诉　　53

我离婚还是不离好。

过得很累的一个女人

这位被婚姻折磨得身心俱疲的女子，不知是否看过网络中关于"孔雀女"与"凤凰男"婚恋组合的大讨论。

所谓"凤凰男"，是指从农村走出来，发奋读书十余年，终于成为"山窝里飞出的金凤凰"，担负着一个家族蜕变的所有希望；"孔雀女"是指家境宽裕的城市女孩，生活一帆风顺，内心单纯，像一只美丽而骄傲的孔雀。

孔雀女与凤凰男，因为地域和文化背景的悬殊，生活习惯和伦理亲情观念的差异，结为夫妻之后，矛盾迭起，摩擦不断，很容易陷婚姻于绝境。从王海鸰的《新结婚时代》到六六著的《王贵与安娜》，这两部畅销小说都揭示了"孔雀女"嫁给"凤凰男"后，门不当、户不对而引发的各种无法回避的婚姻问题。

这位女子是出生在城市的女大学生，事业心强，注重内在的情感交流，向往那种水乳交融的婚姻生活；而丈夫是来自农村的中专生，性情粗暴，爱面子，由过分的自卑引发过分的自尊，进而在外面唯唯诺诺，在家里喜欢对孩子动粗，对妻子横加指责。两人在磨合期间，没有理性地面对因差异引发的隔阂和隐患，从而导致这位女子结婚九年，依然被痛苦缠绕，进退两难。

才发现：以前我是为别人而活，现在才是为自己而活。感觉轻松多了！（心锁）

就她目前的婚姻状况，并非已到无可救药的程度，只是两人缺乏沟通的技巧，才引发了婚姻危机。所以，我给她的建议是：暂不离婚，设法消除隔阂，提高婚姻质量。

具体来说，她丈夫在事业发展、个人文化素养和教子方面有欠缺，但也有很多适合婚姻的优点。比如：老实、勤快，具备扎实的专业技能，尤其是对待婚姻很专一。

她有学历及事业优势，有独特的精神追求，但对丈夫期望值偏高。在与丈夫相处过程中，有一种不自觉的歧视心理和优越感。比如她常指责丈夫没文化没素质、说话特傻，喜欢居高临下地为丈夫出谋划策等等。

对于不擅与人交往又极爱面子的丈夫来说，她对他的诸多不满，以及多次离婚要求，当然会刺伤他的自尊心。所以，他通过争吵、打骂孩子来挽回颜面，发泄不满。这样，既造成了他们之间的交流障碍，也使婚姻岌岌可危。

他们的婚姻走到今天，应该说，双方都有责任。她只看到丈夫本身的缺陷，而忽略了自己在婚姻中的不足。

首先，夫妻之间无高低，她应该试着把自己的心态放平，把优越感放下，站在双方平等的角度去思考问题，努力以平常心，以尊重和欣赏的态度与丈夫交流。其次，她应该体谅：丈夫也许更适合做专业工作，不适合走仕途。降低对他事业发展的期望值，多肯定他的专业素质，使他能够踏踏实实地把本职工作做好，从工作中找到成就感。还有，越爱面子的男人，自尊心越强，越不希望妻子看不起自己，对自己指手画脚。所以，凡事多征求他的意见，发自内心地信赖他、尊重他，以此换取他的尊重和信任。

再者，千万不要动不动就拿"农村""城市""中专生""大学生"说事儿，这是很伤人的。须知，这些也不是一个人能力、前途的决定因素，甚至不是什么重要因素。

最后，以平等的心态，多肯定丈夫的优点，多鼓励和感谢他。比如说：感谢他这么多年在家务方面的付出；感谢他对婚姻的坚守；感谢他没有沾染酗酒、赌博等恶习。然后，从丈夫感兴趣的话题入手，寻找交流的突破口，慢慢改善夫妻关系，达到心灵契合的境界。

他的理论就是:无论丈夫怎样发脾气,做妻子的都要忍受,事后,还要主动和他和好。21年的婚姻,就这样一次次在矛盾、和解中循环往复……

14. 廿年婚姻,就这样在恶性循环中延续?

车老师:

我今年46岁,丈夫和我同岁,我们结婚21年,有一个正读大学的儿子。我和他是经人介绍认识的,当时他正在外地上学,刚刚见了几次面,他就去学习了,一年中只通过几封信,彼此之间了解不多,一年后他毕业就和我结婚了。

我结婚时,正是我姐姐离婚的时候(我家就姐妹两个),我亲眼目睹了父母为姐姐离婚所承受的一切。父母期望我的婚姻幸福是不言而喻的,我就在这种情况下走进婚姻。

在外人看来,我丈夫是个很不错的人,没有吸烟、喝酒、赌博等不良嗜好,也很会做家务。但结婚以后,他性格中暴躁、武断、霸道的一面就暴露无遗,常常为一些家务小事冲我发火,甚至用些很脏、很毒的话骂我,事后也从不认错,还要我主动和他和好,否则就是长期的冷战,我们最长的一次冷战近一年时间。

我性格温和,从来没有骂人的习惯,他父

精彩跟帖

1. 我的父亲和青青的丈夫如出一辙。更为可恨的是,我的父亲常常以打骂我们姐妹来打击我的母亲。心软的母亲为了我们姐妹忍辱负重。一直到初中毕业,我们都是在父亲口口声声"短命的!"咒骂中母对我也不错，儿子基本上由他们带大。因为有了姐姐离婚的阴霾，结婚前几年，我很怕他发火，也怕冷战，常常为此失眠，第二天无法上班，也怕闹到我家里去，总是主动和他和好，以取得暂时的和解和平静。

久而久之，他在家就更加肆无忌惮。他心情好时，很爱我，对我体贴入微，对我父母也非常好，但只要是吵架以后，特别是我顶了他，他就对我和我家的任何事不闻不问。有几次我生病，他故意出去玩游戏。我父亲住院，他也不去看。他的理论就是：无论丈夫怎样发脾气，做妻子的都要忍受，事后，还要主动和他和好，这样他就会对我好，给我钱，为我做事。女人就应该忍受委屈，以换取这样的"实惠"。这是他一直坚持的理论。21年的婚姻，就这样一次次在矛盾、和解中循环往复，没有矛盾时不想那么多，就这么糊弄着过。

最近一次，他又用很脏的话骂我，我一句话都没有顶他，只是伤心地哭。事后，我还主动和他沟通，而他却说，我就这样，你能接受就接受，不行就随便你怎样。"你有本事就回你娘家去，我绝对不会去找你回来！"这是他常说的话。给我的感觉是，他对我肆无忌惮、无所顾忌，从来不在乎我的感受。我有时想不通，为什么我要顾虑这么多？

说实话，对儿子，我都考虑得不是太多，倒是父母年岁大了，且重病在身，家里还有一个离婚多年的姐姐，我真不忍心再在他们面前说这些伤心的话，更不想做出什么让他们伤心的事情。

目前，我们又处在冷战之中，但我上周出差，还是主动告诉他我出差到哪儿，去几天。而他这几天也去了外地，对我连一个招呼都没打。我不知他去了哪里，他根本无视我的感受。

想想他心情好时，对我的体贴入微，对儿子的关爱，对我父母的关心……但这一切都要以我忍受他的暴躁和辱骂、不抵抗为前提，否则就反目成仇，一切关爱均不存在。

因为刚结婚时，我们就是这样一种状态，所以，对他，这么多年，我真的没有一点点爱，只是想能够平平静静地过下去，为了父母不离婚。如果不是为了这点，离婚是我永不后悔的选择。

长大，这让我们恨极了他。父亲暴躁、蛮横、武断的个性，我们对他没有任何感情，也让母亲一生不幸。母亲嘱咐我们，在她去世后不要把她葬在我老家的坟地，她宁愿把骨灰抛洒于大海：活着做了我家的人，死了坚决不做我家的鬼！在这样家庭中长大的孩子，婚姻不幸的比例太大。

捂着伤口还在爱

现在我想问一句多年以前就一直想问的问题：他对我这样的感情是真感情吗？这样的婚姻我要维持吗？这样的丈夫，我该怎样应对？

青青

青青的老公有点人格障碍，但面对老公的辱骂和冷暴力，她出于顾虑，选择屈从和忍让，无形中更助长了他的嚣张气焰，使他们的婚姻在恶性循环中得以延续。尽管20多年形成的相处模式短期内很难改变，但还是希望我的答复能在一定程度上缓解她的痛苦，帮她改善婚姻质量。

一、丈夫不健全的人格，是婚姻不幸的隐患

健全的人格是幸福婚姻的保障。从青青的诉说中，我觉得她老公爱她，也爱家，但人格上有缺陷，属于轻微的爆发型人格障碍。

爆发型人格障碍，是指常因微小的精神刺激，而突然爆发出非常强烈而又无法控制的愤怒情绪甚至暴力行为的人格障碍。青青丈夫冲动、易怒，不善于控制情绪，稍不如意就对妻子发火辱骂，这种行为与成年男子应具备的冷静和理性背道而驰，是人格不健全的表现。

关于爆发型人格的成因，心理学家认为是生理、心理和家庭、社会环境因素共同作用的结果。其中家庭因素，尤其是父母的教养方式和相处模式，对爆发型人格的形成有重要影响。比如在专制型的家庭环境中，孩子常遭打骂，心里受到压抑，常会选择辱骂或暴力来发泄积怨，成人后也容易模仿父母的相处方式与配偶相处，并觉得天经地义。

爆发型人格障碍者有很强的自尊心，对自尊心受挫十分敏感、强烈。只要受到刺激，心理防卫机制马上就发挥作用，常按照"刺激——受挫——暴怒或暴力行为"的模式来捍卫自己的自尊心，很少顾及别人的感受。

二、妻子的忍让和屈从，引发家庭冷暴力

初涉婚姻，青青就发现了丈夫性格中暴躁、霸道、自以为是的一面，但她没有及时劝阻、制止和反击，而是为了保全婚姻，选择忍让和无条件屈从，无形中更助长了丈夫的不健康人

我的三个姐妹，一个离婚，一个在吵闹中维持着。只有我，在汲取她们的教训后目前还有比较幸福的婚姻。人一辈子短短几十年，表面上为父母，其实不然，我的母亲就支持离婚的姐姐。因为，孩子真正的幸福才能使他们舒心，以孩子的忍辱负重换来表面平和的家庭，会让父母更加难过。（新浪网友）

2. 我的前夫就是在一个充满暴力

58

格。他不但觉得打骂妻子理所当然，还习惯于对妻子实施冷暴力，迫使妻子向他低头求和，满足于那种高高在上的感觉，毫不顾忌这种家庭冷暴力对妻子造成的心理伤害。

我这里所说的"家庭冷暴力"，是指夫妻双方产生矛盾时，一方对另一方漠不关心，将语言交流降到最低限度，停止或敷衍性生活，懒于做一切家务工作等非正式暴力行为。

从青青的诉说中，我们发现，青青一旦顶撞丈夫，丈夫就对她和她家人的一切不闻不问，最长时间可坚持一年，他以家庭冷暴力方式从精神上折磨青青，迫使她"主动就范"，俯首认错示好。这种做法对青青的伤害非常大，让她对丈夫爱不起来，心里积压着太多的委屈和愤怒，甚至对婚姻感到绝望。

三、怎样应对家庭的冷暴力

怎样应对这种家庭冷暴力呢？解决的办法是加强沟通或果断结束婚姻。下面是给青青的几条具体建议：

（一）转变观念，不要为家人放弃幸福

提醒自己，每个人的人生只有一次，没必要为了父母委曲求全一辈子。父母能接纳姐姐的离婚，同样也会尊重你的选择。所以，在你觉得努力无果的情况下，你应该勇敢地选择放弃婚姻，重新寻找幸福。给自己设置这样的底线和退路，理直气壮地去捍卫自己的尊严，不再受他的挟制，看他的脸色行事。

（二）和丈夫积极沟通，努力改善关系

1. 暂时稳住他

他已经习惯了你的让步和妥协，为了解决问题，可以在他这次出差回来后，主动向他认错，嘘寒问暖，化解他的敌意和怨气，让夫妻关系恢复正常。

2. 减少冲突

回忆一下在21年婚姻中，导致他发火的主要缘由。凭自己对他的了解，在他每次发怒之前就有效地给予控制，或者疏导，减少他发火的频率。

3. 多肯定和赞美他

因为人格原因，他比较敏感和自负，在他不发火、对你体贴入微时，可以对他示以鼓励、肯定和感谢，提升他的自尊自信，强化他的正面行为。

的家庭中长大的。我们认识时，我天真地以为，爱情可以改变一切。结婚后，因为工作关系，七年后才全家团聚，相处一年后，开始了冷暴力生活。我无法忍受，打电话给婆婆。没想到婆婆说这很正常，到现在他和公公还时不时冷战一个月。我一听这话，完了，我的婚姻生活难道从此就这样过下去了吗？不，我才不

4. 避其锋芒

在他因小事即将发作时，可以通过微笑、沉默、转移话题、幽默自嘲等方式，转移其兴奋点，及时将他的火气压制下去，不针锋相对，避免两败俱伤。

5. 直言不讳

假如通过上述努力，他仍变本加厉，你可以用微型录音机把他骂人的话录下来。待其情绪平和时，放给他听，让他产生羞耻心、负疚感；抑或作为证据保存下来，然后写封长信给他，讲述一下这些年他的好，你感激和喜欢他的地方，也直言不讳地说出他的辱骂、专横带给你的伤害。

告诉他，你不想这样忍下去了，也不想再迁就他，因为迁就的结果等于助长他的恶习。然后告诉他只有两种选择：第一，离婚。第二，如果他能认识到自己的人格缺陷，愿意接受心理治疗，或有决心克服暴力行为，你将和他一起努力，改变原有婚姻状态，提高婚姻质量。

告诉他，你会在娘家等他的选择。无论哪一种，你都会欣然接受，但绝不会再像以前那样无原则地迁就他。

如果他的选择是第一种，那么无论你多么痛苦，都要勇敢地接受和面对；如果是第二种，就付出耐心和时间，和他一起努力构建和谐婚姻。

要现在的生活。为了女儿们不受到家庭影响，我下决心走出这个婚姻。后来经过法院起诉，我得到了女儿和房子，终于结束了这段让人痛苦的婚姻。现在的我，过得很开心，女儿也很懂事，完全没有单亲家庭的那种伤痛，反而觉得三个人在一起很开心。（新浪网友）

为何总是男人背叛深爱他的女人，让女人忍受痛苦而舍不得放弃，捂着伤口还在爱……

15. 女人为何总是捂着伤口还在爱？

秀姐：

　　我是一个单身女人，不幸的婚姻曾给我的心灵留下难以愈合的伤疤。后来，一个大我十岁的男人闯入了我的情感世界，我们相爱了。我真的很在乎这份难得的相知，不知不觉把他当成我生命里的一部分，投入了全部的柔情，也希望这份感情可以陪伴我一生一世。

　　但他却提出了分手。理由是我们身在两地，以及他前妻家有权有势。他说心里爱的是我，但一个他想和我在一起，一个他爱慕虚荣，而这份虚荣是身为小学教师的我无法满足的。他挣扎得很辛苦，让我等他。他说他要是有约会，或者和别人发生关系时一定不骗我，让我自己选择留下还是离开，他都无怨。

　　他就这样义无反顾地离开了我，和我约定两年半后再见。这两年半，他希望我别联系他，他也不是停下来，而是频频去约会。他说如果找到合适的就把我忘了，如果没有再来找我。我感觉他不该这样对待感情。他却怪我不够大

　　1. 玉儿，你是一个对男女之情拿不起、放不下的人，而且对男人鉴赏和判断的能力较差，这是否也是你第一次婚姻失败的因素？恕我直言了。如果你没有那么聪慧，没有为自己找到幸福的归宿，这不是你的错，但如果你

度，还说要我正视现实。

我真的难以正视这样的现实。当初的信任被他一点点抹杀，他的冷漠和残酷让我心如刀绞。我向他诉说他离开后我难以承受的痛苦，联系不到他时的惶恐与担忧，还有抑制不住的思念和牵挂。他却抱怨我不信任他，说我用爱束缚他的自由。我们的关系越来越僵。他甚至口不择言地伤害我，说他从没有爱过我，他有多不爱我就有多烦我。

这些无情的话，让我感到椎心刺骨的痛。爱到这分上，我知道了自己的失败，更了解自己在他心中的分量。伤透心的我，决定放弃这份感情。

我忘我地工作，不停地看书、练字、写博。在我努力振作自己、拼命淡忘这份感情时，他又主动给我打电话，要我为他留点余地，等他想回头时，我还能接受他。我不愿成为他最后无奈的选择，我觉得自己还没有糟到那种程度，所以拒绝了他。可是我真的很难过，毕竟我是爱他的。我这个人，很难爱上，一旦爱了，就期待着与之生死与共。硬生生地忘记一个爱过的人，真的好难啊！偶然一个似曾相识的场景，或别人一句和他相同语气的话，都会让我泪如雨下……秀姐，我到底该如何啊？我只好向你求救了！

你的每篇文章都动人心魄，震撼着我同样伤痛的心！经营一份感情真的很难，为何总是男人背叛深爱他的女人，让女人忍受痛苦而舍不得放弃，捂着伤口还在爱？女人难道真是爱情的牺牲品吗？秀姐，请你帮帮我！

玉儿

玉儿的故事，让我很心痛。我从来没有想到，一个弱女子的真情，竟会被人如此肆无忌惮地践踏。对于感情，我一贯主张当断则断，不拖泥带水。作为一个男人，可以选择爱与不爱，但绝不该一边放纵自己，一边以"爱"为幌子，让真爱的女子为他痴心守候。

我想对玉儿说：这个男人并没有对你付出真情，也丝毫不珍惜你的感情，你只是他无聊空虚时，用来验证自己魅力的情感替代品。他可能在失意落魄时用你的爱填补空虚，一旦春风

不改变自己固有的思维模式，不吸取经验教训，不提高不进步，那就是你的错了。这个男人如此不珍惜你，不尊重你，你应庆幸自己逃过了一劫，应该笑，而不是哭啊。要知道，好的婚姻，是一个良性的选择，而且需要另一半的配合，不是一个人能成就的。（新浪网友）

2. 爱的持久与否，除了因人而异的外在因素，更重要的是，它与人的胸怀、能力、智慧

62

得意,他就会无情离去,甚至不择手段地伤害你。

你知道吗?如果男人真爱一个女人,会希望和她时刻相守在一起,享受两情相悦的幸福,会不顾时间空间的阻隔,爱他所爱,无怨无悔;而不是像他这样,把痴爱他的女子丢在一边,放任自己寻求情感刺激,还振振有词地倒打一耙。

所以,你选择放弃的做法是明智的。虽然忘掉他,有个痛苦的过程,但盲目地沉溺在这份虚幻的爱里,你势必会伤得更惨!

我不知道你有没有看过这样一则寓言故事,大意是:

> 玫瑰花枯萎了,蜜蜂仍拼命吮吸,因为它以前从这朵花上吮吸过甜蜜。但是,现在在这朵花上,蜜蜂吮吸到的却是苦涩的毒汁。于是,蜜蜂愤不过,它吸一口就抬起头来向整个世界抱怨:为什么味道变了?终于有一天,蜜蜂振动翅膀,飞高了一点。这时,它才发现,枯萎的玫瑰花周围,处处是鲜花。

玉儿,爱情是两个人的事,不是靠一个人的努力就能圆满的。只有两个人互敬互爱,彼此忠实专一,共同面对尘世风雨,不离不弃,才能成就真爱。无论你多么爱这个男人,如果他并不珍惜,不屑一顾地践踏你的感情,这样的爱情实质上已经变味,它不再是甜蜜诱人的花朵,而是蚕食你心灵的毒汁。蜜蜂放弃枯萎的玫瑰,方看到满目的鲜花,同样,你只有放弃这份浸满毒液的爱情,才能重建自己的人生宝塔。

你问我,女人难道真的是爱情的牺牲品吗?我想说,真正的爱情是女人的滋养品,它让女人明媚鲜艳、光彩照人。如果一个男人打着爱的名义,将爱他的女人伤得千疮百孔、痛不欲生,他就不值得女人留恋和驻足。甘于充当爱情牺牲品的女人,都是为爱迷失的女人。

女人应该清楚:没有哪个男人比自己更重要,值得你为他牺牲和奉献全部。所以,爱自己,才能平等而有尊严地去爱别人。

等内在因素关联很大。而这需要对人生不断进行充实,途径就是不断学习提升。许多爱难以持久或者结出恶果,和爱的一些根基——人生成长的基础,人生的价值取向,爱好兴趣等不稳固有极大的关系!爱不单单是一腔美好的心愿。即使两个人已真心相爱,也得接受时间对两人在能力与智慧等方面的考验!祝幸福。(剑胆琴心)

前天晚上九点多了,他还和那个女人约会。说实话,我也受不了这种生活,但是为了儿子,我不能和他离婚⋯⋯

16. 出轨老公逼我离婚,怎么办?

车老师:

我老公有外遇了,我和他父母知道后,一直劝阻。他爸打也打了,也给他跪下了,甚至还拿出菜刀吓唬他。他叔,以及哥、嫂也劝过他,他还是想和我离婚。

我们现在有一个两周岁的儿子,原本幸福的家,就这样让他给毁了吗?我现在一口咬定不跟他离婚,可是在家里我们就像陌生人,谁也不理谁。说实话,我也受不了这种生活,但是为了儿子,我不能和他离婚。可是,他今天还给我打电话,逼我跟他离。老师,我该怎么办呀?我真不甘心就这样跟他离婚呀!

这张帖子看似简单,但从这位女子惶惶不安的诉说中,我发现寻常女子在被丈夫逼迫着离婚时,易犯的三个错误:

一、盲目地向家人求助

这位女子保护婚姻心切,知道老公有外遇后,迫不及待地向男方家人求助,不但没有达

精彩跟帖

1. 面对这种事情,我同样犯了这三种错误。在我老公离家出走两年回来后,本想他会好好过日子,可事实上,两人的感情已出现了裂痕,想破镜重圆已很难很难。如今我们已走过了10年婚姻,可以说

64

到预期目的，反而坚定了男人要离婚的决心。

所以，我想提醒一下：婚姻是两个人的事，当婚姻发生变故时，最好两个人能心平气和地商量解决，不到万不得已，不要轻易求助于双方家人。而且，对于更多已婚男人来说，他们往往把感情看成是个人私事，不愿意家人介入，家人一相情愿的干涉只会助长他的逆反心理，让他破釜沉舟。

二、把孩子当作挡箭牌

这位女子为丈夫的外遇和绝情深感痛苦，她说"受不了这种生活了"，但又强调"为了儿子，我不能和他离婚"。事实上，很多女子在对出轨老公的绝望中，都把孩子当作救命稻草，当作挡箭牌。老实说，这对孩子是极不公平的！

孩子真正需要的，是能给他提供一个和睦温馨家庭氛围的父母。如果父母感情破裂，父亲终日不归，对孩子不理不问，母亲沦为牢骚满腹的怨妇，或对孩子喋喋不休发泄怨恨，或拼命诋毁丈夫，这种家庭对孩子的伤害更大。孩子性格会变得偏激、自卑，而且孩子一生都将无法摆脱"父母为了他才勉强凑合"的心理阴影。这不但影响孩子以后的性格和对婚姻的态度，还将陪伴和折磨孩子一辈子，是对孩子人生的一种摧残。

我想说，真正影响孩子人生的，是父母的素质，而不是婚姻状况。假如父母有责任心，就应该努力经营婚姻，给孩子一个温暖幸福的家。假如父母感情已走到尽头，那么，理智地分手，积极履行对孩子的职责，悉心关爱孩子，孩子照样可以快乐地成长。

所以，离不离婚是父母的事，请不要以孩子为借口，带给孩子深重的伤害。

三、接受不了，又束手无策

这位女子抱定了不离婚的态度，但面对逼他离婚的老公，完全乱了阵脚，于是只好向家人和外界求助。

具体到这位女子，无论你能否保全婚姻，都要先修正"为了儿子，我不能和他离婚"的观念。你要明白：是你离不开他，无法面对婚姻破碎的结局才不离婚，不是两岁的儿子要求你不离婚。

如果真的不想在逼迫状态下仓促离婚，可以尝试以下几种

是两败俱伤。后悔当初自己不"快刀斩乱麻"，重新开始新的人生。（清风明月）

2. 这是我看过的、处理这个问题最好的方法。不过，做到真不容易，太理智了！做到这一步的女人，是圣母。我是过来人，最终离了。我做了我能做到的最好，尽了

做法：

（一）避其锋芒

考虑到你老公的外遇目前正处于激情状态，为了这份狂热可以到不顾一切的地步，此时跟他硬碰硬，只能是两败俱伤。所以，比较好的办法是冷处理，避开锋芒。

条件允许的话，抱着孩子回娘家住一段时间，或把孩子托付给可靠的人，独自外出旅游，调整身心。在此期间，切断和他的所有联系，等他那边热度消退，冷静下来后主动找你，愿意心平气和地和你交谈时，再坐下来谈谈下一步怎么走。

（二）疑兵之计

如果经过一段时间冷处理，他还是坚持要离婚，你可以告诉他，自己不会强求。要求他说清楚离婚的理由，开出离婚的条件（包括财产分割、孩子抚养权），然后以需要考虑、征求家人意见等为借口，设法拖延时间，并制造接触他的机会。

（三）欲擒故纵

不管内心多么痛苦，都要爱惜自己，努力振作。学会用心安排自己的生活，多看书、交友，多陪伴儿子，坚持运动，努力让自己充实忙碌起来。

在他面前千万不要流露出活不下去的凄惨样子，多买些漂亮得体的衣服，定期去美容院修饰自己，保证出现在他面前的你整洁漂亮、容光焕发。

不对他兴师问罪，不盘问他的行踪，而是心平气和地和他谈儿子，谈离婚，谈自己以往在婚姻中忽略他的地方，谈谈他离开的这段时间，自己的反省和自责等等。

他一旦表现出不耐烦的样子，你就装作自己很忙，找借口溜走。对他不温不火、不卑不亢，若即若离，让他猜不透你等等。

假如以上三招你都用了，经过一年半载，他依然铁了心要离，那就果断地放手。绝情的男人是留不住的。趁着自己尚年轻，孩子尚小，认真汲取这次婚姻失败的教训，努力提升和完善自己，使自己有能力把握下一段的幸福！

我能尽到的责任，终归是不能委屈自己一生。走到今天，不后悔，现在过得很好。（新浪网友）

他跟谁都唠叨自己有病，就盼望找个同盟认可他的说法。我一说检查结果没事，他就冲我发脾气……

17. 老公为啥总怀疑自己有病？

车老师：

我公公于去年10月得了胃癌，发现时已是晚期。因为老人家已年近九旬，家人经过商量后，决定采用保守疗法，将他的病痛减少到最低。维持了半年，公公终于撒手而去。老人没受太多的罪，作为小辈，悲伤之余，也算心有安慰。

问题是，自从公公检查出胃癌那天起，我老公便开始怀疑自己也得了大病。他刚开始说，胃不舒服，胀气，我考虑是心理因素。为打消顾虑，便陪他找我们市最好的医生做了胃镜检查，结果有点轻微的胃炎，医生说吃几天药就会好。看他的气色不太好，判断是由于睡眠不足导致的神经系统紊乱，让吃一段时间谷维素。可是，老公根本不听，吃几天不见效便停了。随后，又开始怀疑自己皮肤出了问题，今天让我看看说长了几颗小痣，明天又说身体对称着长了些斑，感觉有点疼。去医院看过没事，又开始怀疑肠子出了问题，说大便颜色黑、有味

精彩跟帖

1. 哈哈，我可讨厌整天找病的男人了，不像个男人样子。我认识一个朋友的老公，年纪轻轻，就整天查询"青年养生"，今天胃痛，明天又咽喉痛，后天头痛，而且只要这些部位稍微一痛，他就请假休息。

妻子的控诉　　**67**

道等等。

我真哭笑不得，大便能没味道吗？为此，我一味地迁就他，去做了各项检查，包括化验血液、彩超，甚至核磁共振都做了，结果什么问题也没有。按说折腾这么久，检查也全做了，他应该放下心病了，可他又怀疑医生是误诊，天天趴在电脑前，查看关于肿瘤的症状，然后结合自身，一一对应，吓唬自己。

我说，该查的都查了，既然没事，就应该相信医生。要不我们找个心理医生看看，帮你解决一下心病？他勃然大怒，说我不关心他的死活等等，动辄吵架。

车老师，我真是受不了了，再这样下去，他不疯，我也要疯了。我天天上班忙工作，下班忙孩子，压力很大，还要听他唠叨。不仅跟我唠叨，他跟谁都唠叨自己有病，就盼望找个同盟认可他。别人回馈到我这里，让我劝劝他，可我怎么劝？我一说检查结果没事，他就冲我发脾气。我想了又想，决定找个水平高的医生，陪他再去检查一遍。现在还没去，但我明白，病不在身，而在心，再查也是乱花钱，对么？

车老师，他是我的初恋，结婚也十多年了，尽管我们脾气都不太好，经常吵架，但感情还是有的。我分析一下他目前状况的内在原因和背景，您听听：1.婚后八年没怀上孩子，彼此都很痛苦，几乎放弃希望时，孩子竟然来了。尽管两人都很高兴，但不可否认的是，这八年对我们来说是非常痛苦，甚至充满绝望的，我一度非常自卑，不愿意与人交往。这八年对他肯定也会造成心理伤害。2.他不喜欢目前的职业，之前有过一次调动机会，因为我没同意，他放弃了。但时隔数年他一直怪我，搞得我也一直很内疚。另外，我现在工作比他顺利，收入、职称、学历等各方面均比他高，外形、家庭条件等也比他好许多。我在想，他的心病，与此背景有关吗？可我一直很注意啊。3.他父亲的病对他打击很大。

我想来想去，只可能是如上三种原因或组合原因。我不是学心理学的，确实搞不清楚我老公目前到底是怎么了，他到底需要什么，我该如何做。

说实话，他这人虽然脾气不好，但对家庭还是有责任心的，也能帮我分担一些家务。人无完人，我也不想离婚，还是希望

家里还买了个拉直脊柱的理疗床，一万多块钱呢，而他的工资才两千不到。一个身高1.8米的大男人，每天活得像个病秧子，下班回家就躺着，让别人做饭、做家务。还有个信佛的男人，每天回家不说话，一天24小时家里播放着佛乐。按说信佛的男人该心怀悲

解决了他的心病，好好过日子。百忙之中，如果能得到您的指点，希望多一些治疗方面的建议……

蓝

根据蓝的陈述，可以初步判定，她老公是"疑病症"患者。下面，我结合疑病症的有关知识，对她的疑问做一些分析解答：

一、疑病症的概念、症状及形成的原因

疑病症，指病人以担心或相信患严重躯体疾病的持久性优势观念为主（疑病观念），反复就医，各种医学检查和医生的解释均不能打消其疑虑，是因中枢神经系统机能失调，影响到皮层下部位的一种神经症性精神障碍。

疑病症的主要特征：过分关心自身的健康和在意身体上任何轻微的变化，总是误认为自己得了某种顽症，并且时刻为假想的疾病焦虑不安。虽然各项医学检查结果均正常，患者依然胡思乱想，甚至不停地查阅医学书籍，断章取义地"对号入座"。因为对疾病的担心或者害怕压倒了一切，患者几乎无法集中心思去做别的任何事情，被无形的"疾病"折磨得精神疲惫，久而久之，形成疑病观念。

正如蓝在邮件中猜测的那样，她老公确实是"病不在身，而在心"。因为疑病症是一种心病，其诱发性因素有很多，最主要的是不健全的性格。比如：那些性格内向，敏感多疑，遇事爱钻牛角尖，固执好辩，比较自恋的人，遭遇挫折后，容易引发疑病症；还有"医源性"因素，例如患者接受了医生不谨慎的语言暗示，或者医生随便给药以满足病人的要求，或者医生的诊疗水平不高，发生误诊，或反复检查仍不能及时确诊等等，容易让患者内心充满疑虑。此外，在工作和生活中遭到挫折，面对重大压力或者悲伤无法及时排遣的人，往往用器官语言（指器官的病变）来表述自己的痛苦，也容易成为疑病症患者。

根据上述关于疑病症的知识，再对照蓝的陈述，可以发现，她的丈夫长期面对生育不顺的压力，职业发展的不如意，更直接的诱因是目睹了父亲短期患胃癌死亡的残酷过程，从而引发了疑病症。

惘吧，可是这个男人的工资一分钱都不给老婆，老婆挣的钱如果交给他保管，也一分钱别想要回去。后来这个老婆长记性了，自己的钱就自己管。这个男人也不浪费，但就爱把钱统统攒着，不知道要干什么。哈哈，什么样的男人都有，神经有问题，还有，就

二、疑病症的治疗建议

疑病症要取得满意的治疗效果，是困难而费时的。一般来说，需要专业的心理医生进行系统的诊断和治疗。

蓝应该设法说服丈夫携带全部病史和检查资料到医学心理咨询门诊就医，配合医生弄清楚问题。诊断确立后，由医生采用专业的心理治疗方法并辅以药物进行系统治疗，这样才能见效。

（一）采用森田疗法

目前，心理医生一般采用森田疗法对"疑病症"患者进行治疗。主要治疗遵循森田疗法的治疗原则，即"顺应自然"和"为所当为"两个要点。治疗的主要工作为言语指导和日记批注。治疗过程主要包括以下内容：

1. 详细的体格检查，以排除严重躯体疾病的可能，确证无器质性病变，而使患者彻底放心。

2. 指导患者接受症状而不要排除它。一方面要患者接受症状，承认事实，这样就不会强化对症状的主观感觉；另一方面不再排斥这种感觉，而逐渐使自己的注意力不再固着在症状之上，以这样的方式打破精神交互作用，而使症状得以减轻以至消除。

3. 嘱咐患者不同亲友谈症状，也嘱咐亲友们不听、不答复他的病述。治疗者也要注意到治疗始终对准患者的人格问题，对其症状置之不理，让其自然淡化。告之形成症状的机制，即越关注症状，症状越明显、越加重，不要把精神能量指向自身内部，而要在实际活动中将精神能量引向外部世界。

4. 鼓励患者要承担自己生活中应承担的责任。即告诉病人"该干什么就干什么"，不要为一点不适而放弃工作、学习和生活。

在治疗过程中，可以适当辅助药物，并力争患者的配合，保持治疗的连续性。

（二）采取必要的辅助措施

蓝的老公比较排斥心理治疗，蓝想靠自己的力量帮助他，这有一定难度。建议她在参照森田疗法要点的基础上，考虑如下一些有助于缓解病情的措施：

1. 设法帮他摆脱疑病观念

可以带他到权威医院，进行详细的体格检查，以排除严重

是医学常识太缺乏。（张叶）

2. 现实刺激是诱发因素，人格缺陷是必然结果。疑病症状只是外在的表现形式，解决他的认知方式是关键。建议使用合理情绪疗法，森田疗法对这个求助者的先生没有多大实效。从他的病情、病程和严重程度来看，最

躯体疾病的可能，然后将检查结果告诉他。让他明白，他的疾病性质是功能性的，并不是器质性疾病，劝阻他不要再到医院进行一些不必要的检查。

让他了解疑病症的症状及成因，明白"心病还需心药医"的道理；多对他进行"你的身体没病，你很健康"的暗示，帮他树立起"病能治好"的信心，逐步摆脱疑病观念。

2. 改变原有生活状态，转移注意力

许多疑病症患者容易沉浸在患者的角色之中，不能自拔。如果患者能够将注意力从自己的病情上转移出来，不过分地把自己的身体状况放在心上，可以使疑病症状减轻。

蓝要想使丈夫的疑病症有所缓解，应该鼓励他积极参加集体活动，多发展几种爱好，广交朋友；加强对未来生活的参与，使他生活充实起来；督促他对家庭尽责，做好本职工作，从中获得自信感和成就感。以改变他现有生活状态来转移注意力，将病情置于脑后。

3. 运动疗法

鼓励并陪伴他进行散步、打球、跑步等各种运动，可以有效地改善他的疑病症状。

4. 积极的暗示

通过语言，暗示他人的身体也经常会有一些不舒服，这是人体的一种保护性的机制。并不是有点不舒服就是生病，强化"我的身体很健康，我没病"的观念。

当他反复强调自己有病时，要设法将他的注意力转移开；或者暗示他，他的那些不舒服感自己也有，很正常，提醒他不要对自己的身体过分在意，而是把注意力专注在该做的事情上。

希望蓝能陪伴丈夫，渡过人生的这道难关！

好到当地心理门诊接受系统治疗！
（新浪网友）

> 他有了外遇，两个月不回来一次，人和心都不在家里，并且连工资卡都拿走了。如此，我作为妻子，一点安全感都没有了……

18. 我该掌管出轨丈夫的工资吗？

秀老师：

我和丈夫的感情出现了问题。我是那种贤妻良母型的女人，在单位工作出色，在家里相夫教子。可是我老公却有了外遇。他本人没有离婚的打算，但是最近工资卡不再交给我管了。他哥哥很关心我们，我曾经私下问过他为何对我不好。他说对我的意见之一就是嫌我掌握他的工资卡。其实我觉得这是托词。因为结婚前，他自己许诺要把工资卡交给我管理，而且我不是花钱大手大脚的女人。

他说让我花自己的工资，需要钱再跟他要。但是我觉得，我守着一摊子家，他两个月不回来一次，人和心都不在家里，再连工资卡都拿走，那么我作为妻子，一点安全感都没有了。他除了工资以外，还有很多现金和外快，他本人也不太爱乱买衣服什么的，唯一的大头消费就是经常带情人出入旅馆、高级餐馆（我看到过他的发票）。

我每个月工资有两千多，差不多也够生活

开销，但是我要孝敬婆婆，养育孩子，花钱的地方很多。再加上逢年过节需要打点人情什么的，难免会捉襟见肘。我一直都是在自己的钱不够的情况下才动用他卡上的钱。

我想问，一个正常的家庭，妻子是否该掌管丈夫的工资或者一部分钱财？他如果以此作为我们感情不好的理由，我是否该让步？我的最终目的是经营好家庭，不伤害对方的自尊和自由。秀老师，麻烦你给些建议！

小雪

小雪，一个正常的家庭，丈夫不能明目张胆地出轨，更不能把照顾老人、孩子和家的责任全部推给妻子。他应该和妻子一起承担敬老育小的职责，和妻子一起分担家庭开销。

事实上，你的丈夫公然地和情人来往，你的家庭已经偏离了正常的轨道。你不追究他出轨的过错，反而尽心尽力地孝敬婆婆、养育孩子，你已经做得足够好了，比天使还要好。在这种情况下，这个男人不懂知足感恩，收敛自己的不良行径，反而倒打一耙，将出轨的理由归结于你掌握了他的工资卡。他太过分，你不能再一味地迁就他，而应该捍卫自己的尊严和权利。

假如你不想离婚，甘愿容忍他出轨的行为，那就坚决控制他的工资卡。用他的钱维持家庭日常开销，把自己的工资存起来，给自己留条后路，留点儿安全感。

假如他不同意，执意收回工资卡，也好说。你清清楚楚地告诉他，以后所有家用，包括柴米油盐，全部由他负责，或由你婆婆张罗，你回娘家躲个清闲，或者找借口出个长差。他自己的母亲、孩子，他忍心不养不管，那是他的问题，不是你的问题。

请个保姆还要付工资呢，凭什么你拿工资养家、孝敬他父母，他却拿自己的工资在外养情人？他考虑过你的感觉吗？你的爱怎么可以如此卑微？

家庭的和睦、幸福要靠两个人一起经营，不是靠一方的委曲求全就可以成就的。你爱他，爱到容忍他养情人、几月不归家的程度，已经让我震惊，但爱到自己当保姆，为了一个有名无实的家而无限度地奉献自己，我就更觉得不可思议了。是你

敢造次，你也可以变被动离婚为主动离婚了！（阿冰）

2. 容忍并不能解决问题。而且千万不要善意地去梦想，你不要他的工资卡，他就会变好。人是习惯于得寸进尺的，他肯定还会找别的理由来为自己的出轨遮丑。即使你做得很好，他还会说你其他地方

上辈子欠他的，还是离开他给你的婚姻，你就没法活？

假如他坚决收回工资卡，一味地和情人寻欢作乐，这个男人不值得留恋，这个家也不值得珍惜，不如离开。就像你说的，他人和心都不在家里，再连工资卡都拿走，你作为妻子还有什么意义？一点意义都没有！

我理解你想当贤妻良母、求家庭和睦的想法，但夫不成器，你的贤只能让他得寸进尺、变本加厉。请多爱自己一点，争取自己该得的权利，或者掌管家中经济大权，等他收心和你过日子；或者离开他，另找幸福。你总要有所图才对。如你目前这般，一味地顺从，一味地谦卑下去，只能是助纣为虐，最终可能一无所有。

你在单位很出色，有稳定的收入，还没有到离开他就饿死的地步。跳出这个有名无实的婚姻，让他喜欢的情人去做他的老婆，照顾他妈和孩子，做没完没了的家事吧！你理应享受属于自己的人生。在工作之余，美美容、喝喝茶、健健身，让自己轻轻松松、滋滋润润地活一次。假如觉得孤单寂寞，可以再去找个珍惜你、爱护你的男人携手人生。

男人像弹簧，你弱他就强。不管你多爱他，都应该督促他为婚姻尽自己的职责，不能盲目忍让、顺从，无保留地为对方奉献一切。你越谦卑，他越嚣张。请你不要再纵容他！！

小雪，也许我的答复令你失望，那就想清楚自己所能接受的结果，努力去做吧。只是别太委屈自己，多爱自己一些才好！

不好！欲加之罪，何患无辞？现实就是这样，你快醒醒吧！（新浪网友）

丈夫的呐喊

　　妻子苦苦哀求我原谅她，说和那个男人完全是逢场作戏。为了赎罪，她整天忙进忙出，小心翼翼看我的脸色行事。但我无法释怀，感情再也无法回到从前。一看到她，就觉得她很脏，碰都不愿意碰她。我经常失眠、醉酒，曾经发生的一切像毒蛇般紧紧地啃噬着我的心，让我愤恨和绝望……

我又没说和她离婚,她就没有脑子吗？我让她学习希拉里,要维护丈夫的体面和尊严,可她都做了些什么……

19. 妻子为什么不学学希拉里?

车广秀老师:

　　我是听我哥哥说了以后才来看你的博客,看到那个小雪好像就是我的妻子,我很生气!我觉得她不该把我们家里的事说出来,让这么多人都知道。她也有错啊。要不是她,我能和情人拖到现在吗？我还是称呼"女朋友"吧。

　　都是因为她什么都对我女朋友说了,才导致我骑虎难下。我承认,一开始,是我不对,我不该瞒着妻子和别的女孩子恋爱,我的行为确实给我们夫妇的感情造成了很大的伤害。可以说,我妻子对我确实很好,但是我当时一点不喜欢她,讨厌她,觉得她很笨,还爱重复唠叨一些闲话。我一不理她,她就没完没了地给我打电话、发信息,我能不烦吗？而我那个女朋友,基本从不给我打电话、发信息,我的心就离妻子越来越远了。

　　后来,我发现女朋友脾气不如妻子好,不如妻子那么实在地爱我,还特别能花钱。而且,后来我偶然和妻子同居一次她竟然怀孕了。我

精彩跟帖

　　1.小雪的丈夫,你听好:自己想清楚到底要什么？要情人,就要把妻子这边安抚好；要妻子,就要跟情人摊牌。哪怕是身败名裂也要担当。是男人,就要敢作敢当。(花非常花)

　　2.为什么现在很

丈夫的呐喊　　77

早就想要个孩子。但是和女朋友分手是需要时间的，不可能一下子说分就分了，况且女朋友也刚刚做了流产，我对她还是动了一些真感情的。她是1982年出生的，很多事都不懂。

妻子是怀孕后发现我和我女朋友的事的。我因为她看我的手机而骂了她。她怀恨在心，就打电话给我女朋友，说我是个已婚男人，在外面只不过想玩玩她罢了，让她看清我的真面目，早点为自己打算，不要再为我耗费青春。于是我女朋友就天天和我大闹，动不动就说要去我单位找领导。我不得不耐心哄着她。因为我在单位好歹也是个小官，我很看重我的名誉，其他的什么都不怕，就是怕单位领导改变对我的看法，那我以后还怎么混下去？我承认，妻子怀孕前后，我确实没有照顾过她，那是我不敢啊，怕她又在我女朋友那里出卖我，只要她透露我对家庭付出哪怕一点点，我女朋友也会和我闹个没完没了。

而我妻子还振振有词地说她是为了顾全家庭，让情敌退出才出卖我的。我怎么办？我的名声在单位一向很好，很受领导器重，如果我女朋友去单位闹事，我以后的仕途就没希望了。

为了孩子，我有时候会偷偷给妻子一点钱，她现在已经不出卖我了。可是我女朋友死死抓住了我妻子以前对她说过的那些话，经常和我闹别扭。她命令我每天必须给她打电话，如果有一天不打，她也会跟我闹。最近，她又闹着要去我单位，想认识我的同事。

你说，这一切的后果，是不是妻子对我的出卖造成的？本来，如果妻子不参与这件事，我和女朋友分手也不会这么麻烦。这样的老婆是不是个傻货呢？我让她学习希拉里，要维护丈夫的利益，她都做了些什么？现在让我陷于进退两难的境地。如果一个女人在丈夫的情人那里出卖丈夫，让他没有退路，作为男人还会要她吗？

何况，我女朋友和妻子的性格完全不一样，她是个敢爱敢恨的女孩，如果自己得不到，也不会让别人好过。她说如果我骗她，她就到我单位去闹；如果是我妻子骗她，她就找人把她和孩子弄残疾。她什么也不怕。

车老师，你说我该怎么办？你说我为难不为难？尽管我妻子现在说，她愿意承担一切责任，如果情人要找碴儿，就直接

多男人都觉得在外面搞婚外情是理所当然的事情，一点羞耻感和责任感都没有？婚姻到底是什么都没搞清楚，就走入婚姻，真是害人。我觉得真的要开一门学科——婚姻学，或者就在婚前法定开设一个培训班。结婚的两个人必须拿到婚姻毕业证，才能走进

找她好了,什么打打杀杀的,她不害怕。你看她是不是又在犯傻!她总是一意孤行,不听我的话。她以为我女朋友是吓唬我的,不会做出杀人的事。可是车老师,"狗急也会跳墙",一个女人急了什么事做不出来!有时候我真想把这两个女人都杀了,然后去自首,去蹲监狱。妻子总是说她始终是向着我的,可是她老是做蠢事,真让人烦。而女朋友又这样寸步不让,三天两头跟我要钱,死活也不去找工作,稍不高兴就要去我单位闹。

我该怎么办?我曾经想和妻子糊弄着过下去,毕竟有了孩子,而且她本人没有什么大的过错,是很顾家的一个人,可是她在我女朋友面前出卖我让我很伤心,对她很失望,我现在都不知道还该不该再要这个女人。我早就想和女朋友分手了,可是她现在不肯,继续让我养活,不然就要去找我领导。

我现在烦得连饭都吃不下去,我妻子还在说风凉话:"如果你拿出对待我的手段来对付二奶,就不会被她治成这个样子了。"车老师,我看你也在这方面给不少人解决了问题,你说我的事能这么简单处理吗?

看罢这个帖子,有点啼笑皆非。这位"小雪"的丈夫在邮件中咄咄逼人地提出了很多问题来质疑"小雪"。围绕他提出的问题,我给他做了一些简单的答复,供他参考:

我承认,一开始,是我不对,我不该瞒着妻子和别的女孩子恋爱,我的行为确实给我们夫妇的感情造成了很大的伤害。可以说,我妻子对我确实很好,但是我当时一点不喜欢她,讨厌她⋯⋯

答复:因为不喜欢妻子,就可以忽略她对你的好,理直气壮地跟别的女人"谈恋爱"吗?假如反过来,你妻子因为厌倦你的懒惰和不负责任,公然找别的男人,给你戴"绿帽子",你是否可以心平气和地接受并原谅她呢?要知道:"己所不欲,勿施于人。"

妻子是怀孕后发现我和我女朋友的事的。我因为她看我的手机而骂了她。她怀恨在心,就打电话给我女朋友,说我是个已婚男人,在外面只不过想玩玩她罢了,让她看清我的真面目,早点为自己打算,不要再为我耗费青春。于是我女朋友就天天和我大闹，动不动就说要去我单位找领导……

你说，这一切的后果，是不是妻子对我的出卖造成的？

答复：你已经用行动证明你妻子对情人说的那番话是正确的，你确实没打算离婚，只是需要花费时间去跟情人分手。因为自己瞻前顾后，摆不平情人，就把罪责一股脑地推到妻子身上，怪她出卖你，怪她让你进退两难。其实，就算妻子不说，情人也不会安于没名没分的日子，照样会跟你闹，只是时间早晚而已。世上没有永远的秘密，你做都做了，还怕别人说吗？

事实上，陷你于困境的，不是妻子的出卖，而是你错误的行为。

我承认，妻子怀孕前到怀孕后，我确实没有照顾过她，那是我不敢啊，怕她又在我女朋友那里出卖我，只要她透露我对家庭付出哪怕一点点，我女朋友也会和我闹个没完没了……

答复：在外面玩出轨的男人，都懂得稳住妻子、稳住家庭的重要性，所以，当他们有了不轨行为之后，往往对妻儿加倍地疼爱，以弥补自己内心的愧疚。

你为情人大把花钱，精心照顾她，忍受她的坏脾气，公然地和她同居，却对怀孕的妻子不管不问，家事不沾，连给点生活费也要偷偷摸摸。你对妻子如此不仁，还希望她忍气吞声，这要求是否有点过了？妻子是人不是神，她有她承受的底线。

你对她打电话给情人耿耿于怀，那你做了那么多伤害她的事，有没有考虑她的感受？"兔子急了也会咬人"，何况一个为你付出那么多，又被你伤得那么重的女人？

大家看看，我又没说和她离婚，她就没有脑子吗？我即使疏远女朋友也不能太突然吧？我让她学习希拉里，要维护丈夫的利益，她都做了些什么？

答复：想想你都对她做了什么?！有脑子的人，会用对妻儿的不管不问和横加指责换取情人的欢心吗？你又不是克林顿，凭什么要求妻子学习希拉里?！

我该怎么办？我曾经想和妻子糊弄着过下去，毕竟有了孩子，而且她本人没有什么大的过错，是很顾家的一个人，可是她在我女朋友面前出卖我让我很伤心，对她很失望，我现在都不知道还该不该再要这个女人。我早就想和女朋友分手了，可

80

是她现在不肯，继续让我养活，不然就要去找我领导。

答复：情人吃定了你，你欺负定了妻子，你们三个算是一物降一物……

最好的办法是：情人或妻子，有一方能主动提出分手。你用金钱和真诚的忏悔求得一方原谅，割断和她的关系，然后，再去珍惜另外一个女人，好好过完下半生。

假如情人那里摆不平，还是多跟妻子沟通，毕竟到目前为止，你妻子还是比较多地替您考虑。假如那个"小雪"真是你妻子的话，你可以仔细看看她在我文章后的跟帖。她有离婚的念头，只是关于孩子的生活费和财产分割不能顺利达成协议而已。你能否在这方面也学学希拉里，维护一下她的利益，多为孩子和她的以后想想，给她一个让她满意的答复呢。

以上仅供参考。祝你幸福！

我和她彼此相爱，但她却不能接受我的孩子，
因此我不能与她结婚……

20. 爱她，就必须放弃自己的孩子吗?

1. 我们总会被
一些概念的东西所
左右，什么"爱一
个人，应该爱他的
一切，包括缺点，
包括他的家人、孩
子……"给爱赋予
这么多压力，还能
够好好爱吗？我觉
得，两个人如果真
心相爱，就应该共
同去克服生活中存

车老师:

　　我是一个离婚的男人。以前的老婆一直想
复婚，我心里不能接受，没有答应。我在三年
前爱上了另外一个女人，她也很爱我，却不能
接受我的孩子，因此我不能与她结婚。我不知
道对不对，现在心里觉得异常矛盾，难道每个
女人都是这样的吗？有天晚上看了某电视台一
期访谈类节目，内容与我们的情形差不多。节
目中所有的嘉宾都说一个未婚女子是不能接受
别人的孩子的，她们还建议把孩子送到孤儿院。
这样一来，更加坚定了女友不接受孩子的想法。
唉，我该怎么办呢?请你指点!

　　看罢这封邮件，我的心情既沉重，又觉得
不可思议，实在不理解电视节目中的嘉宾是如
何得出这样离谱的结论。因为事关三个人的幸
福，不敢妄下结论，在给这位男子的第一封邮
件中，我只是轻描淡写地说了几句，让他自己
决定取舍。

　　他很快回了封邮件，内容是:"我想通了，

不会接受她的条件，分手吧！中国有句俗话是'爱屋及乌'。我有两个原则：一是对老人不好的女人，我宁可一生打光棍儿也不会跟她结婚；二是不能接受我孩子的女人，我绝对不要。如果我连属于自己的责任都不愿意承担，这样活着的价值也不大。人活着不能那么自私。如果一个人只想为自己所谓的幸福而自私地活着，这样的人也不值得别人尊重。"

看过之后，我既为他的孩子感到欣慰，也为他和那位女子感到遗憾。原本三个人可以很幸福地生活在一起，却因为一念之差而痛苦地分开。因为他们之间已有结论，借此机会也把自己的看法一吐为快。

一、父母离婚，受伤害最大的是孩子

美国耶鲁大学儿童研究中心主任阿尔波特·索尔尼特认为，离婚是影响儿童精神健康的最严重最复杂的因素之一。

美国的一些婚姻心理学家对父母离婚给子女造成的心理影响作了较为长久的研究后发现，在被调查的离婚家庭子女中，有37%的儿童在父母离婚五年后，心理创伤仍未消除，并表现出情绪消沉、低落，性格古怪，他们最强烈的愿望是希望父母复婚。一位心理学家说："父母离婚会造成孩子人格扭曲，有的孩子谁也不相信了，甚至也不自信；有的孩子远离人群，成为孤雁一只；有的孩子得不到应有的归宿，逐步陷入流氓集团，从而走上犯罪道路。"

很多离异夫妻，为了再婚顺利，把孩子当作幸福的绊脚石，踢来踢去，加大了对孩子的伤害。很多孩子因为父母对自己的排斥变得偏激、自卑，缺乏安全感，引发各种心理障碍。

我并不主张为了孩子勉强维系一份无爱的婚姻，但我一直坚持，当一桩婚姻行将解体时，父母应该采取措施，设法将婚变对孩子的伤害降到最低：第一，尊重孩子的意愿，决定孩子的归属，不把孩子当作要挟或者报复对方的筹码。第二，无论孩子归谁，双方都要友好相处，积极承担抚养职责，并且坚决不在孩子面前诋毁对方，鼓励孩子跟对方见面，让孩子相信父母依然爱他，不会因离婚而减少对他的爱。第三，在选择再婚伴侣时，首选的条件应该是他（她）能接受这个孩子，发自内心地爱这个孩子。

只有通过上述努力，让孩子明白，父母离婚，不会对他的

爱她，就必须放弃自己的孩子吗？

在的矛盾。事实上，现代社会完全可以有很多方式去解决矛盾，比如既有利于孩子成长，又增进夫妻感情的方式：把孩子送去寄宿学校，周末让他与生父母或继父母一起游乐，没什么坏处。不过，如果孩子年幼，还是跟母亲更好。（阿冰）

2.男主角，可敬！对年幼无助的

生活造成太大的影响，父母再婚，只是多了一个爱他的人，孩子才有可能生活得幸福。

诚然，给我发邮件的这位男子很爱自己的孩子，他希望现在的女友能接受自己的孩子。这个要求不过分，也是一位有责任感的父亲正确的选择。

二、爱他，就接受他的全部，包括他的孩子

这位男子深爱的女友是位未婚女子，也许她有许多不能接受这个孩子的理由。

比如：不希望一进门就给一个没有血缘关系的孩子当妈妈，怕与孩子相处不融洽，怕因为孩子问题而产生的各种家庭纠纷等等。在理解她的苦衷的同时，我想对她说：第一，孩子是无辜的。他和父亲相依为命多年，已对父亲有着深厚的感情和依恋，强行剥夺孩子的父爱，会使孩子心灵受到重创，也会给他一生埋下阴影。我们无权把自己的幸福建立在孩子的痛苦之上。第二，孩子是这个男人生命的一部分，也是他今生难以割舍的牵挂。他在离婚时选择把孩子带在身边，说明孩子对他的重要性。在这样的事实面前，硬生生地砍断这段父子情缘，不仅残酷，而且会使男人心里留下伤痕，往后的日子，他也很难再敞开心扉，坦然享受新的婚姻。

我想对那位女孩说：爱他，就爱他的全部，包括爱他的孩子。

每个孩子都渴望来自母亲的关爱，在动荡的家庭中成长的孩子更需要一份温暖贴心的母爱。假如你能够用真诚和爱心打动这个孩子，让他发自内心地把你当妈妈，这世间就多了一个幸福的孩子，你也会因此而多了一份被孩子爱着的幸福。

这位男子爱你，如果你能用天使一般的心爱他的孩子，你的宽容和善良会让这个男人充满感激，他会因此而更加义无反顾地爱你。付出才是获得幸福的钥匙。你的付出，会换来两个男子的笑脸和感激，即使将来你有了自己的孩子，你的孩子也同样会得到他们的善待。

所以，如果可以挽回的话，我希望这位女子能够回头，接纳这个孩子，能够一如既往地爱这位值得敬重的男子，让他享有无憾的幸福！

假如注定无法挽回，衷心希望这位男子找到一个爱他也爱他孩子的女人携手一生！

孩子，我们做父母的一定要爱护！和不能接受自己孩子的女友分手，是明智、正确的！我认为：只爱你本人，不爱你孩子的女人至少不善良。如果没有原则问题，为了孩子尽量复婚，这是最理想的结局。感情问题还是要靠双方真诚地沟通、交流。祝福这位先生！（海苔）

我们的感情再也无法回复到从前，主要是我无法释怀，觉得她很脏。同屋一室，我甚至碰都不愿碰她一下……

21. 男人怎样对待有外遇的妻子？

在婚外情泛滥的今天，出轨已不再是男人的专利。在众多女子为丈夫的出轨痛不欲生时，也有相当比例的男人承受着妻子红杏出墙的折磨。

很多女人闻知丈夫出轨，在经历炼狱般的心理煎熬后，大多会为了孩子，为了婚姻完整，选择隐忍和原谅。那么男人呢，面对有外遇的妻子，他会作出怎样的选择？关于这个问题，比较权威的答案，还是一些网友的现身说法。现结合一些网友跟帖及求助邮件，分析一下男子在遭遇妻子外遇后，可能产生的几种反应。

一、难以释怀

匿名邮件："我和妻子有十年的婚姻，儿子都已经读小学三年级了。我承认我有点大男子主义，不喜欢做家务，平常也不够体贴她，但内心还是真爱她，希望和她相守一生的。所以，当我无意间，从她的QQ上发现她和一位网友的聊天记录，知道他们以情人的关系相处了半年，并且还在酒店开过房时，我对爱情忠贞

精彩跟帖

1. 还是一句话，男人怎么坏，都可以被世人理解，女人变坏，就会背着世俗的鄙弃，遭人唾骂。总之，希望夫妻双方都从自身做起吧，如今社会诱惑太多了。(zhizhiyayadet)

2. 人性是经不

的信念瞬间就被摧毁了。

她苦苦哀求我原谅她，说和那个男人完全是逢场作戏，她真正在乎的人只有我。为了赎罪，她中断了和那个男人的关系，整天在家里忙进忙出，小心翼翼地看我的脸色行事，一心一意修复感情。为了儿子，为了年迈的父母，也为了她的眼泪和忏悔，我没有离婚，但我们的感情再也无法回复到从前。主要是我无法释怀，一看到她，就会想到她加给我的羞辱和伤害，觉得她很脏，我甚至碰都不愿意碰她。事发后，我俩一直分房而居。

我经常失眠、醉酒，常常控制不住自己对她冷嘲热讽，发泄心中的怨气。看着她凄苦悲怆的眼神，我也很难过，可是，曾经发生的一切像毒蛇般紧紧地啃噬着我的心，让我充满愤恨和绝望。我真的无法原谅，也无法忘记，我该怎么办?"

应该说，对待妻子出轨这件事情，这位男子的表现还算比较冷静和理性，但我们依然可以读出他内心所承受的煎熬与挣扎。可见，对于真爱妻子的男人来说，妻子出轨对他的伤害是致命的，他就算从理智上想原谅她，心理上也始终无法释怀。

尽管在给这位男子的邮件中，我建议他选择原谅和宽恕，放自己和妻子一条生路，但从他有些勉强的答复中可以看出，他们的婚姻裂缝，在短期内很难弥合。所以，越是用情至深的男子，越无法接受妻子背叛的事实。假如，女人输不起婚姻，最好不要轻易地背叛感情。

二、百般羞辱

匿名跟帖:"我认识一个拥有幸福家庭的女人，她出轨后，老公不离婚，但不停地羞辱和折磨她。他把妓女公然带回家，后来甚至对他妻子娘家的女亲戚进行性骚扰，并且到处宣扬自己的行为。深知自己有罪的她无可奈何，最后被折磨得不成人形。她娘家人受不了这种凌辱，出面要求他们离婚。他们俩却异口同声地说:"死也不离!"因为他们曾经的婚姻是那么美好，而且又那么爱孩子们。这真是何苦!!"

我想，看到这张帖子的人都会震惊于这位丈夫疯狂的报复行为，也为那位可悲女子的命运捏一把汗。尽管这位男子的心态有点扭曲，采取的方式也很极端，但我们都能读懂一点:丈

起诱惑的，关键看你怎么把握。还有补充一句，觉得文中那个妻子很笨。如果不想让丈夫知道，为什么不把聊天记录删掉? 笨啊笨啊! 女人骨子再风流，表面也要装出对丈夫从一而终的样子，因为这些男人都很传统，"只许州官放火，不许百姓点灯"嘛。

夫实在太在乎她，才无法放弃婚姻；他伤得实在太重，才不择手段地羞辱她。

这张帖子告诉我们：爱与恨通常只有一步之遥。爱有多深，恨有多深，报复起来就会有多残忍！天作孽，犹可违；自作孽，不可活。深爱妻子却又被妻子背叛的丈夫，因强烈的占有欲和嫉恨心，很容易在羞愤交加的状态下，采取一些极端暴戾的手段捍卫尊严，陷婚姻于水深火热之中，弄得两败俱伤。因此，女人在红杏出墙之前，要衡量一下丈夫的承受力，掂量一下可能导致的后果，三思而后行！

三、对己宽，对妻严

匿名跟帖："朋友的老公在外找了情人，朋友找了那位第三者几次，好言相劝无果，一怒之下大打出手。朋友的老公倒埋怨朋友没素质，纯粹一泼妇。朋友质问老公：'如果我在外面养了人，你会怎么对他？'她老公脱口而出：'你敢?! 我宰了他!'但威胁过妻子之后，他依然在两个女人之间如鱼得水地穿梭，并不因此而收敛自己放荡的行径。"

这张帖子在生活中颇具代表性。它揭示了男人对待婚外情的一种霸道的强势态度，即，对己宽，对妻严，"只许州官放火，不许百姓点灯"。对于很多男人来说，自己在外面胡来可以，但妻子必须安分守己，忠于婚姻。如果妻子胆敢出墙、给他戴绿帽子的话，他会恼羞成怒，大打出手，甚至通过休妻、杀妻，与情敌同归于尽等极端方式进行报复，陷妻子和自己于万劫不复的悲惨境地。

总之，无论男女，婚内出轨带给家庭的杀伤力都是极为惨重的。它背叛了曾经的誓言，摧毁了夫妻间的信任，等于在自己所爱的人心上插上一把刀，给婚姻带来近乎毁灭性的打击。如果我们希望拥有平和纯净的人生，就要避开"婚外恋"这个雷区，抵制婚外情的诱惑，谨慎地对待婚姻。在尊重自己的同时善待伴侣，努力提高婚姻质量，享受相濡以沫的和谐人生。

除非你是铁了心不要这个婚姻了，否则，还是多长点记性！（龙儿）

我与现在的红颜知己，已经接触了两年多，她表示再也等不下去了。她告诉我，只要我能离婚，她就会选择和我在一起……

22. 妻子和红颜知己，我该选择谁?

车老师:

我和老婆是在 80 年代初相识、恋爱、结婚的。我们的感情很好，但自恋爱以来，总是三天两头为一些生活琐事争吵不休，可能是两人的个性太强引起的吧。随着时间的推移，我们对这种生活产生了厌倦。

开始，因为我事业有成，还可以与之抗衡，并且稍许占了上风。但后来，由于自己犯了错误，失业后又没有新的事业，我逐渐变得无法招架她的攻势了。我在她口中已成为对家庭毫无贡献、事业无建树、做事毛里毛糙、说话乱弹琴的人。

我在她的数落中变得极端自卑。但我的衣服都是自己洗的，有时还帮她洗衣服，我也会烧饭做菜，她的厨艺都是我教的。我既不玩牌也不乱逛，一天到晚如果没事就坐在电脑前，一年下来也会挣五六万左右，现在还要受她无止无尽的气。我硬碰硬地来过，软的也来过，但都无效。特别难过的是家里没有沟通的余地，

1. 在看别人故事的同时，对照自己的生活，仿佛就是一面镜子。都说"做女人难"，但我想多用心一些就容易多了。请这位男士记住: 不抛弃、不放弃! 我想，曾经你也给你老婆许下过很多承诺吧!

什么事想跟她商量，她首先把我数落一顿，让我无法再说下去。

终于，我压抑的心情找到了宣泄的突破口，我碰到了能和我无话不说、见解相同的女性。我觉得这才是生活，没有压抑，没有拘束，没有强弱，但这更加伤了她的心。我想重新选择婚姻，可以什么都不要，她却不肯离，甚至用出走威胁我。她说和我还有感情，她不能接受别的任何一个男人。我对她也不是充满仇恨，每当吵架后，还担心她是否伤心，是不是吃得下、睡得着，怕真离开她，让她接受不了，心里十分矛盾。

但我知道，这样的婚姻状况已经无法改变。难道一桩婚姻解体，一定要以感情破裂为条件吗？我无法忍受这不正常的婚姻生活，就不能结束吗？我该怎么办？

还得说明一个事情，我与现在的知己，已经接触了两年多，她表示再等不下去了。她明确告诉我，她没有我对她爱得那么深，对问题看得比较实际，但只要我能离婚，她无论如何都会选择和我在一起！

zjpacx

一、分清妻子和知己角色的不同

他和妻子是在 80 年代初相识、恋爱、结婚的，屈指一算，他们已经携手走过了 20 多年的婚姻，有相当深厚的情感基础。

因为事业滑坡，因为妻子无止境的数落和指责，他感到压抑和自卑，又恰好碰到一个善解人意的红颜知己，他觉得婚姻已到尽头，萌发了离婚、和知己结婚的念头。

其实，我觉得，妻子和知己是男人生命中完全不同的两个角色，她们不具有可比性。能够成为知己的，未必就能成为称职的妻子。他没有意识到妻子和知己的不同，在处理情感问题时，才会左右为难。那么妻子和知己有哪些不同呢？

首先，妻子展示的是最真实的一面，红颜展示的是最美好的一面。妻子和他朝夕相处，展示的是自己最真实、自然的一面，她的优点缺点都纤毫毕现，无以遁形。而且，长久的厮守中，她所有对他的好，都被视为理所当然；她所有的不好，都容易被夸张放大。而知己只在需要时，才见到他。见他之前，必然经过一番精心打扮；见面的场所，必定是高雅浪漫；两人

你也绝对有画饼的时候吧！你在此也没有说过孩子的问题。据我所知，现在 40~50 岁的女人如果事业成功，为了家庭和事业兼顾都付出了超出常人几倍的辛苦。如果假设一下，她明天就不在了，你今天还会和红颜双飞吗？当然我的假设没有诅咒的成分，只想看看她在你心里究竟有多重要。如果这个假设摆在你面

的谈话，也会用心推敲、小心斟酌……总之，知己展示给他的，总是最精彩、最美好的一面。拿自然真实，和刻意修饰的美好去对比，显然对妻子不公平。

其次，妻子可以约束你，知己只能理解你。妻子和他是一体的，休戚与共，利益相关。他事业有成时，她觉得家庭有保障，可以在发生纷争时，退让一步；当他事业受挫，窝在家里靠电脑度日时，她看在眼里，急在心里，希望他振作，希望他能够有所建树……尽管方式有欠妥当，但不能否认其用心良苦。因为爱之深，才责之切；因为把他当成是自己终身依赖的人，才忍不住去约束、去指责。而知己和他没有利益纷争，没有琐碎生活的干扰，甚至没有权利对他的生活横加指责。她只能选择理解他、尊重他，尽力表现自己善解人意的一面，带给他精神上的愉悦，才能使他们的交往得以继续。

再次，妻子是不离不弃，知己是待价而沽。20多年的风雨人生，尽管有不和谐音，但妻子始终很专一地对待他：在他事业陷入低谷之际，尽管她多有抱怨和指责，但从没有萌发弃他而去的念头，甚至，在他觅得知己，背叛了她，想放弃婚姻时（这对很多女人在情感上的伤害都是致命的），她依然坚持不离不弃，坚信他是别的男人无法取代的。其用情之深可见一斑。而那位红颜知己，只不过等了两年，就失去耐心。在他们夫妻情感出现危机时，不是帮忙化解，而是乘虚而入，甚至威胁他。20多年的无悔追随，同短短两年的待价而沽，孰重孰轻，谁真谁假，也就一目了然了。

二、弄清夫妻间冲突的真正原因

我觉得他和妻子之间，因为爱而结合，尽管时有争吵，也抹杀不了"感情一直很好"的事实；即使他现在想放弃婚姻，也放不下对妻子的牵挂和担心。种种迹象表明，他们之间有情有爱，并无原则性分歧，而造成他们夫妻失和的主要原因是性格及沟通不当。

此外，也可能与妻子进入更年期，情绪失控有一定关系。

从性格上看，夫妻俩都比较强势。当他事业有成时，他占据上风，说明妻子比较在乎他的事业，希望他有所作为；当他事业落败时，妻子比他更不能接受现状，希望通过指责、督促

前，你仍不改初衷还想离婚，那就离吧！如果你觉得要珍惜妻子，就回家吧！（新浪网友）

2. 即使你和妻子离了，和红颜结合了，我可以肯定地说，你们还会离。因为生活是很实际的，只有两个人在一起过日子，才能真正了解对方的优缺点。现在你和妻子看到的都是对方的缺点，你和红颜看到的都是对方的

90

给他压力，使他振作，却忽略了他的心理感受。

从沟通方式上看，他们都太过于强调对方的缺点，而忽略优点，并且喜欢针锋相对，才使得两败俱伤。

从年龄上看，他妻子应该已进入更年期。更年期的女性，因为生理、心理的原因，性情急躁，情绪失控，容易把锋芒指向最亲近的人。他所说的"无法招架她的攻势，动不动就被数落一通"等等，其实是比较典型的更年期症状。他不理解她的苦衷，误以为自己真的在她眼里一无是处，其实，心平气和地想想：假如他真像她说的那样不堪，他提出离婚时，她应该如释重负才对，为什么却坚决不放手呢？

三、积极沟通，提高婚姻质量

根据上述分析，我觉得他们的婚姻并没有走到尽头。他所谓的"这样的婚姻状况已经无法改变"的结论，有点过于悲观。他只要跟妻子好好沟通，设法改善夫妻关系，完全可以拥有高质量的婚姻。

首先，就是遇事退一步，不跟妻子斤斤计较、针锋相对。或者把妻子的唠叨抱怨当成是耳边风，听过就忘；或者主动检讨，表扬她说得对，自己会努力改进，以实际行动证明自己；也可以在听的过程中，插科打诨，幽她一默，把她逗乐。

其次，多用欣赏的眼光看妻子。想想这么多年的夫妻之情；想想妻子在受到情感背叛的打击后，还把丈夫当成是无可替代的宝；想想她牢骚和抱怨的出发点是正面和积极的……多理解妻子，用肯定和欣赏的眼光看妻子，这样可以缓和夫妻间的矛盾。

可以的话，抽空多陪陪妻子，一起散散步；多参加一些交际和应酬，坐在一起时多聊聊曾经的美好；在一些特殊的日子，给妻子买个礼物暖暖她的心。女人有时候要的真的不多。我相信，只要付出真心真感情，他们的婚姻会变得融洽和美。

优点，但是你们真正在一起的时候，彼此缺点就都暴露无遗，那时怎么办？也许你的红颜还不如你的妻呢！自己好好想清楚吧。有可能你的妻子对你就是"恨铁不成钢"，有可能是她生活压力过大，又有可能是因为妻子的年龄到了更年期。不过你也应该检讨一下自己，力的作用是相互的。（我依然爱你）

初恋情人甘愿为我做一切事情,当小老婆也愿意。我想告诉妻子,让她接受初恋情人的存在,可是又恐怕……

23. 妻子和初恋情人能共处一室吗?

车老师:

20多年前,我在青岛疗养时,爱上了一个女孩,是我的初恋。没多久,这位女孩向我提出分手,经过一段时间的情感纠葛,我觉得只是自己单相思,就结束了这段情。

后来,我和现在的妻子恋爱、结婚、生子,日子过得很美满。一个月前,我那位初恋情人突然从千里之外的青岛跑来找我。我这才知道,当初是她爸妈不同意,逼迫她和我分手的。从那以后,她一直孤身一人,默默地思念我,打定主意终身不嫁。我们旧情复发,又陷入了热恋中。

我爱我的妻子,那是浓浓的亲情和永远的爱怜;我也爱我的初恋情人,那是刻骨铭心的痴情。情人甘愿为我做一切事情,当小老婆也愿意。我想告诉妻子,让她接受初恋情人的存在,能行吗?

这封短短的邮件让我惊讶,也为那位妻子

精彩跟帖

1. 那男的太自私,那初恋女人心也太坏。车老师说得没错。那男的是昏了头,不仔细想想:那初恋女人如果真是一直想着他、爱着他,那20年都过去了,为什么现在才来找他?如果真爱他的话,是希望对方能幸福,为对方付出而不会只想得到。而那初恋担心。显然，这位男子还比较善良，不想伤害妻子，只希望两个爱他的女人和睦相处，他坐享齐人之福。问题是，这样的想法未免太过于自私和一厢情愿，完全忽略了妻子的感受。下面是我给他的分析和答复。

一、己所不欲，勿施于人

我想请这位男子闭上眼睛想象一下：假如此时，不是你，而是你的妻子，突然告诉你，她的初恋情人，依然爱她爱得死去活来，他不会破坏你们的婚姻，只想和你共享你妻子的爱，你能不能体谅并痛快地接受？如果你能做到，那就说服妻子接受你的初恋情人；如果做不到，你就应该明了，你这样的要求对妻子有多荒唐和残忍！

孔子早在两千多年前就强调："己所不欲，勿施于人。"也就是说，自己做不到或者不能接受的东西，不要强加给别人。凡事应该设身处地地为对方着想一下，将心比心。

另外，在很多事情上，人们因为所处的立场不同，同一事物给人们的感受也不同，"此之甘饴，彼之砒霜"，说的正是这个道理。

对于你来说，情人炽热的感情是醋畅甜美的享受，而对于你的妻子来说，情人就是毁坏她婚姻的刽子手。强迫她和这样一个刽子手友好相处，无异于是往她心里捅刀子，这太残忍了！

二、别为昙花一现的美，摧毁20年的相濡以沫

初恋情怀如歌如诗。对于很多男人来说，初恋是他一生中最纯最美的感情，因为没有得到，才会刻骨铭心。而很多女人也会对初恋情人念念不忘。尤其是在遭遇情感挫折后，回想起初恋情人对自己的百般呵护，会倍感依恋，甚至会不顾一切地回头找他。

我想，这位男子和他的初恋情人就是落入了这样的俗套。从这位男子的诉说中，他的初恋更像是过眼烟云，他甚至连分手的原因都不明了。假如20年后，这位女子没有冒出来，他完全可以一如既往地继续和妻子的幸福人生。

这里，他有必要思考一下：她20年的情感经历果真只是一片空白，只为他而存在？她既然深情如许，当初为什么不讲出分手的理由，并和他一起为争得父母的同意而努力，却那么轻

女人口上说是还爱着他，实则呢，她在破坏着他和他家人的幸福，恶毒！醒醒吧！（新浪网友）

2. 楼主上当了，你的那个初恋情人十有八九在骗你！我的老公就是被初恋情人狠狠地玩弄了一把。30年前，他疯狂地爱着她，她不说任何理由提出分手，他痛不欲生。现在她到他面前哭诉："我现在过得很不好，很后悔当初的选择。"于是他把她拥入怀中，以为曾经

描淡写地和他分手？如果她为了他什么都可以做，为什么20年后才出现？为什么明明知道他和妻子生活得很幸福，还不惜插足其中？

我总怀疑，或许她是在情场屡屡碰壁，情感无所依傍之后，利用男人的初恋情结，像抓救命稻草一样地抓住他。

我想提醒这位男子，婚姻的实质是平淡流年，是在多年经久岁月里，一针一线，柴米油盐，琐碎中滋生的亲情与责任。妻子和你同甘共苦、相依相伴20年，她才是最适合你的另一半，是值得你珍惜、尊重，并且牵手一生的人。

真爱是排他的，爱情容不得三人同行，勉强的结局注定是三败俱伤。所以，感谢那位初恋情人对你的爱，但告诉她覆水难收的道理，告诉她，已经错过的爱无法重来，也没必要重来。果断中止和她的交往，回到妻子那里，不要因一时的冲动打破原本的和谐平静。

请别为昙花一现的美，摧毁20年的相濡以沫；别为一份不着边际的虚幻与浪漫，伤害你平静的婚姻，伤害你挚爱的妻子和孩子……

的爱得以重生。梦醒后才发现，她原来是个烂人，是嫉妒被自己抛弃的他现在过得比她好，处心积虑想搅散他的美满家庭。他到哪里去找后悔药?! 广秀说得对，她如果真心爱你，这20年杳无音信干吗去了？也许你的智商不低，但面对你曾经钟爱过的初恋情人，你的情商为零! 醒醒吧，别偷鸡不成反蚀把米，弄得鸡飞蛋打两头空，致使自己下半辈子活在无尽的煎熬之中! (新浪网友)

> 他们之间有个死结，就是不能谈婚姻。只要一谈婚姻，大鹏就神色大变，摆出一种"大鹏展翅欲飞"的样子……

24. 爱她，是否该给她婚姻的承诺?

隔了十年，说起自己的第一份婚姻，大鹏还是耿耿于怀。

他说，和第一任妻子是经朋友介绍认识的。恋爱的日子，觉得她温婉可爱，正是自己想要的那种女子，认识不到三个月，就迫不及待地牵她的手踏上了婚姻之旅。

没想到，她在婚后会变得那么粗俗可怕，整天喋喋不休，摔锅砸碗，怨天尤人不说，连父母和朋友都被她骂得不敢上门了。

本以为她当了妈妈，会收敛一些，表现出母性温柔的一面。谁知，女儿呱呱落地之后，她变本加厉地恶，连襁褓中的孩子都被她当作是讨债鬼，成为她咆哮发泄的对象。

等大鹏弄清楚，他的婚姻只是她在盛怒之下，报复负心男友的产物时，整个人都要崩溃了。他怒不可遏地跟乖张暴戾的她离了婚，带着幼小的女儿跟父母一起生活。

足有两年的时间，他拒绝跟任何年轻女子交往。并且一再对父母说，女人都是善变的，

1. 尽管你在文章中不着痕迹地为那个大鹏辩解，但欲盖弥彰，他绝对不是什么好鸟，推诿责任、小肚鸡肠、优柔寡断，这样的男人也配走进婚姻的殿堂？再说了，是爷们儿，自己这点破事还要婆婆妈

他已经尝尽了婚姻的苦，此生再也不会结婚了。

为了摆脱情感的苦闷和婚姻的阴影，他发疯般地经营事业，很快，就成了身家百万的老板。男人有钱，身边就不乏漂亮女人。大鹏以居高临下的姿态，跟那些窥视他的女人逢场作戏，但从不投入真情，更没有想过婚姻，直到他遇见谧儿。

谧儿是大鹏女儿读幼儿园中班时的班主任。她清甜美丽，温雅善良，对因为缺乏母爱，而显得娇纵又敏感的大鹏女儿关心备至，直至后来不可救药地爱上大鹏。

大鹏最初是抱着游戏的态度接受她的，后来被她的痴心和真心打动，发自内心地喜欢上了她。谧儿心甘情愿地和他同居，成为他的情人，并悉心照料他的女儿。而大鹏也不再问津其他女人，很专心地沉醉在谧儿为他营造的温馨和睦的家庭氛围之中。

他们之间有个死结，就是不能谈婚姻，只要一谈婚姻，大鹏就神色大变，暴跳如雷，就威胁谧儿分手。每次，都是谧儿流着眼泪表示不要婚姻了，两人的关系才可以持续下去。

这样的关系持续了五年。

到第六年时，谧儿的父母态度强硬，以死相逼，谧儿终于给大鹏下了最后的通牒，或者结婚，或者分手。她再也不想在别人异样的眼光中，过这种名不正、言不顺的生活了。

大鹏打电话到我家时，我还不认识他。

他说，是朋友介绍他看我的博客，并建议他跟我聊聊。他拿不定主意，是该结婚，还是该放弃谧儿，心里混乱极了，也矛盾极了。

交谈了几句，我就知道，因为第一份婚姻给他的伤害太大，他对婚姻患有恐惧症。在确认他非常爱谧儿，而谧儿也和大鹏的女儿情同母女的事实之后，我们之间有如下简单的对话：

"你爱她，为什么不敢跟她结婚呢？"

"我怕她一结婚就变得跟我前妻一样，凶相毕露。我觉得女人婚前婚后的表现太不一样了。"

"你跟前妻婚前只相处了三个月，了解不是很多。跟谧儿则相处了五年，而且是像夫妻一样相处了五年。没有人可以在一个人面前伪装五年，所以，谧儿现在怎么样，在婚后应该还会

妈问别人，假如明天又有人对他说了相反的话，结果会怎样？我的经历，前半程和他类似，自己逃出围城，目前正在观望，向左？向右？尚未可知。但我会坚持走自己的路，选择了，就坚持走下去，不反悔！（新浪网友）

2. 这篇文章给徘徊的朋友一盏指

96

怎么样。你觉得她是善变的人吗?"

"不是。她这五年,除了说到结婚时会不痛快之外,其余时候,性情都很好。"

"你们无夫妻之名,早已有夫妻之实,婚书只是一纸形式。既然现实的婚姻生活你们都相处得很好,干吗还惧怕一个形式呢?"

"我也觉得我们早就是夫妻了,她干吗那么在乎一纸婚书呢?现在这样子不是很好吗?"

"那不一样,这纸婚书昭示着谧儿的身份,也赋予她光明正大地爱你的权利。如果你爱她,就应该给她婚姻的承诺。对一个女人情感最好的回报,对一个女人最大的尊重,就是给她婚姻的承诺,让她可以在阳光下,堂堂正正地生活,大大方方地享受爱与被爱。谧儿跟你要婚姻,其实,也是给你一个爱你一辈子的承诺,难道你不希望这样吗?"

"希望如此。可是,如果她婚后变了呢?"

"如果她真变了,变得不可理喻,变得让你难以忍受,你可以选择分手,那时的分手双方都无遗憾。现在,她把女人最好的五年给了你,只想通过婚姻,将自己的一生都给你。这样对你死心塌地的女人,你不能只是因为怕她变,就不给她婚姻。我倒觉得,结婚之后,她只会越变越好……"

"你说的是真的吗?"

"你可以试试,试过之后,再下结论。想想,她如果就这样离开了,你怎么办,你女儿怎么办?不是所有女人都善待你的女儿,并被你女儿真心接受的……现在就放手,你心里真的没有遗憾吗?"

大鹏在电话那端,沉默半晌,终于说:"我明天就去向她求婚,给她、也给我一次幸福的机会。"

一个月后,大鹏和谧儿结婚。

两个月后,他再次打来电话,说他跟谧儿很幸福。谧儿比婚前更开朗,也更温柔了。他一直后悔,没有早点儿结婚。末了,他主动要求我把这个故事放到博文上,他说希望谧儿能够看到,了解他复杂的心路历程,有信心和他携手以后的人生。同时,他也希望有同类遭遇的朋友能记住:爱一个女人,就给她婚姻的承诺,有爱的婚姻是天堂,一点儿都不可怕。

爱她,是否该给她婚姻的承诺?

示灯,婚姻并不可怕,关键在于你怎样去对待它,怎么去耕耘它。不是女人善变,男人同样会变,而且变得好可怕。有真爱的感情是永远不会变的。我希望大家别与真爱擦肩而过,愿天下有情人终成眷属。
(新浪网友)

爱人放东西没有规矩，我一再告诉她，她不听。有时我真想狠狠揍她，或者让她从这个干净的世界消失……

25. 妻子懒，总想揍她怎么办？

广秀老师：

我是一名35岁的男教师，有个问题多年来一直困扰着我，想向您请教。

我总体给人的感觉是个极其沉默的人，不善言谈，性格好。但是我觉得自己脾气暴躁，不爱与人交流。我看到不合理的现象就极其气愤。比如看见有人毫无自知之明地在办公室吸烟；比如我在路上右侧骑车，有人逆行，突然冲过来差点撞到我……诸如此类。碰上这种事我就会非常生气，想上去打人（当然我从来没有付诸过行动），甚至觉得这种没素质的人活着多余，希望他们去死。

对于别人的缺点我也极难忍受。比如我爱收拾屋子，但爱人比较懒，还乱丢东西，她经常把袜子脱下来扔在沙发上，我说过几次没效果，就想狠狠揍她。

我特别爱干净，讨厌别人窝囊，不讲卫生，讨厌别人碰我的东西，碰乱我放的东西。爱人放东西没有规矩，我一再告诉她，在她不听的

1. 我先生也是这种类型的人，与你有很相似的心理状态。作为妻子，由于了解彼此性格不同，也积极学习了相关的知识，我对他能够做到耐心开解，努力配合。尽管有时确实感觉挺累的，毕竟他是

情况下，我非常气愤，甚至开始讨厌她，有时想狠狠揍她，或者让她从这个干净的世界消失。但我又不愿意伤害她，所以有时候觉得自己快忍不住了，要去伤害她（我们结婚十年来我只打过她一次）时，就会有自杀的倾向。

在工作中，我也总觉得有太多的不合理，比如工作时间长，随便占用老师休息时间，随便让老师加班，人权一文不值等等，我都会气愤得要命。因为大学也学过心理学，所以我还懂得时常反省自己，但是我发现自己的调节不起什么作用，或者只能管很短的一段时间。广秀老师，我这到底是不是心理疾病？如果是，我是怎么得的，我要怎样调节自己？

我觉得这位男教师患的是洁癖，而且倾向于精神洁癖。下面是我在治疗方面写给他的建议：

一、关于精神洁癖的成因及症状分析

精神洁癖，顾名思义，是指人在精神层面上所带有的洁癖，是人在自己的精神世界里所持有的一种强迫性人格，即强迫自己的精神世界要绝对清洁、绝对干净，使精神世界基本处于一种真空的状态。比较明显的表现是在社交方面，有精神洁癖或有此类倾向的人会异常在意自己所处的社交圈子，会非常严格地去审查与自己交往的人，习惯于强求完美，眼里容不得一粒沙子。一旦发现所交往的人所表现出来的任何东西是所谓"肮脏"的，会觉得非常愤恨，恨不得除之而后快。

我曾看过一篇关于著名主持人崔永元的报道。在报道中，记者曾直截了当地问崔永元，他是不是一个精神上有点儿洁癖的人。崔永元的答复是："可能，有点儿。"

在记者与崔永元的问答中，崔永元承认每看见一个"坏"书名、一部"坏"电影，哪怕一个姿势或造型，都觉得特愤怒。就像他每天回家坐电梯，原本跟电梯师傅挺好，他们老聊天。但电梯师傅开着半导体，里面传出趣味低俗的流行歌时，他就非常生气，恨不得从电梯里冲出去。因为他觉得艺术家要有社会责任感，不应该创作这种低俗趣味的作品在社会上误导大众。

崔永元也坦诚地说，这种精神洁癖带给他的伤害非常大，直接的后果是"……重度抑郁症住医院去了。住了两个月，吃

妻子懒，总想揍她怎么办？

我深爱的丈夫，况且性格使然，只有去接纳，去包容。不知道你是否有孩子，提醒一下，这种类型的父母对于孩子的管教过于苛刻，恐怕会影响孩子的健康成长。因此，建议你也多学习，多了解自己和妻子，不仅做一名合格的教师，也做一名合格的丈夫和

丈夫的呐喊　　**99**

了一年半的药……"

从崔永元的例子不难看出，有精神洁癖的人大都是极端的完美主义者，容不得半点缺陷，做事严谨认真，凡事要求完美，对自己严，对配偶和同事也苛刻，容易陷入孤独和忧郁，严重的会有自杀倾向。

精神洁癖是如何形成的呢？据资料，很大部分原因来自遗传，病人中有七成具有强迫性人格，这是洁癖的生理基础，社会及家庭因素也是不可忽视的致病因素。尤其是家庭，父母管教太严，孩子易患洁癖。土耳其心理病学教授巴津指出，在孩童时代受到家长的严厉管制而无法适时表达个人喜怒哀乐情绪的人，会很容易形成洁癖。洁癖患者谨小慎微、优柔寡断，过分琐碎细致，与人交往中过于古板、固执，缺乏人情味及灵活性。他们在生活上也过分强求有规律的作息制度和卫生习惯，一切务求井井有条，稍一改变就焦虑不安。此外，外界的不良刺激也容易诱发洁癖，比如工作和生活环境的改变加重了责任，精神过分紧张，要求过分严格，或者处境不顺利，常担心发生意外等；此外还有严重的精神创伤，如近亲死亡、突然惊吓、严重的意外事故、濒于灾难性的破产等等。

发邮件给我的这位男教师，因为回避了其成长背景及父母的教养方式，我无法断定其患病的原因，但庆幸的是，他有较好的文化素养和较强的自制力，并且能意识到自己的不对劲儿，对自己进行反省和调节。目前，其洁癖只停留在让自己觉得痛苦不堪上，尚没有伤害到他人。

二、关于治疗精神洁癖的一些建议

精神洁癖的治疗多以心理治疗为主，辅之以适当的药物治疗。这位教师可以寻求专业心理机构的权威治疗，也可尝试以下一些做法，对自己进行矫正。

（一）认知调节

要点在于改变自己看问题的角度，对自己的认知进行调解。比如，把"金无足赤，人无完人"之类的话写在日记本上，提醒自己：世界原本就是不完美的，"你不能要求所有的人跟你一样，这有点儿像揪着自己的头发想要离开地球"。然后，把一天中目睹的让自己气愤的事——罗列出来，分析哪些事情通

父亲。祝福你！
(helengaobj)

2. 我好像也有点啊，对自己要求也很严格。有时房间乱了会心情不好，不管多累都要收拾干净。最开心的就是把房间收拾得干干净净，听着音乐，看本好书。有时看到不好、不合理的现象也会烦，觉得社会怎么这样呢？

过气愤可以改变，哪些气愤是徒增烦恼，并暗示自己，总为这些不易改变的事情情绪恶劣，危害的是自己的健康。然后，在这些事情后面注上"不值得，一笑而过，有什么好烦的"等字眼，让自己的心态趋于平和，逐渐学会客观冷静地看问题。还有，任何人和事都有两面，试着多关注积极的一面，忽略阴暗的一面，也可以让自己心里舒服。

（二）厌恶疗法

即在手腕上戴一橡皮圈，一旦感觉自己出现过度的情绪反应（气愤，恨不得揍人，或者让别人死的想法）时，便用橡皮圈弹自己的手腕数十乃至数百下，一直弹到这种想法消失，有疼痛感为止，从而达到抑制的目的。

（三）系统脱敏疗法

把自己容易愤恨的场景，经常气愤难平的人和事，从轻度到重度写出来，然后从最容易的事情入手控制自己，可以先做全身肌肉放松训练（建议上网查找方法要领，因为比较长，这里不赘述），再仔细回忆或者阅读这些困扰自己的人和事，当体验到焦虑和愤怒时，用肌肉放松技术来稳定心绪，用改变认知对自己进行调节。然后，继续进行练习，练习宜由浅入深、按部就班地进行，并在日记上记录下结果，通过语言和自我激励，鼓励自己坚持下去，直至对这些困扰自己的人和事心平气和为止。

此外，也可以尝试满灌疗法，即怕什么，偏面对什么。可以寻求妻子的合作，比如：让妻子把她的东西乱放，故意把自己规规矩矩放置的东西弄得凌乱不堪，自己面对这样的场景觉得烦躁不安时，如能控制自己不对妻子发火，就让妻子给自己点物质或者精神奖励；如果自己对妻子发火，或者脑子里冒出揍妻子的念头，就罚自己给妻子买件衣物或者化妆品，以示惩罚。通过妻子的密切配合，通过一段时间的坚持，看能否与看不惯的事情坦然相处。

当然，如果这位男教师多参加体育锻炼，多培养一些爱好，多接触学生和同事，对于纠正洁癖也会有所帮助。

心理上不能接受。我一般就是听听音乐，或者看本好书，这样心情就好多了。（依然）

> 我老婆几乎天天把一句话挂在嘴上："生气了？为什么呀？"而我妈最讨厌这句话。她认为妻子表面笑着，内心很毒……

26. 老婆和老妈为啥总是格格不入？

广秀姐：

　　向你请教一个问题：我老婆和我妈总是格格不入，怎么办啊？

　　我们家弟兄三个，一个妹妹。我妈脾气特别大，从小，我们几个就经常挨打，妹妹还曾被打得吐血。我妈并不坏，毕竟是她把我们养大成人的，只不过管得严，我们几个的童年都是在劳动中度过的。为了逃避，我们努力考学逃了出来，对妈妈的恨也随着成家立业而消减，妈妈的慈爱逐渐表现出来，对外地的我们格外牵肠挂肚。

　　两年前，我由部队转业娶了妻子。妻子比我小六岁，是那种特别爱做梦的女孩。她学的是美术专业，毕业后在某大专院校当教师。可能是专业的影响，也可能是父母的教育方式不同，妻子在人情世故上表现出很大的欠缺，举几个例子：

　　1. 一次和我妈一起看电视，看到一个浓妆艳抹的老太在扭秧歌。我妈说："以后我也打扮成那样，行吧?"妻子大笑："哈哈，那样您不成了老妖精啦!"

我知道妻子是无心的，但是我妈听了之后特别生气，说儿媳妇竟然说婆婆是老妖精，太不尊重了。

2. 妻子是北方人，我们是南方人。我妈问她北方菜好吃还是南方菜好吃，妻子说都好吃。我妈不高兴，大声说："那以后你做饭给我吃!"因为我妈常做饭，她希望我老婆说她做的南方饭好吃。

3. 妻子喜欢熬夜看书，其实就是 23 点之后才睡，而我妈在老家习惯七八点就睡觉，早晨六点多起床。她要求妻子和她一样，妻子非常反感这一点。说了多次也不听，我妈就常常擅自打开卧室进来，这样一来她们就有了争吵。妻子的缺点是吵架后不会哄老人，而是自己呜呜地哭，哭完又忘了，继续我行我素。

4. 妻子忍受不了我妈的唠叨，说听她唠叨脑袋要爆炸。其实我妈这个人不坏，就是一辈子唠叨惯了。在家里差不多所有家务事都是妻子干的，说实话，我妈来之后给妻子增加了不少家务，因为老人的习惯都是农村的，妻子有些洁癖，她们常常为这些事发生争论。我如果说我妈，怕她生气，她一生气就躺着，说身体不舒服，但是说妻子几句，她就一哭半天，委屈得什么似的。

5. 妻子不了解我妈的性格，常常无意中惹她生气。有一次我妈对妻子说让她父母来过一段时间，其实她是试探妻子。可妻子张口就说："好啊，您想让他们来，我一会给他们打个电话。"我妈觉得我老婆想赶她走，就气得没吃饭，一天都没起床。我责备妻子说错话了，妻子居然大吃一惊："啊? 生气了? 为什么呀?"

广秀姐，我老婆几乎天天把"生气了? 为什么呀?"这句话挂在嘴上，而我妈最讨厌的就是这句话。她认为妻子表面笑着，内心很毒。还有，妻子不喜欢听我妈给她讲应该怎样做媳妇，妻子说："我勤劳持家，孝敬长辈，积极工作，我又不犯法，我对妈妈说的话不感兴趣，拜托你能否委婉地告诉妈妈少'理'我好不好? 如果她不说我，我发誓绝对不先惹她，我肯定不先

买两套小房各自住，也不愿意买大房子两代人一起住。婆媳文化背景完全不一样，怎么能融洽?（新浪网友）

2. 很喜欢这个媳妇。这个婆婆如果不意识到问题的严重性，将来肯定会影响到小夫妻的感情。其实，如果婆婆真爱自己的儿子，就不应该这样

和她说难听的。"我这样夹在中间真是左右为难，劝谁都没用，因为她们简直是两个世界的人。

爱车人

婆媳关系是亘古难题，这位匿名为"爱车人"的男子也身不由己卷入其中。下面我围绕他的帖子谈一下面对婆媳纷争时，男人应有的立场和做法。

一、不偏不倚是男人应持的立场

婆婆和媳妇，原本是不相干的两个陌生人，把她们联结在一起的，是那个既为人子又为人夫的男人。婆媳关系是以这个男人为"中介"形成的一种全新的家庭人际关系。婆媳一旦发生纷争，都喜欢向这个男人诉苦和告状，逼这个男人为自己主持公道。这时候，男人的态度至关重要。假如他一味袒护自己的妈，会放大妻子心头的委屈，导致夫妻感情恶化；假如他无原则地向着妻子，也容易让老母怨气难平，并背上"娶了媳妇忘了娘"的恶名。

因此，聪明男人在面对婆媳纷争时，一定要一碗水端平，持不偏不倚的立场，千万不要当着两人的面轻易表态，更不能公然地指责另外一个人。

就拿这张帖子来说，我觉得他的妻子天真、娇憨，善良又可爱，倒是他妈，性情多疑，爱唠叨，还有点儿小心眼，喜欢找碴儿生事。心无城府的妻子终日跟这样的婆婆相处，确实够难为她了。但这位男子明显地袒护自己的母亲，把婆媳不和的矛盾归罪于妻子"在人情世故上表现出很大的欠缺"，对妻子多有微词和不满，对自己的母亲却保持着相当大的体谅和宽容。

难怪妻子会委屈地哭，母亲有错也不知收敛，这与他一边倒的态度有很大关系。

二、善当润滑剂是男人应有的智慧

一个成熟的男人面对婆媳纷争时，应该善于充当润滑剂，设法找出婆媳冲突的缘由，以温婉或者幽默的方式对双方进行劝解，努力消除婆媳间的隔阂与成见，架起一座婆媳沟通的桥梁。

就拿这位男子来说，他应该意识到：妻子和母亲原本是两

和媳妇过不去。如果儿子媳妇闹离婚了，儿子也会很痛苦的。这个婆婆需要一个心理咨询师引导她，儿子也需要。（新浪网友）

代人，存在性情和观念上的差异很正常。有条件的话，最好是分开居住或者保持"一碗汤"的距离。如果一定要住在一起，他就要考虑如何通过巧妙的调节，让她们彼此间懂得尊重和体谅，学会求同存异，而不是单方面地要求妻子作出改变。

具体一点：他的妻子本性率真可爱，但不善于揣测婆婆的心机，投其所好，所以，婆婆被气得火冒三丈了，她还摸不着头脑。而他则旁观者清，绝对明白母亲生气的症结所在。他可以私下里先对妻子嘘寒问暖，送个小礼物，把妻子逗开心了，再坦诚地分析一下母亲做得不好的地方，代母亲向妻子赔不是，告诉妻子"老人靠哄"的道理，教给妻子一些讨母亲欢心的小花招，让妻子学会察言观色，在无伤大雅的小事上对婆婆顺着点儿，以减少婆媳间的摩擦。

他的母亲是位难缠的老人，也比较强势和霸道。他妻子是很难改变她的，一味地顺从和迁让也不是长久之计。他应该在母亲面前，心平气和地为妻子辩解，维护妻子，让母亲意识到妻子可爱和无辜的一面。必要时，也可以动动脑筋，创设一些情境，教会母亲将心比心。

就拿他妈强迫他妻子早睡早起这件事来说，他妻子不妥协让步，他妈就理直气壮地闯媳妇的卧室，这确实有点儿过了。他可以在母亲晚上入睡前，陪她聊天，或者拉她出去散步，当母亲拒绝时，他可以趁机说：每个人都有自己的生活习惯，自己改不了，也别强求别人改。在母亲早起后闯进他们夫妻卧房时，他可以直言不讳地表达自己的不满，并以卧室上锁、带着妻子外出散心等方式向母亲表示抗议。也许短期内母亲会怪他不孝，会生闷气等等，但坚持几次，让母亲碰点钉子，可以催她反省，学着体谅和尊重别人。

总之，好丈夫应该成为婆媳融洽相处的润滑剂。在一碗水端平的基础上，用智慧和爱心巧妙地周旋在自己所爱的两个女人之间，设法让她们友好相处，营造温馨幸福的家庭氛围。

孩子的眼泪

初二时，父亲再次染上了性病。那一次，我真希望妈妈离婚，但妈妈还是没有离。带着破碎不堪的心和颓废的精神，我去参加高考，结果可想而知。尽管已经没有眼泪，甚至连活的勇气都没了，但我在别人面前都竭力表现得正常。只有回家看到爸爸，才会失去控制。曾经很多次，我都想把他杀了，但理智告诉我，这会毁灭自己……

我明白：妈妈是想用笑容减轻我的负担，照亮我的心。可是每当她笑的时候，我却分明看到她心中的泪水……

27. 爸爸出轨，怎样面对心碎的妈妈？

车老师：

我的父母结婚20年了。爸爸有一份体面的工作，工资并不高。妈妈是家里的经济支柱。虽然妈妈比爸爸赚得多，但从不勉强爸爸，只要爸爸能好好过日子就行了。可爸爸并不满足，他喜欢说谎，甚至在外面鬼混。妈妈知道了很伤心，但为了我有一个完整的家，还是默默忍受了。

就在前不久，一个女的打电话找爸爸，当时我们三个人在一起，爸爸就是不接电话，还把电话关了。我和妈妈起了疑心，打电话发短信试探那个女的，发现她和爸爸关系真的不一般，她自己也承认和爸爸已经相好几年了。即便这样，爸爸还是什么都不承认。妈妈被他伤得都麻木了，对我说：孩子，我真的不知道该怎么办了！我和你爸真是过得一点意思也没有！

听了妈妈这话，我心都碎了，妈妈现在多么的无助啊！她心里的苦没有人知道。可以说，她做的一切都是为了我。她努力赚钱，让我能

精彩跟帖

1. 我有个朋友与这孩子的经历类似，后来他的父母离婚了。我觉得朋友的态度比较好。站在妈妈的角度，他恨父亲，因为父亲毁了母亲的幸福；站在儿子的立场，他也恨父亲，因为父亲毁了他自己的

无忧无虑地上大学；她知道我想出国，也毫不犹豫地说等我大学毕业了就让我走！这些费用都将由她独自承担，爸爸根本没那个能力！爸爸爱我，但是他更爱他自己。妈妈爱我胜过爱她自己！看到妈妈现在这样，我不知道该怎么办，我爱妈妈，我不想她这样再委屈自己了！

还有三个月，我就要高中毕业了。当我考上大学，不在妈妈身边时，妈妈该怎么办？想到爸爸我也伤心，但我知道对他说什么都没用。我根本不想再去考虑他以后要怎么过，只要妈妈过得好，我有没有一个完整的家庭都无所谓了！

车老师，我到底该怎么做才能让妈妈好过些？妈妈现在一天只吃很少的一点东西，做事也心不在焉，走路有时都会摔跤，却一直努力对我笑。我明白妈妈是想用笑容减轻我的负担。可是她笑的时候，我却分明看到了她心中的泪水。

现在我很迷茫，一面是高考的压力，一面是家庭的负担，我真是快崩溃了！我恨那个女的，她自己也有家庭，为什么就不能检点点儿？我同样憎恶爸爸，他太不懂得珍惜妈妈，珍惜现在来之不易的生活了！我现在一句话都不想和他说，是他亲手破坏了我们美好的家！

一、孩子，你好了，妈妈才会好

孩子，我能理解你内心的伤痛和不平，但你也知道妈妈有多爱你，在你身上寄了怎样的希望。此时此刻，妈妈最大的愿望，莫过于你能安心学习，考上理想的大学。为了这个目标，她忍辱负重、含辛茹苦地维持着痛苦的婚姻，甚至在被爸爸出轨折磨得心神俱疲时，她还在努力赚钱，坚持对你微笑……

相信，你比我更明白，在妈妈心目中，你最重！只有你才能给予妈妈最大的安慰。只要你镇定下来，把精力专注在学业上，多把学校的一些好消息带给母亲；只要你顺利通过高考，妈妈会因为你的出色而欣慰，因为你的懂事而努力振作自己。

孩子，你快乐，妈妈才能快乐起来；你安心，妈妈才能够舒心一些。假如，你真的因为心疼妈妈，痛恨爸爸，放任自己沉湎在痛苦中，不思学业，你带给妈妈的伤害将会比爸爸带给她的还要惨重。

形象。但父亲也是给自己生命和抚育自己成长的人，大人的爱恨情仇有时很复杂，孩子很难介入，所以他避开了。从此，他尽己所能疼爱母亲，并发誓不做像父亲那样的人。所以，像这位孩子的情况，应先开导母亲，让她坚强面对已经发生的事情，考虑好这段婚姻是分还是从你真挚而流畅的文字表达中，我读出了你的善良和聪颖，还有对母亲深入骨髓的爱。所以，想帮助妈妈，首要的是稳住自己，让自己好起来，因为你好了，妈妈才能好！

另外，你妈妈目前的反常情绪，与爸爸出轨有关，与更年期内分泌失调也有关。你可以收集一些更年期的知识，或者求助于医生，对症下药，解除妈妈因为生理不适导致的情绪紊乱；可以以高考为借口，在饮食方面要求她多变换花样，让她在忙碌中转移一下注意力；也可以邀请一些亲友来家里做客，减少妈妈独自胡思乱想的时间，甚至可以考虑劝妈妈去美容、健身、交友，把生活安排得充实一些。

二、别恨爸爸，理解情感世界的一些无奈

我了解你因为心疼妈妈而对爸爸产生的一些怨意，但还是想告诉你，感情是很微妙也很复杂的东西，是很难用好坏和对错来评判的。相信你爸爸妈妈都是好人，但好人未必适合做夫妻。也许，正是因为妈妈的能干，让爸爸有压力，他才借助婚外恋情来释放自己。从他总是撒谎、刻意隐瞒来看，他也并不想伤害你和妈妈太深，也就是说，他不像你想得那样坏。

我不知道，这段话你是否能够听得进去。我想对你说，情感世界有太多的无奈和不得已，爸爸对你有抚养职责，但也有权利选择自己的感情，试着尊重并体谅他的选择，至少，别恨他，好吗？

毕竟，你也亲口承认：爸爸爱你！是他给了你生命，又用他的方式爱了你十几年，假如你真的因为他对不起妈妈而恨他，这样的结果是他难以承受，也是你难以负荷的。因为恨一个人比爱一个人更辛苦。与其痛苦地恨，彼此间互相折磨，不如选择原谅和宽容。

即使，爸爸妈妈离婚了，他还是你的爸爸，血缘亲情是终身都难以割舍的。我不能奢求你像爱妈妈一样爱爸爸，但希望，你能对他保持起码的亲情和尊重。他毕竟是除妈妈之外，世间最爱你的人。

三、出轨父母，别让仇恨根植在孩子心中

由这个孩子的邮件，我想给出轨的父母提个醒：注重呵护孩子的心灵，注重跟孩子的沟通和交流，不要因出轨，将仇恨

维持，让父母自己解决他们的问题。孩子先静心复习，把高考考好再说。（锦瑟）

2. 秀老师已经分析得很完满了：只有你好，妈妈才会好！你的爸爸刻意隐瞒，说明他还很在乎这个家，千万别去恨他。你现在还小，有些事情无法真正理解，但时间会证明一切。

的种子根植在孩子心中，影响孩子的人格和前途。建议出轨或者离异父母，借鉴一下伊能静父母的经验。

伊能静，也是一个父母离异家庭的孩子，但自幼跟随母亲生活的她，始终对父亲充满尊重和爱，这得益于母亲的正确引导。她曾经充满感情地说：

母亲曾对我提到早早离婚的父亲，她从不口出恶言，于是在我们心中，负心的父亲却成了好完美的形象。母亲替我们保留了父亲，同时也保留了她自己曾经爱的过往，这样的成全其实也成全了自己。这世界的很多人都必定是在为爱付出或努力，不管任何一个人，在爱的路途上以任何形式都无法再延续时，也都该为对方祝福，而不是恶意的延续。两个不幸福的人在一起，还不如去寻找四个人幸福的可能，保留曾经美好的记忆，也保留了爱真正的价值——就是快乐。毕竟两个人最初相爱的原因是因为想在一起，在一起很快乐。只希望拥有过爱的人，无论伤或被伤，爱或被爱，都有美好的价值。

是啊，当婚姻维系不下去，当父母出轨时，应该首先意识到孩子是无辜的，别把孩子卷入父母情感的旋涡，更不要当着孩子的面拼命诋毁对方，甚至让孩子充当感情的裁判或作为要挟的砝码。这样的结果，不仅会扭曲孩子的心灵，更让他们对父母心寒，对家庭失望，甚至对未来的人生失去信心。

如果离异父母都能像伊能静母亲那样，尊重孩子，心平气和地和孩子交流，让孩子明白：父母依然深爱着她，只是不合适在一起生活，重新选择感情是父母的权利，孩子不但不会因此少些什么，甚至会比别人多一份父爱或母爱。这样，既赢得孩子对自己感情的体谅和尊重，也保持了孩子内心的纯净和对爱的向往。

我以自己的切身体验告诉你，再多的恨也会随着时光烟消云散。毕竟你的爸爸还是爱你的，他并没有到无可救药的程度。你现在的目标只有一个：一心一意把学习搞好，考上一流大学。抓紧时间冲刺吧，希望三个月后听到你的好消息。真心祝福你们！（龙儿）

我在自己家里亲眼看到了不该看到的一幕。我一直都想不明白，他是抱着什么样的心态，敢把野女人带回自己家里呢……

28. 出轨父母，听听孩子痛苦的心声

离异家庭对孩子的伤害是众所周知的，正因如此，很多人即便婚姻不幸福，也不会选择离婚，而是选择用婚外情来弥补情感上的缺憾。

这样一来，表面上，孩子有个貌似完整的家，但真的不受伤害吗？我的博文《爸爸出轨，怎样面对心碎的妈妈？》发表后，引起很多同类处境的孩子情感上的共鸣，他们纷纷跟帖，述说父亲出轨带给他们的深重伤害。我们不妨一起听听这些发自孩子灵魂深处的声音：

跟帖一：我的情况跟他一样。在我读高二的一个夏夜，妈妈出差未归，我在自己家里亲眼看到了不该看到的一幕。

我一直都想不明白，他是抱着什么样的心态，敢把野女人带回自己家里呢？那个女人30多岁，长的还可以，但从她被抓奸在床却没一点内疚上来看，也不是什么好人！其实，我可以理解他为什么出轨。父母的感情本就不好，妈妈是个性格古怪的女人，没什么情趣可言，但她是个好女人，一个舍得为丈夫和孩子付出

1. 悲哀，感情这东西真的很复杂！父母无论哪方感情出轨，对于涉世未深的孩子都是很大的伤害！如果父母只剩下无爱婚姻的躯壳，希望孩子们给他们自由选择生活的权利；如果是一时激情，希望你

一切的好女人。也许正因如此，她失去了一个女人自身该有的权利。

当时的我，是一个除了学习什么都不会的孩子，唯一害怕的是家庭破裂会影响到我以后的生活，所以我什么都没说！忍！从此以后，成绩一落千丈，高考考了个二本院校，现在几乎很少跟家里联系。庆幸的是，父亲似乎有所改观，对家庭这份责任还是多少尽到了。母亲现在每天打个小牌，她说自己很快乐。我想：也许这就足够了！

唉，这个秘密，就让它永远沉没在我心里吧！

点评：其实，他并没有把秘密沉没在心里。在亲眼目睹了父亲的不良行径之后，这个秘密曾经怎样顽固地盘踞在他心里，煎熬和折磨着他。当时的他，因为恐慌和无助，选择了隐忍，导致成绩大幅度下滑，影响到他的学业和人生发展；现在的他，除了对亲情疏离之外，在努力体谅父母的同时，依然对那一幕耿耿于怀，对人生充满怀疑和无奈。

假如，那位父亲知道因自己一晌贪欢，带给孩子的是纠缠一生的心结，是情感和学业方面的双重代价，他还会把那个女人带回家吗？所以，出轨父母，请在孩子面前，务必遮盖一下自己的丑行，别因一时的荒唐，剥夺孩子内心的纯净。

跟帖二：我是一个和你有着同样经历的女孩。在我高中毕业时，父母的感情已经接近尾声，我爸有了外遇，把感情不和和我已经上大学作为理由向妈妈提出了离婚。开始，妈妈不同意，我和妈妈的眼泪都哭干了，我们怎么做都没有办法来挽回他们二十几年的婚姻。

名存实亡的婚姻对谁来说都没有意义，他们俩背着在外地上大学的我办了离婚手续。现在我工作了，我恨那个没有责任心的父亲，他不配做我的父亲，对自己的女儿不管不问，去养那个浪女人的孩子。我恨他，替他感到羞耻，所以我跟他断绝了父女关系。我爱我的妈妈，这么多年都是她一个人带着我，没有男人的家庭很不容易。为了我，妈妈很坚强，她是我认为的世界上最伟大的妈妈，我要让她过上幸福快乐的日子。

希望你也坚强起来，好好学习。你过得幸福，才是你妈妈最大的幸福。

们能原谅他们的过去，带着恨去生活，确实很辛苦！老师，您写得真好！鼓掌！！（我心飞翔）

2. 秀说得真好。可是，据我观察，出轨男人一般都是很少看这类提倡人性、良知和道德责任感的文章，他们的心像是丢了一样，没有什么比他们婚外身心的受用更重点评：女儿上了大学，就可以名正言顺出轨甚至摆脱婚姻吗？当女儿眼泪哭干都无法阻挡父亲离开的脚步时，父亲已经将仇恨根植在她的心中。从她对父亲的切齿痛恨中，可以看出父亲对她造成的内伤有多重！这种痛彻肺腑的伤害是一生都难以抚平的。

也许，这位父亲在情感上有他的不得已，或许他是追求真爱毅然放弃婚姻，但血缘亲情又怎是一纸婚书就割舍了的？可不可以，在选择出轨和离婚时，对孩子的心灵多一些呵护和关注，让她意识到你的无奈，让她尊重你情感的选择。就算她觉得你对不起母亲，但至少，让她觉得你还是个好父亲，而不是提起你，就觉得是耻辱。难道，出轨男人的欢乐一定要建立在妻女的眼泪和愤怒之上吗？

跟帖三：我家的情况也是这样！我妈现在满身病痛，又要承受这样的打击。"小三"还是我爸单位的，有自己的家庭，小孩上小学。她跟我爸在一起有好几年了，是我上大学之后开始的。

我大学刚毕业，事情全面爆发。"小三"逼我爸离婚，我爸亲口承认了这事，从此就家无宁日。父母整天吵闹，我两头劝都没办法，不知为这事掉了多少眼泪。我妈的性格很倔强，不怎么听劝，还说我爸把家里的大部分钱都拿给"小三"了，心里极度不平衡，说话处事都十分不理智，加上街坊邻居流言飞语，家里的气氛十分恐怖。

之前我一直劝爸妈不要离婚，我这么大了倒无所谓，但还有一个读初中的弟弟。弟弟性格内向，成绩非常优秀，在全市居前几名。我劝妈当弟弟面不要说爸爸出轨的事，怕影响弟弟学习。但是我妈已经丧失了理智，她什么都跟我弟说了，还经常当着弟弟的面跟我爸争吵，一心要摧毁我弟心中的父亲形象。

去年，那个"小三"出车祸死了，我以为天助我家，事情就这样完结了，但是我爸对我妈完全没了感情，我妈稍不顺心就大吵大闹，整天拿那事来说，我都觉着烦！

离婚，怕影响我弟；不离，这样的日子实在过得没意思。现在家里还是三天两头地吵闹。我父母都还有近10年才退休，我想劝我妈提前退休跟我到另外一个城市生活，让我弟考那个

要。如果能看这类文章的，说明他的良知还没有完全泯灭。我有个同事的亲戚怀孕六七个月了，可是她老公还打她呢，连300元营养费都不舍得给她花，居然每个月给情人花四五千！知道这种事的人都会感到绝望！大家都知道他的妻子人特别好，而认识他

城市的高中，但是我妈不愿意。在财产分割上父母也存在很大的分歧。

广秀老师，您说我家这样的情况我该怎么办？人家大学刚毕业，都是为着工作事业打拼，而我却整天为家里的事揪心。请老师给我一些指导，谢谢！

点评：看这张帖子很难过，心疼这个女孩，更心疼她那个性情沉默、成绩优异的弟弟。父亲出轨固然可恶，但母亲没完没了地抱怨，在孩子面前拼命诋毁丈夫，也是不智之举，着实让人心寒。

想对这位女孩说：父母已经习惯了他们的相处模式，再加上本性难移，改变他们已经很难，尤其是他们自己都无法理顺的事情，子女更难插手。你首先要照顾好自己，照顾好弟弟，然后设法找个好的工作，等有经济能力了，才有条件帮母亲和弟弟。别帮不了他们，又耽误了自己。

另外，特别提醒那些因为出轨而当着孩子的面争吵不休的夫妻：请不要把孩子卷入父母感情的旋涡，请在孩子面前收敛一下自己的行为，私下里，再理智地处理自己的感情。别让孩子在充满矛盾和压抑的环境中成长，这样的成长实在太痛苦了！

情人的人都知道那是个爱钱的女人，但是那个男人不信。目前他们还在闹，太残忍了！实在太残忍了！（张叶）

没想到初二时，父亲再次染上了性病。那一次，我真希望妈妈离婚，即使出去过苦日子我也愿意。但最终，妈妈还是没有离……

29. 爸爸花心又暴力，妈妈为啥不离婚？

车老师：

我出生在一个平凡却充满纷争的家庭。

父亲高中毕业，缺乏专长和门路，连工作都是姑姑帮他找的。他在外面性情懦弱，受了什么委屈，从不敢和别人争辩，一旦回家，就在家人身上发泄满腔的怒火。

我是在充斥着争吵和暴力的环境中长大的。父母经常在激烈的争吵后摔东西，大打出手，然后就是旷日持久的冷战。我不知道什么是家庭幸福，什么是父爱，尽管小时候对成人世界所知不多，但家中紧张而沉闷的气氛压得我心里很痛也很难受，让我对家充满了恐惧，一点儿也不喜欢待在家里。

印象最为深刻的是读小学五年级那年，姨妈来我家小住。晚上，她和我睡在一起，半夜被激烈的吵架声惊醒了。当时，妈妈气得浑身发抖，差点昏过去。后来才知道，是我父亲出去鬼混，染上了性病。

年仅11岁的我度过了一个漫长而又痛苦的

情·来·跟·帖

1. 苦难终将成为过去，踏实走好明天的路。有句话说"得抑郁症的都是天才"，我身边就有一位天分很高的朋友，因长期生活、家庭和事业的压力，得了抑郁症。所以我很了解你的病情，也了解抑郁症给人不眠之夜。这一夜，我明白了成人世界的复杂，心里承受着我这个年龄本不应该承受的一切。之后，父亲拿家中的积蓄去看病。母亲迫于娘家的压力和房产的纷争，不敢离婚。父母又开始了无休止的争吵和打架。这种噩梦一般的日子过了很久，彻底影响到我的性格，让我敏感、自卑，精神恍惚，总想哭！

上初中后，我的成绩还不错。我觉得老天唯一对我公平的就是让我有点小聪明。我努力控制自己压抑的心情，坚持着正常的学习和生活。没想到初二时，父亲再次染上了性病，治病的钱是爷爷给的。那一次，我真希望妈妈离婚，即使出去过苦日子我也愿意。但最终，妈妈还是没有离。因为她觉得一个人带着我比较辛苦。我恨妈妈的忍耐，更恨爸爸的自私。

初中毕业后，我考入了省重点高中。我感觉自己很了不起，在如此不正常的家庭环境下居然凭实力进入梦寐以求的重点中学。父亲却嫌我考得不好，说我笨什么的，反正尽是那些伤我自尊的话。我没法跟他理论，极度的无语！

长期的精神压力和父爱的缺失导致我心理出现了问题。高一那年去看心理医生，被告知我患上了轻度抑郁症。我尽力控制着不让自己崩溃，因为我觉得我一点儿都不比别人差，我很想有读大学的机会，给自己设定的目标是北大。就这样，在压抑得要疯掉的情况下，我还保持着高一年级前10名、高二年级前20名的优异成绩。说实话，如果我的家庭环境稍微正常些，我完全有把握考到年级第一，那样就可以实现进北大的梦想，我的很多老师都说我有这样的实力。

可是，在高三我冲刺高考的关键时刻，我家的战争还在一天天继续着，回到家和进地狱差不多。没有人关心我，父亲只会变本加厉折磨我。我精神痛苦到了极点儿，无数次地用头撞墙，也多次想到自杀。我再次向心理医生求助，医生给我开了抗抑郁的药，挺贵的。那个药起初还好，但吃太多之后会影响记忆力，后来我就停止吃那种药了。

我带着破碎不堪的心和颓废的精神去参加2007年的高考，结果可想而知，我输得一塌糊涂。尽管已经没有眼泪，甚至连活的勇气都没了，但我在很多人面前都竭力表现正常。只有回到家看到爸爸，才会失去控制。曾经很多次，我都想把他杀了，

的智力、体力和心理上造成的伤害。你天资聪颖，冲刺名牌大学，这本无可厚非，但现在的你是一位病人，除了学业之外，最重要的是恢复健康。所以在学业上尽力就好，不要给自己设定苛刻的目标。别给自己那么大的压力和包袱，认真、踏实、勤奋、快乐

但理智告诉我，这会毁灭我自己。

高考后在家待了几个月，我进了复读班。但我的症结还在，我不能回家，不能在这个家中学习。真的！我每天回家后太阳穴两边都很疼，很难受，根本无法学进去。我对妈妈说：19年了，我过的是什么日子？无休止的争吵、打架，每一天都胆战心寒。如果你们不分开，我一个人出去吧，饿死在街头，也许是我最好的归宿。

2008年5月末，他们终于分开了。妈妈说，她和我一起住。父亲，那个毒害我心灵19年的人，终于可以不用天天见面了，我获得了渴望已久的宁静。

2008年6月，我第二次参加高考。那时候我还处于抑郁状态，我知道我是被伤得太深了。考英语前我的情绪突然出现问题，无法控制，只好放弃了英语考试，再次与大学失之交臂。

现在，我依然存在心理障碍，患有轻度抑郁症，精神涣散。去治疗了一阵子，好多了。目前，我自己在家里自学，准备来年再参加高考。距离2009年的高考只有半年，我的理想是进入最高学府。

广秀阿姨，我想咨询一下，我需要怎么调节自己呢？因为我不确定自己是否真的好了，在医生面前我比较沉默，但我太希望自己能摆脱心理困境，扼住命运的咽喉，勇敢地站起来！

一、请体谅成人世界的不得已

孩子，你的父亲太过自私，没有尽到做父亲的责任；母亲又太过懦弱，没有力量保护你，让你在温馨和睦的环境中长大。

但正如你无法轻易摆脱抑郁症带给你的痛苦一样，你的父母也有他们学识、能力和品格方面的局限，他们的成长经历包括个人素养的欠缺，使得他们无法理智地面对婚姻，亦无法从容化解所面临的生存和社会压力，只好把家庭当战场，在相互的伤害中敌对共生。

你很无辜，碰到这样不成熟、不理智的父母确实有点不幸，但细细体会一下，毕竟是他们给了你生命，把你养大，供你读书。而且，在你高考失利的情况下，又是他们支持你复读，让你可以坚持自己的大学梦想。包括母亲最终还是尊重你的意愿，

地过好每一天！祝你早日恢复健康，实现美好理想！（新浪网友）

2. 无论父母有多少错，父母永远是父母，这是今生无论走到哪里都没法改变的事实。一个家，一个人，一本书，一段人生，一个故事，有喜有忧，有爱有恨，这就是生活。人生不

通过离婚，给你提供一个安宁的读书环境。

我想说的是，你的父母在他们力所能及的范围之内，还是很努力地在履行职责，他们之所以漠视你的情感需求，不是因为不爱你，而是他们所面临的现实处境和生活阅历，使得他们无法按照你所期望的方式理性地爱你，也意识不到他们的行为会给你的心灵造成那样惨重的伤害。

可以的话，对妈妈多一份感激。她这大半辈子过得太不容易了，她现在竭尽所能给你提供一个安静的空间，希望将来，你能还她一个有保障的晚年，让她远离暴力和苦悲。

尽管很难，还是试着体谅一下爸爸。他是个事业和婚姻都很不如意的男人，他不良的行为和粗暴的方式戕害过你的心灵，但毕竟，他给了你健康的身体、较高的智商、敏感的心性和求学的机会。与其恨他入骨，不如从他身上汲取教训，知道一个男人处理好婚姻和事业需要智慧和健康的人格，从而努力提升自己，避免重复他的悲剧，学会宽恕，淡化仇恨，也可以让自己在精神上得到解脱。

二、积极调节，走出抑郁

孩子，从你的描述中看出，你在努力振作自己，抑郁症已经得到初步的控制。目前，你最需要做的是进行积极的自我调节，告别抑郁。下面是一些可行的方法，你可以试试：

1. 制定每日作息时间表，学会按部就班地生活和学习。稳定而有规律的生活会安抚你的情绪，让你内心感到踏实。

2. 坚持运动。每天起床后，到户外慢跑半小时。运动会让你精力充沛，心胸开阔，对自己充满信心。

3. 即使是在家里，也要让自己穿戴得体、干净整洁，凡事多往好处想，多微笑，保持良好的精神风貌。

4. 根据自己的情况确定可行的复习计划，每天都按计划完成学习任务。

5. 控制自己，做情绪的主人。即使心情烦闷，仍让自己坚持正常的学习和生活，不对自己的软弱和冲动让步。

6. 多想想自己以前曾取得的辉煌成绩，多想想进入大学后的美好，以此来保持愉悦的心情，获得拼搏的动力。

7. 每天在起床前和入睡前，都对自己进行积极的心理暗示。

如意十有八九，放大自己的心房，用宽容去包容父母的对与错，用心去读父母的故事。乐观是一种态度，也是一种智慧。父母没法选择，命运无法改变，好与不好只在我们怎样看待。最好的心理医生还是自己，生活中无法弥补的缺失只有靠自身的豁达来填补。（新浪网友）

120

比如起床前，默默对自己说："我真棒！我能行!"、"我要快乐而又充实地过好今天!"；睡觉前对自己说:"太好了！我健康，我幸福，我按照计划过完了非常有意义的一天！继续坚持!"

8. 只要你努力，任何大学都是提升你智慧和人格的平台。别将目标只锁定北大，给自己太重的压力。对高考，全力以赴也要顺其自然。

> 孩子害怕同学们知道他父母离异，不愿到学校上学。无论是老师劝、家长逼都无济于事……

30. 父母离婚后，孩子为啥总是逃学？

车老师：

我是一名初二的班主任，班上有一位男孩，从他这两年来的种种表现，大家都认为他有严重的心理障碍，家长对此无能为力，作为班主任的我也爱莫能助，只能求助于你。

事情是这样的：2006年3月份，这位孩子的母亲办好了退休手续，兴冲冲地去他父亲工作的地方，准备夫妻团聚，可他父亲已有了意中人。母亲发现这一变故后，当众把第三者痛打了一顿，他父亲一气之下提出离婚。母亲让亲戚把这孩子带过去，想用儿子做最后的努力，哪怕是夫妻关系只维持六年（当时他正好六年级毕业），等孩子上了大学，两人再分手也行。可父亲却铁了心，只求离婚。无奈之下，夫妻二人办了手续。

离婚后，母亲带着他回到了生活的小城，应聘在当地医院做了医生，他就近读初一。2007年四五月份，孩子害怕同学们知道他父母离异，不愿到学校上学。这种情况一直持续到

精彩跟帖

1. 这孩子太可怜，幼小心灵所受的伤害会伴随一生。希望所有想离婚的父母多为孩子想想。（庭中芳赏月）

2. 我觉得这位母亲应负的责任更大。第一，是否两地分居足以令她在孩子刚读初中时就

放假，无论是老师劝、家长逼都无济于事。到了 6 月份时，他一再要求母亲给他转学，留级到另外一所中学去，并保证说绝不会再出现这种情况。于是母亲托人找关系，就这样，他以新生的身份来到了我带的班。

第一学期与同学相处也挺和睦，可到了第二年四五月份，也就是 2008 年 4 月中旬又开始了间歇性旷课。我多次去他家与他交流，无论怎样劝，他一句话都不说，而且面无表情。到 5 月 14 日开始又不上学了。没办法，他母亲只好用"如果你再不来，就收两具尸体"为要挟，逼着他父亲回来，盼望他父亲能开导他，如果有可能就把孩子带走。期间我也配合孩子母亲给他父亲讲了孩子的情况，建议让孩子换个环境，更有利于孩子的成长。

谁知他父亲只待了四五天就不辞而别。无奈之下，我们又动员同学去做工作。可是他一听到同学要来的消息，不是锁着门不让进，就是拿被子蒙着头不见任何人。就这样一直到放假。等新学期开学了，他又求母亲让他上学，再次保证不犯这样的错。我抓住他这次又来上学的事，要求他无论怎样都要有问必答，同时又将他的事上报了校德育处，德育处的马老师也严肃地批评了他。

从那以后，他有所改变，至少不管你问什么他都回答。就这样又平安地度过了一学期。平时我也尽量发现他的优点并给予表扬，以增加他的自信心。可没想到，今年刚到 4 月份，他又开始旷课。先是半天，然后一天、两天。每天放学回到家，好像没魂一样，吃完饭就睡，好像总是睡不醒，什么也不做，心情特别烦躁。我估计他又开始了前两年的情况，他母亲也觉得无奈，一再请求老师原谅，我也没办法。虽然他母亲找了心理医生，但他坚决拒绝治疗。每天都在家里待着，睡觉、看电视或者玩一会电脑，而且从不出门，只有等到周末，学生都不上学了，他才和同学玩一会儿。

车老师，不知他这种情况属于什么心理障碍、怎样才能帮助他尽快地走出困境。我们都盼望着他能早一天坚强而勇敢地站起来。谢谢你！

小魏

父母离婚后，孩子为啥总是逃学？

办退休？没有经济独立的女人很难得到家庭和社会的尊敬。第二，发现丈夫有外遇时，为什么痛打第三者？如果想打人，应该是痛打自己的丈夫。很多第三者，是被已婚男人诱惑勾引的，当然也不排除其他可能。但无论如何，男人承担的罪责更大。第三，根据小魏老师的陈述，初步断定孩子患的是学校恐惧症，而且呈周期性发作，即每年四五月份——他父母当初闹离婚的月份，他就无法自制地发病。

我觉得患病的原因是：父母离婚的手段过于简单粗暴。在离婚过程中，忽略了孩子正读六年级，处于青春叛逆期，自尊心强，心思敏感、易受伤害等现实。母亲让亲戚把孩子带到婚变现场，试图以孩子为砝码要挟老公，而孩子的父亲又冷漠无情，完全不考虑孩子的承受力，让正值青春期的孩子亲眼目睹了父母离婚的残酷场景，心灵受到重创又没有得到及时疏导，埋下了他无法面对父母离婚事实的隐患，这是诱发他患学校恐惧症的心理原因。

尤其是他呈现出学校恐惧症状后，原本最能解开他心结的父母再次处置不当，都把他当包袱来推。比如：母亲以死相逼，想让父亲把孩子接走；父亲勉强来了几天，却不告而别。父母这种不负责任的做法，对孩子心灵的漠视，让孩子觉得自己已经成为不受父母欢迎的累赘，使他心理失衡，缺乏安全感，逐渐形成焦虑和恐怖情绪，无法面对老师和同学。所以，他逃避学校，厌倦学习，一次次将自己的心封闭起来。

面对家庭原因导致的学校恐惧，比较好的方法是"心病心药医"。即父母用理性和爱心，设法让孩子明白离婚是父母的事，不是因为父母不爱他；父母虽然离婚了，他依然是被父母疼爱的孩子。尤其是母亲，不要在孩子面前指责父亲的冷酷无情，不要把离婚后的无助和愤怒转嫁给孩子，而是用自信和爱心滋润孩子，让孩子逐渐变得有安全感。父亲尽管身在他乡，也应负起对孩子的责任，除了按时支付抚养费外，应该通过发邮件、写信、打电话和网上聊天等途径，让孩子明白父亲对他的爱并没有改变。只有父母用理性的方式跟孩子沟通，并且在情感上真挚地关爱孩子，才能消除孩子内心的阴影。

这个孩子自制力比较强，他一直在努力调整自己，除了每年四五月份敏感期容易失控之外，其他时间，基本能坚持正常的学习生活。所以，在他的心结没有解开之前，建议每到四五月份，父母及老师给他营造一个宽松的氛围，不要对他进行指责和说教，更不要逼迫他回到课堂。

采取以死相逼的方式，容易让孩子觉得自己和母亲都很卑微，让孩子产生绝望悲观心理。父母共同引导孩子是必须的，但我认为孩子的母亲同样需要接受心理辅导。（锦瑟）

在此基础上，母亲和老师合作，尝试一下系统脱敏疗法，即有计划地使孩子减轻对学校的恐惧心理。比如开始时，每天让孩子在学校的时间短一点，哪怕坚持一节课都是成功，哪怕一周去一次学校都很了不起，对他的点滴努力都给予肯定和鼓励，逐渐增强孩子的自信心和主动性，慢慢延长在学校的时间。

四五月份是孩子痛苦难耐的日子。他幼小的心灵承受着这个年龄难以承受的煎熬，家长和老师只有携手用温暖和真挚的关爱陪伴他、尊重他，循序渐进，才可以帮助他顺利地走过这段时期。

等过了敏感期，他愿意回到学校并努力适应学校生活时，可以用心挖掘他的优点，多鼓励和肯定他，建议他参加一些课外活动小组，多看一些启迪心智的好书，多动员一些开朗活泼、性格外向的学生跟他做朋友，多参加体育运动等。在丰富多彩的校园生活中，在温暖互助的人际氛围中，帮助他完善性格，健康成长。

当然，如果他出现较为强烈的情绪反应，应该立即带他去专业的心理门诊，请儿童心理医师对其进行心理治疗及必要的药物治疗，以防范可能发生的离家出走及其他无法预测的危险行为。

也许是望女成凤心切,也许是父亲在我童年时期经常打我,现在同样的凄惨故事又在我和女儿之间上演着……

31. 女儿,你要妈妈怎样爱你?

精彩跟帖

1. 希望文中的母亲千万不要再打你的女儿了。你的父亲打你,他去世了你还恨他,你现在又打你的女儿,她能不抵触你吗?所以一定要注意方式。另外,对她的一些"毛病",管教太细致、太严格不

广秀姐:

我女儿今年 12 岁,也许是到了叛逆期,对她进行教育十分困难。在生活起居上,她懒惰、爱磨蹭,自称是个"自恋"的女孩,总认为自己很完美。

我认为这点特别不好,因为她不允许别人挑她的一点儿毛病。她似乎比别的孩子早熟,特别热衷于"帅哥靓女"方面的言情小说。在我不同意的情况下总是偷着看。我和她经常为一点小事吵架拌嘴。好比刚刚,我让她好好洗脸她不听,只用一只手随便地洗。

我说:"你就这样洗脸啊?"

她突然就对我大声吼叫起来。我本来是想忍的,但越想越生气,就和她互相指责,最后以我打她而告终。打过之后,我俩都哭成泪人一般。我特别后悔,她感冒本来就很难受,我却没有控制住自己。类似这种小事经常重复,弄得家里的气氛很紧张,我都要崩溃了。

前一段时间我曾试着和她沟通,问她为什

么如此对待妈妈。她却委屈得不得了，眼泪儿刷刷地落下，说她受不了我的唠叨。我说好，以后妈妈尽量不唠叨，可是我也不能眼看着她有了毛病也不言语啊！

她的学习成绩不理想，以前我非常着急，但是她不努力我也没办法，只好劝自己：不学就不学吧，别再给孩子弄压抑了。我尽量控制自己的急性子。现在我觉得，她最要命的弱点不是成绩，而是性格的缺陷和怎样做人的问题。

在我12岁那年，父母离婚了，长年有病的父亲对我们四个孩子总是非打即骂。现在他已经不在了，可我依然恨他，因为我的童年没有母亲的关爱和教育。我自然也不懂得怎样教育孩子，女儿真没少挨我的打。

天下哪个母亲不爱自己的孩子？女儿还没出生，我每天都给她记成长日记，一直写了八年。也许是望女成凤心切，也许是父亲在我童年经常打我，现在同样的故事又在我和女儿之间上演着。每次打完女儿，我心里都有负罪感，特别恨自己，觉得女儿有我这样的妈真是倒霉。

我今年38岁了，总觉得活得很没意思，有时真想一死了之，又想干脆和丈夫离婚，也不要孩子，自己过清净的日子。我很痛苦、很难过，每天都很忧郁，现代社会压力大，每个人都很忙，我的心事不知道该对谁说。就算和别人说了，他们也没有可行的办法，只能陪着我唉声叹气。

广秀姐，我该怎样和叛逆期的女儿相处？恳请您帮帮一个心力交瘁的母亲！

这位妈妈提出的问题在现实生活中具有很强的代表性。12岁开始，孩子进入心理学家所说的"第二反抗期"，了解这个时期孩子的心理特点，采用理智而温和的方式和孩子相处非常重要。

一、"第二反抗期"孩子的心理特点

心理学家一般把12~15岁这一年龄段的孩子所处的时期称为"第二反抗期"。因为这个时期的独特性，有的心理学家甚至把它称作"为从父母的束缚中解放出来而战斗"的时期，或叫"危险期"。

女儿，你要妈妈怎样爱你？

是好事。在一定的程度上给她自主权和自由，相信她可以"自适应"地处理很多问题。（天涯我在）

2. 孩子感冒，洗脸不够认真，你不能体谅她吗？她态度不好，要用打她来教育吗？你真的认为那是教育吗？我实在觉得你孩子没什么大错，而你，这一时期孩子主要的特点是：身心发展不平衡，具有逐渐增长的成熟意识，而社会经验又不足，成人感和半成熟现状之间的错综矛盾，使得他们出现各种问题。比如过去很听话的孩子，突然间变得焦躁、易怒、冲动、任性，动不动就和父母对着干，经常做出一些在父母看来很不理智甚至幼稚的行为。

家长应该知道，这个时期是孩子正常的心理发展过程，并非坏事，但如何陪伴孩子度过反抗期则是至关重要的。如果孩子能够顺利度过，对心理健康和日后成材都大有裨益；如不能顺利度过，常导致各种心理问题和引发各种人格障碍。严重者不但和父母反目成仇，甚至会离家出走和自杀等等。

因此，父母一定要慎重对待孩子的反抗期，为其良好性格的形成打下坚实的基础。

二、家长如何陪孩子顺利走过"第二反抗期"

发邮件给我的这位妈妈，她很爱自己的女儿，但采取的管教方式以指责和打骂为主，不但收效甚微，还恶化了母女关系。该如何和反抗期的女儿友好相处并正确引导呢？建议她尝试以下一些做法。

（一）给孩子当好榜样

父母是孩子最好的老师，孩子是父母的影子。在教育孩子中，以身示范，给孩子当好榜样比什么都重要。这位母亲自己也意识到，父母离异及父亲的暴力打骂对她的性格潜移默化又根深蒂固的影响。既如此，建议她按照"希望孩子怎样对我，我就这样对待孩子"这一思路，给孩子当好榜样。

比如：希望孩子爱学习，自己要多买书，当着孩子的面坚持读书和学习；希望孩子尊重自己，先控制自己不要指责和打骂孩子，而是温柔而耐心地对她进行说教；希望孩子自信、开朗，自己就要努力振作，积极工作，在孩子面前展示自己容光焕发、独立能干的一面。

（二）成为孩子真诚又可信赖的朋友

对于反抗期的孩子，家长最成功的做法是：设法成为孩子真诚而可信赖的朋友。具体做法如下：

1.善于倾听

这一时期孩子比较自我，表现的欲望比较强，家长要善于

需要反省自己的情绪是否过激与失控，是否对下一代有报复心理。（新浪网友）

倾听，耐心地和孩子交流，鼓励孩子说出自己的烦恼，和孩子一起商量怎么办。不要开口闭口就指责和批评，更不要进行唠叨式说教。

2. 懂得尊重

反抗期的孩子特别敏感，家长一定要尊重孩子。包括尊重孩子的人格和隐私，尊重孩子的人际交往和阅读嗜好，家里有与孩子相关的事务，要主动征求孩子的意见等等。这样既可增加孩子的参与感和责任感，也能培养孩子的自信心和自律能力，尤其是：尊重子女才能赢得子女的尊重。

千万不要利用家长权威，拼命压制孩子，更不要用教训的语气对孩子说三道四、指手画脚，这只会让孩子反感，处处与家长为敌。

3. 学会赏识

每个人都渴望得到别人的赏识，反抗期的孩子在发展自我、构建人格的关键阶段，尤其需要来自父母的赏识和鼓励。在赞美和鼓励中长大的孩子，更自信、阳光，也更懂得怎样与别人友好相处。

宋丹丹说："孩子不是骂大的，孩子是夸大的"。

周弘先生创造的"赏识教育法"成功地将双耳失聪的女儿周婷婷培养成一名留美研究生。他的教育理念是："哪怕天下所有的人都看不起你的孩子，做父母的也要眼含热泪地欣赏他，拥抱他，赞美他。每个孩子的生命都是为了得到父母的赏识来到人间。你的孩子是世界上最美好的。"

这位妈妈望女成凤心切，总是盯着女儿的缺点，不是指责，就是争吵和打骂，弄得女儿痛苦，她自己也心累。不妨转变一下思路，从现在开始，停止批评，杜绝打骂女儿的行为，多发现女儿的优点予以肯定，通过有效的赏识、赞美和鼓励，让女儿变得自信、自爱、自强。

4. 学会放手

反抗期的孩子成人感很强，渴望挣脱父母的束缚与管教。父母要尊重孩子，放手让孩子独立完成可以做好的事情，不要总是虎视眈眈地盯着孩子，吹毛求疵。

（三）多看教子书，掌握行之有效的教子方法

教育孩子是一门艺术，需要父母掌握一定的心理学和教育学知识，具备一定的教育素养。希望这位被女儿折磨得心力交瘁的母亲抽空看看《卡尔威特的教育》、《哈佛女孩刘亦婷》、《刘亦婷的学习方法和培养细节》、《赏识你的孩子》，以及卢勤所著的《好父母，好孩子》、《告诉孩子，你真棒》和《告诉世界，我能行》等教子书。从这些书中获得一些行之有效的教女方法，引导女儿顺利度过反抗期，健康快乐地成长。

自我上大学后，我从来没有感受到亲情的温暖，除了每月按时收到的汇款单，我都不知道父爱、母爱是什么……

32. 父母不爱我，为啥还要生下我？

车老师：

我的父母是农民，他们忠厚老实，每天在田地里辛苦劳作，又节衣缩食地供我和弟弟读书。为了不辜负他们，为了将来有能力让他们的生活过得好一些，我来到学校后，拼命地读书，努力地发展自己，希望自己的表现能够让父母满意。

可我觉得，父母一点都不关心我，他们很少像其他同学的父母那样，打电话对我嘘寒问暖。当我好不容易放假回家，想告诉他们我在学校的生活和学习情况，吐露内心的烦恼时，一看到他们漠然的，或者木讷的表情，我就哑口无言了。

在老师和同学眼中，我是个开朗活泼、积极向上的女孩，只有我自己知道，我的心有多苦。这种苦，源自亲情的匮乏。自我上大学后，我从来没有感受到亲情的温暖，除了每月按时收到的汇款单，我都不知道父爱、母爱是什么。当我在学校里受了委屈想向父母倾诉时，当我

精察眼帖

1. 这也能叫烦恼？这也需要开导？看来这个学生的思想太……找不到一个词来形容了。可能是她小说或电视、电影看太多了，她以为所有的父母都会向自己的孩子说：宝贝，我爱你。中国的父母表示爱的

取得了好成绩想和父母分享时，他们冷漠的反应让我伤心得连哭都哭不出来。

比如说：上周，我知道自己获得了二等奖学金，是班上唯一获此殊荣的学生，我觉得好开心哪，就飞奔至电话亭，迫不及待地打电话给父母，想让他们分享我的喜悦。谁知，母亲接起电话，第一句话就是："是不是又没钱了？"

那一刻，我真的伤心透顶，什么也不想说了，一下子挂断了电话，眼泪刷刷地流了一脸……

老师，在我最需要的时候，为什么总得不到父母的呵护和温暖呢？他们既然不爱我，为什么又生下我呢？我活得很累，实在是太累了。面对这样的父母，我该怎么办？

您苦恼的学生

这位学生邮件中反映的问题，在大学校园里颇具代表性。在我看来，她的父母不是不爱她，而是，她无法体会父母在能力范围之内给她的爱，又一相情愿地向父母索取爱，才造成两代人在情感沟通方面的困扰和障碍。

首先，她的父母肯定爱她，只是她没有用心体会。

她生活的海南，重男轻女的观念比较严重。作为农民的父母，辛苦劳作、节衣缩食地供她读五年制大学，而不是逼她辍学和早早嫁人，这本身就是一种爱的承诺。因为爱，才希望她通过读书改变命运，拥有更加美好的未来。

还有，母亲接到电话，第一反应就是："是不是又没钱了？"在她看来，这是母亲只重金钱而不重感情的表现，在我看来，恰恰说明父母关心她、在乎她，希望她没有金钱方面的压力，好好读书。

假如想不通，可以换个角度，除了父母，还有谁会心甘情愿地拿血汗钱供她读书、关心她有钱没钱。父母经济上并不富裕，却密切关注着孩子缺不缺钱，这不是深厚的爱，又是什么呢？

父母爱她，在他们的能力和经验之内，将她培养成人，又为她提供高等教育的经济保障，她为什么会觉得亲情匮乏，父母不爱自己呢？

方式不是在嘴上，而是渗透在日常生活的点点滴滴中。每月的汇款单，也正是父母对你无言的爱啊！（新浪网友）

2. 看了主人公的烦恼，感觉说的是从前的自己，那时我还不懂得倾诉呢。不过我改变了，在上大学之后，我看寝室的姐妹们和这显然与青春期渴望感情，渴望父母的关注，对父母之爱存在不切实际的想法有关。她是个敏感又好强的女孩，正处于躁动不安的青春期，置身于象牙塔般的大学校园里，对精神层面的需求较高，她所渴望的父母之爱，应该是父母可以分担她成长的困惑，在精神上跟她沟通和交流，引领她成长。

但她忽略了一个事实：父母只是在生存线上挣扎的农民，他们终日为温饱奔波，为孩子的教育费用忙碌。对他们来说，孩子能够考上大学，能够安稳读书，已经是很不容易的事情了。大学生活对他们而言是全然陌生的，大学生在成长过程中所面临的情感困惑和精神危机，也是他们无法想象，更无力去关注和开导的。也许，在他们心中，孩子都读大学了，水平比他们要高得多，所以，他们是以自豪的心态、尊重的眼光看自己的孩子。作为父母，他们把精力放在日常劳作上，放在对孩子的经济支持上，他们付出的是他们爱的极限。他们在情感上对孩子的漠视并不是不爱，只是既无闲暇也没有能力而已。

对于这个女孩子来说，因为信任父母，因为对亲情的强烈渴求，忽视了父母竭尽全力的付出，也没有意识到大学生活的熏陶，使得她在精神层次上比父母高，视野也比父母开阔得多，和父母在精神上的隔膜也越来越深，而这种隔膜是特定的文化背景和人生经历造就的，短期内很难突破。

我想提醒这位女孩：任何交流都应量力而行，不能超出别人的经验和能力之外。很多时候，父母不是不爱孩子，而是他们所面临的现实处境和生活阅历使得他们无法按照孩子的要求表达爱的方式。当你内心感到烦恼或者困惑时，可以多跟老师和同学交流，多看书，让自己精神和感情上早日独立。对父母，当你特别渴望交流时，请主动诉说。而且在诉说的时候，尽可能用他们熟悉的语言、他们能够了解的方式向他们介绍你的大学生活，没必要对他们察言观色、欲言又止，更没必要因为他们不主动开口询问就关闭心扉，自怨自艾。

还有，关心是相互的，沟通和体谅也是相互的。父母已到中年，面对的生存压力很大，他们也到了需要子女关心的时候了，假如你能主动打电话、写信向父母报告你的学习情况，表达对父母的关心和问候，相信会拉近你和父母的情感距离。

家人的关系都很好，我就非常羡慕，和家人的交流也多了。有机会的时候，我不厌其烦地讲学校的事，他们回应也很少。但是我姐告诉我，他们很喜欢听我讲这些新鲜事，他们都没有经历过，在我说之前也想象不出我的生活是什么样。所以，你的父母没用语言直接 ↴

　　特级教师魏书生说："人与人之间的关系就像大山的回声，你对他喊：'我喜欢你，请让我来帮助你。'他必然给你以同等的回报。"

　　因此，你希望父母怎样对待你，你就先怎样去对待父母。况且，你已是成人，父母为你的成长已付出了太多的艰辛，也到了你回报的时候了。请怀着感恩的心态，用主动关心父母、对父母嘘寒问暖的方式改善和父母的关系吧！

回应你，可能还是你不够自信，你说得多了，他们觉得有兴趣了，自然会勾起你倾诉的乐趣。（小虾米）

> 他们整天打电话给我，一开口就是一万，好像
> 我是他们的提款机。他们甚至逼我去借钱……

33. 家人把我当成他们的"提款机"啦！

车老师：

在报纸上看到你写博客的报道，想向你倾诉。我工作16年了，工资本来就不高，每年省吃俭用都要给我妈妈好几千（一般不低于6000元），并且每年我弟弟都以做点小生意为借口，向我要钱，就算是向朋友借，我都会尽量满足他。

现在弟弟盖房子，我尽我所能给了26000元，已经身无分文了。但他们整天打电话给我，说房子盖了一半，没有钱只好停工，又怪我不孝顺，一开口就是一万，好像我是他们的提款机。他们甚至再三逼我去借钱，可我原来向朋友借的钱还没还清呢。想想，我为什么会有这样贪婪的家人？实在叫人心灰意冷，活着真没意思！非常没意思！

雨

从这张帖子不难看出，雨是位很善良，也非常顾念亲情的女孩。她16年的工作，大部分

精彩原帖

1. 首先要爱自己，一个连自己都不爱的人怎么能指望别人爱你呢？要有尊严，无论穷富，无论贵贱，尊严是人的最后一道防线；要有判断，哪怕天要塌了，只要亲情还在，我们总有活下去的理由。如果

收入都贡献给了家庭，甚至不惜借债满足家人的一些非分要求。

结果，她的无私和委曲求全，助长了家人在经济上对她的依赖心理，他们非但不知足感恩，体谅她在外拼搏的艰辛，反而视她为摇钱树，心安理得地伸手，理直气壮地指责，陷她于心灰意冷和绝望之中……

在这里，我想对雨说："是你的逆来顺受和委曲求全，助长了他们对你的依赖心理。在我看来，钱是你挣的，给多少，给不给，完全由你掌握。你觉得承担不了，就直接说'不'好了。你可以反过来问弟弟：他一年能给母亲多少钱？他的房子，凭什么伸手向你要钱？雨，爱自己！振作！请先过好自己的生活，在力所能及的范围内再去顾念亲情。不要一味满足他们的无理要求，助长他们的索债心理！"

由雨的故事，我想起了经历比她更凄惨、更让人心疼的小草——

小草出生在北方一个偏僻的农村，是长女，下面有两个弟弟。她天生丽质，聪明伶俐，读初中时，年年都是年级第一，老师们都说她是重点大学的苗子。可是初中毕业，她还是在父母的劝说下，辍学在家，做繁重的家务，和父母一道在田间劳作，确保两个弟弟能上学。

家里的日子越来越穷，两个弟弟先后上了中学，昂贵的学费使父母望而生畏。为了不让弟弟们失学，替父母分忧，年仅17岁的小草和村里的几个小姐妹一道，踏上了南下打工的路途。

她先在海南一个小市民家庭当保姆，包吃住，月收入300元。她要照顾一个两岁左右的孩子，还需承担所有的家务。主妇很刁蛮，生怕那300元赔本，每天虎视眈眈地盯着她，挑三拣四，把她指挥得团团转。干了两个月，她实在忍受不了，辞工而去。

在小姐妹的介绍下，她到一个小饭馆当了服务员，包吃住，月收入400元。她每月只留100元自己花，剩下的全寄给家里。在小饭馆，她干了两个月，因为老板色迷迷地对她动手动脚，被老板娘撞个正着，她被

来自亲人的不再是亲情，不妨果断地对他们说"不"！（沙子）

2. 中国人历来遵循"百事孝为先"，孝顺是应该的，但是愚忠愚孝却是不应该的！我身边有很多人，在大城市里整天过着蚂蚁一样的日子，被生存的压力压得喘不过气，但是却

136

凶悍的老板娘赶出了饭馆。

　　幸好一家酒店开张，招聘大批服务员，因为她容貌出众，又有过当服务员的经历，顺利地通过面试，成为酒店客房部的服务员。她穿着酒店统一配发的制服，尽心尽力地工作，每月收入500元，坚持寄400元回家。业余时间，她苦读课本，参加一些技能培训，希望自己能发展得更好一些。

　　她在酒店工作了三年，正雄心勃勃地筹划未来时，接到家里的求助信，大弟因病住院，手术费8000元，希望她尽快筹措。

　　为了救弟弟，一向洁身自好的她答应了一位台商包养的要求。台商财大气粗，对她的美貌垂涎已久。他给她租了套单元房，每月给她5000元生活费，条件是她不能工作，不能再抛头露面跟别人来往。

　　她像个金丝雀一样，被包养了五年。五年间，她把大量的生活费都寄给了家里，父母翻盖了新房，大弟顺利地从大学毕业，小弟也如愿订婚。一家人的生活富足而滋润。而她则承受着台商的暴戾和粗俗，先后流产两次，精神日益颓废，美貌也逐渐消失。

　　五年后，台商抛弃了她，她写信给父母，想回到家乡，开个小店，找个本分人嫁了，过体面而有尊严的生活。但她做梦也没有想到，父母竟千方百计阻挠她回家。他们说，因为她当二奶，名声已经臭了，回家只会被村人看不起；再说，小弟结婚还要一大笔钱，家里过惯了宽裕的日子，没钱也受不了，所以，他们怂恿她，再找个有钱人把自己包出去。

　　她这才明白，父母家人已经寄生在她身上，他们鄙视她，却又仰仗她的钱财而活。绝望的她，自暴自弃，走上了三陪的道路，最终在毒瘾和性病的双重折磨下含恨而终。

生活中，有很多像小草这样的女子，出生于贫困的家庭，为了对父母尽孝，为了让弟妹生活得好一些，她们背井离乡，艰苦地在外谋生，承担起与她们年龄和能力极不相称的重任。

家人把我当成他们的「提款机」啦！

得不到家人的理解，要面对家人的不断索取，只为了一个"孝"字！而他们的家人却不知道：不是每个人在城市里都能赚大钱的！（绿幽女巫）

假如父母疼惜她，鼓励她自强自爱地谋生，她的付出也许会有价值。但被贫穷折磨怕了的父母，不但不体谅她，反而把她当作摇钱树，逼她出卖青春和色相去挣大钱。他们一方面心安理得地用她的血泪钱生活得舒适安乐，另一方面，又从心里鄙视她，将她拒于千里之外，使她得不到温情和抚慰。

我想对与小草处境相同的女子说：人对物欲的追求是无止境的，人性也是自私和贪婪的。在亲情方面，你付出的越多，亲人对你的依赖性越强，你千万别以牺牲青春和尊严的方式，去满足家人的贪欲。你的人生只有一次，青春也很短暂，请先爱自己，让自己独立，过有尊严的生活，然后量力而行，在力所能及的范围内再去帮家里。

> 爸爸不知从哪一天开始迷上了网络,他的手机里充斥着粗俗露骨的短信,我在电脑里也曾看到过他和很多女人裸聊的照片……

34. 父亲虚拟性爱成瘾怎么办?

车老师:

我很无助,希望得到你的帮助,走出困境。

我爸爸在母亲去世后,已经有过两次失败的婚姻。现在这个阿姨,是他合法意义上的第四任妻子。她性情温柔,对我和爸爸都很好,爸爸脾气暴躁,她总是默默忍受,把全家生活安排得井井有条。我把她当作亲妈一样看待,觉得爸爸能够找到这个阿姨是他前世修来的福分。因为我在外地工作,一年能回一次家就不错了,我一直欣慰有这样一个贤惠的女人陪伴爸爸的后半生。

但是,爸爸不知从哪一天开始迷上了网络,他特别热衷于和网络上认识的女人发信息、打电话,甚至裸聊。他的手机里充斥着粗俗露骨的短信,我在电脑里也曾看到过他和很多女人裸聊后的照片。我很震惊,因为爸爸从前是一个沉稳又老实的人,我很奇怪他哪来的手段,可以通过网络接连不断地与那么多女人打情骂俏。

精彩跟帖

1. 裸聊是一株罂粟,花眩目,果伤人。只有目睹过悲剧的人,才知道那是怎样一种难以言表的痛!(残船)

2. 唉!我也是网聊的受害者,很同情那位阿姨,希望她能坚强。不过我以前的那一位要这样的事情已经发生过多次，每次阿姨都很伤心，也想搬走。可父亲每次都有忏悔之意，要求阿姨留下来一起好好生活，事后却依然故我。我们曾经吵过，全家人都劝过他，什么方法都试了，但他现在似乎与别的女人"偷情"上瘾，没有任何人能阻止他。

我一直担心，假如父亲继续重复这样的事情，激怒了阿姨，谁来照顾他的生活？难道他就不为自己以后着想吗？我更害怕他这样下去会引火烧身。比如说，那些女人的老公找到他，打一架或是要求精神赔偿什么的，他可怎么见人？

前两天，阿姨打电话告诉我，他又和某个号码开始联络，不停地发信息、打电话。阿姨似乎想从我这里找点儿应对的方法。我不愿意看到阿姨痛苦，尤其是在她给我们家带来很多欢乐之后，父亲却如此亏欠她。

我很生气。因为下个月我就要回家订婚并商量结婚的事，而父亲的这些行径让我很难对男友说出口，连想想，心里都充满着歉疚。

我很失望我竟然有这样一个父亲，觉得他简直是我的耻辱，对他又恨又心疼。

严重得多，他们已经走向了现实，现在正自食其果呢！（新浪网友）

我不知道该如何回应阿姨的话。我很想让父亲像个正常男人一样去生活，因为他已经过了可以风流的年纪。我该怎么办呢？等你的答复，谢谢！

冷雨

冷雨在邮件中提及她父亲热衷于裸聊和虚拟性爱的问题，我专门上网查找了一些资料，现结合资料回复如下：

一、成年人热衷于虚拟性爱的心理原因

据资料，所谓虚拟性爱是指双方当事人并不通过实际身体接触的方式，而是通过电话、短信、网络聊天及音频、视频等工具，经由文字、声音或图像刺激等方式来获得性的快感和满足。虚拟性爱本身并不是病态行为，但如果过度依赖它来满足性的欲望，就会导致"虚拟性爱成瘾"，对现实生活造成损害。

裸聊，则是指聊天者除去脸部外，身体其他部位全部或部分裸露在摄像镜头下，以大胆露骨的文字并伴随动作进行交流的聊天方式。很多人把视频裸聊作为一种游戏。视频裸聊一般具有两个特点：大多在夜晚才开始；而不露脸、不暴露自己的真实身份是裸聊者的潜规则。也许是因为网络的虚拟性，再加上不暴露自己真实身份的潜规则，才吸引了大批男女沉溺于其中，无力自拔。

从冷雨父亲的表现，可以初步断定其父亲属于"虚拟性爱成瘾"者。冷雨不理解：老实的父亲为什么沉溺于其中无力自拔，为什么那么多女人热衷于和他在网上裸聊？所以，我简单分析一下成年人沉浸于虚拟性爱的主要原因。

一般来说，成年人背负着家庭和事业的双重压力，无暇有太多时间泡在网上。能够花很多时间在网上聊天交友，沉溺于虚拟性爱的成年人可以简单归为两类：无所事事的男人和感情失败的女人。

事业无成，婚姻又平淡乏味的成年男人缺乏成就感，缺乏精神寄托，于是沉湎于网络，在网络上卖弄口才，施展魅力，吸引异性，在对异性的征服中享受满足感和自我价值感，摆脱现实生活中的不得志。

而相当一部分中年女性，物质生活优裕富足，情感生活却存在诸多不如意，或与丈夫感情不和，或夫妻感情进入倦怠期，或因丈夫有外遇，等等。这些感情生活有欠缺或者失败的女性，喜欢通过网络打发寂寞时光，释放孤独心情，寻求情感的慰藉。

结果，无所事事的男人和感情失败的女人在网络上各取所需，一拍即合，上网的时间越来越长，最终成瘾。

关于"虚拟性爱成瘾"的成因及危害，吉林教育学院心理学教授李文芳曾一针见血地指出："必须认识到'视频性爱'带给人们的伤害，无论有多少理由，它只能昭示着视频性爱者在心灵上的空虚，在社会精神上的匮乏。并且，这种把性和爱分开对待的行为，无疑会在潜移默化中对他们在现实世界中的伴侣和家庭构成影响。"

冷雨的父亲没有事业追求，又有一次夭折、两次失败的婚姻经历，属于挫败感比较强的男人，当他发现自己在网络上轻而易举地可以吸引大批女性时，乐此不疲也就在所难免了。

二、怎样帮父亲克服"虚拟性爱成瘾"

冷雨及其家人该如何帮助父亲克服"虚拟性爱成瘾"呢？可以尝试以下做法：

1. 提高认识，增强其防范能力

网络尽管是虚幻的，但交往的人却在现实生活中真实存在。现在，因为裸聊和网恋引发的勒索敲诈和家庭纠纷案很多，冷雨对老父的担心并非毫无道理。

建议冷雨上网查找一些类似的真实案例传给父亲看，让他意识到放任自己可能造成的恶果，从狂热状态中冷静下来，增强自身的抵抗力，有意识地减少上网时间。他自己有这方面的意愿并且愿意付出努力是非常重要的前提。

2. 培养健康的兴趣爱好，转移其注意力

冷雨的父亲有改的念头，但戒断网瘾需要时间，更需要找些他感兴趣的事情替代上网聊天，转移其注意力。

希望冷雨好好想想，在迷上网络之前，其父有没有什么爱好，如看书、下棋、打牌、旅游等等。可以帮他重拾这些爱好，鼓励他把精力转移到这些健康有益的事情上来。

从现在起，家人停止对他的说教，把他当一家之主看。在尊重他的同时，无论是阿姨还是其余家人，要注意多跟他聊天，可以就个人的一些烦恼、家中的一些事务主动和他商量，征求他的意见，请求他帮忙，培植他对家人的责任感；多关心体贴他，对他嘘寒问暖，让他感受到亲情的温暖，满足他情感沟通的心理需求，从而改变他在网络中寻求情感满足的方式。

此外，阿姨还可以约他一起去买菜，将一些家务分配给他做，邀请一些亲友来家中打牌、吃饭、聚会，陪伴他多参加一些户外运动。假如具备一定的经济条件，可以建议老两口外出旅游，以此来调整心态、融洽感情。总之，家人要设法用丰富而忙碌的现实生活代替网络，使他内心充实，没有太多闲暇泡在网上。

3. 采取措施，逐步进行行为矫正

（1）把电脑放在客厅或者家人出入较多的地方，以减少其上网的时间和频率。

（2）在他控制不住上网时，家人可以不动声色地向他求助，让他在网上查找一些菜谱、药物等实用信息，帮忙下载一些畅销书，并及时感谢他，使他能够发挥电脑的积极功用，克服对虚拟世界的依赖。

（3）跟他约定每天减少半小时上网时间，并制定出他能接受的奖惩措施，由家人负责监督，然后再逐渐减少他上网的时间，最终达到与网络脱离的目的。

我想提醒冷雨，戒断网瘾不是短期内可以办到的，需要当事人本身有较强的意志力和自制力，也需要亲人的全力支持与协作。如果网瘾严重，家人的诸多努力均无效，可以向专业的心理医生求助，借助于专业指导和治疗手段，帮他逐渐摆脱网络束缚，回归现实生活。

说明：以下四篇是作者根据同学、同事、朋友、博友所切身经历的真实故事写成的博文，在其博客中发表之后，反应强烈，后均被《读者》等杂志刊发，颇受欢迎。

有几次她悄悄站到妈妈的床头去看她，出来时，就眼泪汪汪的，一遍遍地问我："爸爸又打妈妈了，他们是不是真要离婚了？"

35. 爸爸妈妈离婚了，还要我吗?

精彩跟帖

1. 那个眼神忧郁的小女孩如在眼前。每一扇门里都藏着外人无法洞悉的秘密。婚姻的不幸，受伤最重的是孩子。当爱情无法继续时，痛快分手是不是可以让孩子早点结束惶恐不安的日子。珍惜婚姻，

第一次当家教是在大二。

一个无课的下午，我独自坐在校园的凉亭里看书，一位穿戴入时的少妇突然出现在我面前，有些拘谨地问我学校有没有家教服务中心，她想为女儿请一位家教。我那一阵子正闲得发慌，一直想找个家教来干干，就热情地向少妇毛遂自荐了一番。不知是我的口才还是自信打动了她，她竟爽快地同意了。

按照约定，我每个周日上午和下午各到她家一次，给她读一年级的女儿辅导语文和算术，每次辅导两个小时，每小时报酬十元。这点钱今天看来是少了点，但当时是 1989 年，很多人辛苦一个月的工资也就一两百元。

少妇的家距离学校有两站路，是一套三室一厅的楼房。在我这个穷学生眼中，她的家是

很舒适也很高档的。她说丈夫经营着一家小企业，很少回家，七岁的女儿胆小，性格沉闷，怕她学习跟不上，自己又只有初中文化，辅导不了，才请我来帮忙。

她的女儿叫婷婷，长得眉清目秀，非常可爱，但眉宇间却透着与年龄不相称的忧郁和惶恐。第一次接触我就发现，她很爱哭。比如她妈妈介绍我认识她时，客套地说了一句：这孩子比较笨，你要耐心点对她。我还没有来得及答话，婷婷就用尖锐的哭声向妈妈表示抗议，让那个少妇狼狈不堪。

第一周给婷婷上课时，少妇态度很热情，还准备了水果和香茶招待。在我上课期间，她一直坐在客厅安静地织毛衣，显得很贤淑。婷婷在回答不出我的问题时显得烦躁，时不时会哭，不过，经过我耐心地哄劝，她还算配合。我对这份工作基本满意，只是觉得婷婷的性格有点儿奇怪：家境这么优越，父母又这么疼她，她为什么不像别的同龄孩子一样活泼开朗，而总是显得焦躁易怒呢？

第二周再上门，少妇正和几个女子在客厅里打麻将。看到我，她面带愧色，对我解释说："我们几个天天都打几圈，不打心里就难受，婷婷已经习惯了，不会觉得吵的，你可以进去给她辅导。"

我心里颇有点儿不以为然，一个母亲怎么可以在女儿学习的时候打麻将呢？

我走进婷婷的小房间，她正独自对着课本发呆。我跟她说了几句话，她都心不在焉的，我有点儿恼火，就问她，是不是外面的麻将声太吵，影响了她。

她撇了撇嘴，说："才不呢我妈妈平时除了吃饭睡觉就是打麻将，我听不到这种声音反而不习惯。"

我说："那你爸爸呢？怎么见不到他？"

婷婷说："爸爸很少回家，一回来就跟妈妈吵架。昨天晚上，我听到他们说离婚。姐姐，你说爸爸妈妈离婚后，还要我吗？"

我的心一沉，没想到困扰婷婷的竟是父母破碎的感情。看似家境优越、生活幸福的她，竟是在麻将和父母的争吵声中长大的，难怪她的眼睛里写满了惶恐和不安。

为了稳定她的情绪，我带她到外面的小花园散步，又陪她

爸爸妈妈离婚了，还要我吗？

用心经营，不仅仅为了我们自己，更为了不让弱小的生命受到伤害……真心祝福那个孩子能够走出家庭的阴影。（蓝色拾贝人）

2. 这种感觉，我能理解。我今年也只有18岁，童年的时光也是不幸的，也是在父母的打骂声中长大。因为我身体不好，所以父

玩了一会儿捉迷藏，她一下变得很开心。当我用手帕擦去她脸上的汗珠，牵着她的小手往回走的时候，她突然说："姐姐，你要是我妈妈就好了。"话一出口，她的脸就红了，似乎意识到自己说错话了，又主动更正说："我的意思是，如果妈妈像姐姐就好了。"

我心里直发酸，忍了几忍，才没让眼泪落下来。自那以后，她越来越依恋我，我也打心眼里喜欢她。

一个周日下午，突然下起大暴雨，当时电话还没有普及，我不敢擅自做主不去，就冒着瓢泼大雨赶到了她家。按了三遍门铃，一直没有人来开，当我决定离开时，房门突然打开了，一个粗壮的男人衣衫不整，怒气冲冲地从房间里冲了出来。经过我身边时，看都没有看我一眼。

我正感到吃惊，就听到房间里有花瓶碎裂的声音，还有少妇夹带着哭腔的怒骂："滚！你去死吧！离婚，想都别想！"

透过敞开的门，我看到少妇满脸泪痕，眼角有一块淤青，客厅里一片狼藉。我知道自己来的不是时候，但又实在放心不下婷婷，就有些尴尬地叫了少妇一声，问她婷婷在不在。她抬头看到我，似乎有些震惊，好半天才回过神来，告诉我婷婷到同学家做作业去了。

我连忙告辞，她却又叫住了我，说："反正你也看到了，我也不想再瞒你，我们坐下来聊聊好了。"

我帮她收拾凌乱的客厅，她去卫生间洗脸换衣服。过了一会儿，她重新走出来，情绪看起来平静多了。她泡一杯茶给我，自己却燃起一根香烟。我不假思索地说："女人抽烟不好。"

她颓废地说："我知道啊，抽烟、打麻将都不好。可是，我不这样又能干什么呢？"

我沉默。

她吐了一个烟圈出来，又说："刚刚被我骂出去的那个，就是我男人。九年前我嫁给他，他只是个小工人，挣的钱仅够糊口，但他打心眼里对我好。我们过了两年好日子，后来我生了婷婷，他怪我没生个儿子让他绝了后，对我和女儿一下就冷淡起来。再后来，他从工厂辞职，做生意发了财，买下一个小企业当了老板。开始他还只在外面胡闹，这半年就一直嚷着要跟我离婚，想把厂里那个年轻漂亮的女大学生娶进门。做梦吧

母吵架总是怕我吓到。虽然他们尽量避免在我面前争执，可是不安和恐惧已经在我幼小的心灵中深深埋下了种子。如今我长大了，听到父亲下班回来的脚步声或敲门声，我都会吓出一身冷汗。现在他们吵架，我也感觉像是世界末日一样。看了这篇文章，泪水已经

他！我拖死他，也不会离婚。"

我想起婷婷哀伤的面容，忍不住劝她说："你们这样吵闹，对婷婷的伤害有多大呀。为了孩子，不能想出好一点的解决办法吗？"

她说："我也是为了婷婷好才坚持不离婚的。不离婚，每月 2000 元的生活费，他一分都不敢少，婷婷可以衣食无忧，真要离了，我们娘俩的生活都成问题……"

整个下午，她都在滔滔不绝地诉说她的苦闷和不离婚的理由，直到婷婷一脸落寞地回来，她才回她的房间倒头大睡。

我给婷婷讲故事，陪她做游戏，她兴致始终不高。有几次她悄悄站到妈妈的床头去看她，出来时，就眼泪汪汪的，一遍遍地问我："爸爸又打妈妈了，他们是不是真要离婚了？"

我一脸疼惜地搂着这个女孩，不知怎样才能给她安慰。这份家教，我干了两个月，暑假就来了。我想参加系里组织的大学生暑期社会实践活动，也想回家看父母，就去向少妇辞职。

婷婷一说听我不干了，抱着我的腿就号啕大哭起来。少妇的眼圈也红红的。末了，她拿出 400 元钱给我，说是我这两个月的工资。我说讲好的是 320 元。她说那 80 元是她的一点心意，让我一定收下，希望我下学期有空的话能接着干。

在婷婷的眼泪和哭声中，我离开了少妇的家。兜里揣着 400 元钱，这是我平生挣到的第一笔钱，我应该高兴的，可心里却充满了伤感。

在外求学的日子里，我曾经特别羡慕住宅楼里的满窗灯火，觉得那是幸福温暖的象征，可当我有机会推开其中一扇时，面对的竟是一个支离破碎的家庭，一个在感情上孤苦无依的女孩……这是我那时的心理无论如何也无法接受的。

第一次当家教，我得益的不仅仅是金钱，更重要的是认识到了不幸婚姻对孩子性格的影响，这让我在以后的人生里，学会了用心经营婚姻，善待自己的孩子，努力给他营造一种温暖幸福的家庭氛围。

如今，当活泼可爱的儿子欢绕在我和老公膝下时，我常常会想起婷婷。那个终日惶恐不安、老是担心父母要离婚的女孩，不知道她现在怎么样了，有没有走出家庭伤害的阴影。

湿透了双眼。希望这个小女孩，能够比我坚强、勇敢，早日走出心理阴影。
（东月西阳）

第一位母亲的爱,给孩子的身心都刻下了难以抹去的疤;第二位母亲,却让疤留在孩子脸上,温暖的母爱流淌在孩子心里……

36. 一样的母爱,不一样的"伤疤"!

两位母亲都极爱自己的孩子。在孩子两岁那年,又同样因为工作的原因,有过不得不含泪暂别孩子的经历。孩子都被寄放在外婆家。

第一位母亲离孩子并不是很远,每月可以探望一次。每次,离别孩子时,她都伤心得泪流满面。而孩子也总是哭喊着让她回来,让她别走。

有一次,她跟孩子开心地玩了一整天,第二天,因为惧怕离别的那一幕,就趁着孩子熟睡,悄悄地离开了。孩子醒来,看不到妈妈,边哭边往外追,一不小心,"啪"地一下子摔倒了,头磕在一块砖头棱上,流了很多血,也留下一道深深的伤疤。

母亲后来接走了孩子,一心想治好孩子脸上的这道疤,可终难如愿。她常常会情不自禁地给已经长大了的孩子讲两岁时离别的痛苦和疤的由来。讲着讲着,就泪流满面,满心愧疚。

结果,已读六年级的孩子在《疤》这篇作

148

文中写道："这件事对我的打击太大了，这对一个两岁的孩子而言，是多么不能承受。妈妈每一次回来，每一次离开，对我都是一次打击。所以我当时最大的愿望，就是妈妈不要离开我。现在这个愿望实现了，我和妈妈已经幸福地生活在一起很多年了，可是这些年相聚的幸福并没有抹去这段回忆的阴影。我是太早地体会够了这种悲欢离合。我四岁时做过一次眼睛手术，听妈妈说是全身麻醉，四岁之前的事大多忘记了，就只留下了这一件。妈妈为了除掉我额头上的伤疤，曾给我抹过很多药膏，可就是去不掉。也许留在心里的伤疤是更深的，永远也不能去掉的吧！"

这位母亲珍藏着这篇作文，每看一次，就泪如雨下……

第二位母亲把孩子放在外婆家后，和老公远走他乡，奔波了一年，打拼下一个还算稳定的基础后，才回来接孩子。

第一次见面，孩子已经认不得她了，把头埋在外婆的怀里，连声"妈"也不肯叫。而且，一眼望去，她就发现孩子清秀俊逸的脸上多了一道刺目的疤。

孩子的外婆一脸愧疚地说："那一次，他自作主张地捧着搪瓷杯子喝水，等我们发现制止时，他笑嘻嘻地捧着杯子就跑。结果一头栽在地上，额头就被杯口划破了，留了这么一道疤。"

那一瞬间，她的心都疼得哆嗦起来，愧疚也如潮水般淹没了她。

但她只是淡淡一笑，安慰老人说："没关系的，小孩子不摔摔打打哪里能长得大？再说，这疤并不是很大，不留心还看不出来呢！"

后来，她也把孩子接到身边，一家三口快快乐乐地过生活。孩子慢慢长大，偶尔，问起额上的疤，她会笑嘻嘻地说："还不是你自己逞能摔的，我把你养得这么漂亮，你倒好，趁我外出打拼创业的机会，用一只小小口杯就把自己毁容了。你赔我，赔我一个没疤的儿子来。"

孩子就边快乐地笑，边得意地说："就不赔，就让你儿子脸上长疤。"

然后，母子俩闹作一团。

小学六年级时，这孩子也写了一篇叫做《疤》的作文，有

一样的母爱，不一样的『伤疤』！

愧疚的，不然能写出来？（沙子）

2. 对于儿童来说，一再地重复伤害，只意味着更深的伤害。因为那是他孤单地离开妈妈怀抱的日子。而对于深感欠儿子母爱的母亲来说，也许每一次提起，只是在重温儿子成长的一个瞬间而已。由此我想，作为妈妈，

一段是这样说的："妈妈为了让我有一个好的生活环境，背井离乡到外面打拼，让外婆照顾我。可我却不听外婆的话，自己捧着口杯乱跑，不小心摔倒了，脸上就落了一个小疤。妈妈老让我赔她一个没疤的儿子，可妈妈不知道，正是这个疤才让我明白妈妈有多爱我，为了我，曾经那么辛苦地在异乡拼搏。所以，疤刻在我脸上，母爱却永远流淌在我心里。"

这位母亲也珍藏着孩子的作文，每读一次，脸上就漾出幸福甜美的微笑。

故事讲完了。两位母亲都爱自己的孩子。第一位母亲的爱，给孩子的身心都刻下了难以抹去的疤；第二位母亲，却让疤留在孩子脸上，温暖的母爱流淌在孩子心里。

我们应该成为哪位母亲，应该带给孩子什么样的爱呢？

有些事儿，别不考虑孩子的承受能力就信口说来。（绿野小妖儿）

一对男女进入婚姻之后，在决定把一个小生命带到人世之前，应该思考一下是否爱这个孩子，能否担起父母的重担……

37. 孩子的心何以变得如此冷漠？

叶飞比我大三岁，是我童年的玩伴和邻居。22岁那年，他疯狂地爱上了自己好友的妻子。为了对得起朋友，为了抑制心头疯长的感情，他同一个在舞场上结识的女孩匆匆结了婚。那个女孩没工作，初中毕业，唯一的可取之处是容貌像极了叶飞痴恋的女子。

这样草率而无爱的婚姻，能持久吗？

蜜月未完，叶飞家就矛盾迭出。一年后，叶飞的儿子小忻在充满摩擦与敌意的家庭中诞生，但尚不足六个月，叶飞夫妇便拿着一纸离婚协议各奔东西。

离婚后的叶飞，人变得消沉，经常花钱买醉，流连于麻将桌旁，对父母和儿子明显缺乏热情。而小忻的母亲离婚没多久就远嫁他乡了。襁褓中的小忻开始跟着叶飞的父母生活。

应该说爷爷奶奶是爱小忻的。但是，他们本身没有多少文化，只是普通工人。在承担起照料小忻的重任时，奶奶正值更年期，爷爷刚从劳碌了大半生的工作岗位上退下来，心理上

精彩跟帖

1. 建议秀老师写一本新婚必读的书，内容是家庭成员怎样和睦相处，家庭对孩子的影响等。秀老师的文章形象、生动、感人，比那些枯燥的教育理论有趣、有益，也实用得多。（愚不可及）

也多少有些失意。这样两位恰逢人生多事之秋的老人来照顾小忻，能够让小忻衣食无忧，却无法给他一种温馨的成长环境。小忻一直是听着爷爷奶奶无休止的抱怨长大的。

那时，我正在外地读大学，每年假期回家，都会去看叶飞，也顺便帮叶飞父母照顾一下小忻。

幼年的小忻长得清秀可爱，样子十分乖巧。他非常依恋我，总是如影子一般跟着我，我也发自心底地疼爱这个情感上孤苦无依的孩子。可是，我还是发现了小忻跟其他孩子明显的不同，他焦躁、易怒、任性，稍不如意就躺到地上撒泼打滚儿。当我带他去散步，看到别的小孩，忍不住上前抱一下、夸两句时，小忻眼中立刻充满敌意，甚至当众哭闹不止。这个敏感、没有安全感的孩子常常弄得我手足无措、目瞪口呆。

大学毕业后，我一直在外地工作，只是探亲时才断断续续了解到叶飞和小忻的一些情况。

在小忻五岁那年，叶飞再婚。第二任妻子带了一个男孩进门，比小忻大两岁，小忻离开爷爷家，正式跟父亲和继母生活在一起。听说他跟继母和哥哥常起冲突，家里经常是硝烟弥漫。继母常向别人抱怨，说小忻就像一颗一触即炸的地雷，让她战战兢兢、无所适从。

去年暑假回家，我见到了 14 岁的小忻，他留着五颜六色的长发，挂着项链，将自己打扮得离奇古怪，一脸的桀骜不驯。原本应该读初中的他，因为经常寻衅滋事，被学校开除了。

叶飞显得苍老而疲惫，喋喋不休地向我诉苦，说小忻上中学后，变得脾气越来越大，说不得，碰不得，动不动就离家出走。现在小小年纪，既不读书，又没有一技之长，整天泡在网吧里，实在不知该拿他怎么办。

叶飞哭着说："我那么辛苦地工作，那么努力地尽一个父亲的责任，小忻为什么就不买账，为什么就这么不争气!"

我知道小忻为什么会这样，是早期亲情的缺失让小忻丧失了对亲人的信任，他敏感、脆弱、焦躁的性格与父母的不负责任、亲情的匮乏有很大的关系。

要弄清他性格的来龙去脉，我们有必要认识一位心理学家。他叫埃里克森，是美国现代著名的精神分析理论家。他提出过

2.父母对孩子早期的亲情关爱和教育引导，是任何人都不能代替的。许多小时候没和父母一起生活的孩子，长大后都跟父母有化解不开的积怨。这一点，父母不可不慎呀！（谢冰清）

一个著名的人格发展的阶段理论，该理论认为人的生命是由出生到死亡的八个阶段组成的，其中，属于生命最早的阶段是基本信任或者基本不信任（0~1.5岁）阶段。在埃里克森看来，这是人一生中最为孤弱的阶段，因而对成人的依赖性最大。懵懂的婴儿开始探索周围的世界是否可靠，如果父母细心照料他，满足他物质和情感上的双重需要，多同他交流，用爱心和周到的抚养同孩子建立起良好的亲子关系，婴儿将对世界充满信任感，长大后扩展为自信开朗的性格；如果父母缺乏爱心，不能尽到抚养责任，孩子将充满怀疑和不安，对他人和社会形成不信任感，长大后容易自卑、冷漠，对社会充满敌意。

小忻在生命最初的阶段，所接触到的父母、爷爷和奶奶，几乎都视他为累赘。当他饿得哇哇大哭时，其父在外面花钱买醉；爷爷奶奶给他喂奶粉和洗尿布时，也总有一些情不自禁的抱怨和不耐烦。这些都使小忻对陌生的世界充满了疑虑。他的眼神开始惊恐不安，他焦躁地用他的哭声来吸引成人对他的注意。当他发现这种做法有效时，动辄就哭，稍不如意就大吵大闹成了他制服成人的法宝。

孩子是有尊严的生命个体，有权利幸福快乐地活着。一对男女进入婚姻之后，在决定把一个小生命带到人世之前，应该思考一下是否爱这个孩子，能否为这个幼小的生命负责。假如不能，就不要轻率地要孩子。

现在很多年轻的父母，无视孩子生命早期对亲情和母爱的渴盼，以工作或事业为由，或者把他丢给保姆，或者把他扔给年迈的爷爷奶奶，自己图个逍遥自在。殊不知，这样做会制造出多少不快乐甚至痛苦一生的生命。

如果不信，大家可以去读一下安妮宝贝所写的《彼岸花》这部小说。主人公林南生那种直抵人心的寂寞与荒凉从何而来？因为她一生下来就丧母，后来又眼睁睁地目睹了父亲的死亡，在亲情极度匮乏的环境中长大，从而形成了一种极度缺乏安全感、敏感到有些畸形的人格。

家长，请陪您的孩子走好人生的第一步！

当年幼的哥哥一次次泪流满面的时候，泪水带走的不仅是他内心的痛楚，还有令他绝望及无奈的亲情……

38. 亲情，随哥哥痛苦的泪水流逝！

1. 小孩的无知，大人们都能谅解。只是时过境迁，有着共同血缘的兄妹，早应冰释前嫌才好。珍惜亲情、善待家人是我们所有人的愿望。（若景）

2. 哥哥的眼泪，实际上却是成熟长大后的妹妹最真挚

父亲是普通工人，母亲是家庭主妇，我家兄弟姐妹共四个。其中，我和弟妹一直在父母身边长大，只有哥哥，因为是长孙，颇得在农村生活的爷爷器重，自小跟在爷爷身边。

在我八岁以前，哥哥是个既熟悉又陌生的形象。说熟悉，是因为农村的爷爷经常托人写信来，信中总是对哥哥赞不绝口，夸他聪明、懂事、孝顺，经常一个人翻山越岭地为年迈多病的爷爷抓药和请大夫。每每接到这样的来信，父母都眉飞色舞，对着我们姐弟三个把哥哥的诸多好处大肆渲染一番。父母谈到哥哥时的自豪和喜爱之情，对年幼的我们影响极大，在我们小小的心灵中，哥哥俨然是个勇敢而又能干的小英雄，让我们神往不已。说陌生，是因为我懂事以后，几乎没见过哥哥，哥哥只存在于家乡的来信和我模糊的想象中。

在我八岁那年，爷爷病故，十岁的哥哥被一位远房叔叔从家乡带到我们生活的小城。在哥哥来之前，全家都满含喜悦期待着他。我想

着以后有一个英雄般的哥哥可以跟我们朝夕相处，保护我们，心中甭提有多高兴了！

跟哥哥见面的那一天终于来了。在小城的火车站，被远房叔叔牵着手的哥哥怯生生地站在全家面前。他黑黑瘦瘦的，穿一件粗布棉袄，脚上是一双笨重的老棉鞋，脖子上还围着一条土里土气又很肮脏的围脖。他在叔叔的指点下，跟爸爸妈妈和我们姐弟几个打招呼，说的是难听又难懂的家乡话。我无论如何也无法把眼前这个其貌不扬、既土气又笨拙的哥哥同我心目中那个意气风发的小英雄联系在一起，对眼前的这个哥哥简直是失望透顶。

好像全家人都跟我有同感，初来乍到的哥哥，面对的不是亲情和温暖，而是全家人充满嘲笑和轻视的目光。当他操起浓重的乡音时，我们就无所顾忌地纠正他，害得他连大声说话都不敢；当他跟我们逛商店，对着琳琅满目的商品啧啧称奇时，我们又骂他是土老帽儿，没见过世面。

有一次，父亲买了一把香蕉回家，顺手掰了一个递给哥哥。哥哥显然是第一次见到香蕉，根本不知如何下口，只管傻愣愣地站着。我们姐弟几个一边熟练地剥香蕉皮，一边用轻蔑的眼光看着无助的哥哥。哥哥突然把手上的香蕉一扔就跑了出去。过了一会儿，他从外面进来，眼圈红红的，显然是哭过。但我们并没有把哥哥的眼泪放在心上，在我们无知而又残忍的心中，哥哥那么笨，连香蕉都不会吃，根本不值得同情。

哥哥在家中变得越来越沉默，但我们并没有意识到，这是全家盛气凌人的言行对他自尊心造成极大伤害的结果，所以，这种伤害就一直在持续。比如说有一天，父亲心血来潮，想打纸牌，就把我和哥哥、弟弟召集在一起，玩争上游。哥哥是极不情愿地被我们强拉着上场的。父亲制定的规则是：输的人，头上就顶一件枕巾或者衣服之类的东西。哥哥第一次玩这种纸牌，父亲捺着性子教了他两把，第三把，哥哥居然当了上游，父亲脱口夸他聪明。

我和弟弟早就把哥哥看得一无是处了，哪能容忍哥哥有这等风光，所以，我给弟弟使个眼色，他立刻心领神会。接下来，只要哥哥出牌，我和弟弟就拼命压他，结果哥哥一输再输，头

的忏悔。有了这份愧疚，哥哥现在一定是笑容满面。为你文中的真情所感动。（魏淑芳）

上顶着厚厚一叠枕巾、衣服。到后来，他看出是我和弟弟诚心与他为敌，才害他没有赢牌的机会，又气又恨，忍不住号啕大哭起来。我们看他头顶一大堆东西又涕泪交流的狼狈相，个个乐得抚掌大笑。

因为我们姐弟几个都不太把哥哥当一回事儿，邻居的小孩也跟着瞎起哄，时常有欺负哥哥的行为。有一天，邻家的大明和我弟弟在一起玩，哥哥从他们身旁经过，不小心碰了大明一下，大明立刻对哥哥破口大骂，说他是土包子，瞎了眼珠，居然敢撞他。哥哥原本是小心翼翼赔着笑脸的，后来被大明的蛮横无理激怒了，就出言顶了两句，大明立刻对哥哥拳打脚踢起来。哥哥被打急眼了，抄起一块石头向大明砸去，结果石头刚好砸到站在一边看热闹的弟弟头上，弟弟立刻头破血流，被闻讯赶来的母亲送到了医院。哥哥自然逃不过父亲的一顿暴打。

至今，我还记得被父亲打得鼻青脸肿的哥哥，一边大颗大颗地掉眼泪，一边撕心裂肺地喊着"爷爷，爷爷，我要爷爷，我要回老家"的凄惨情景。

时光飞逝如电，转眼间20多年过去了，如今我们兄妹四个都早已自立门户，过起自己的小日子。平常，我和弟弟妹妹见面亲热得不得了，总有说不完的话，但面对哥哥，却总是亲热不起来，每次见面都小心翼翼地，既客气又生疏。哥哥不仅对我如此，对父母，对其他的弟妹也一样。我们谁也无法走入他的心灵。因为心理上无法突破的隔阂，便得我们面对哥哥总有一种面对陌生人的感觉。

过去，我曾经因为哥哥对家人缺乏感情而抱怨他是个冷血动物。今天，回顾哥哥来时的路，我突然发现，是昨日因，造就了今日果。是我们在少不更事时，有意无意对哥哥心灵施暴，对他的感情和自尊进行挫伤，才使他过早地对亲情失望，对亲人关闭起情感的闸门。当年幼的哥哥一次次泪流满面的时候，泪水带走的不仅是他内心的痛楚，还有令他绝望的亲情。他的情感是在一次次的泪水中流失的，错在我们啊！

我很痛苦地写下此文，是想提醒人们，珍惜亲情，善待家人，千万不要对亲人的肉体和心灵施暴，因为亲情不仅靠血缘维系，还需要用温情和爱心去呵护！

第三者的声音

我是个第三者，但绝非本意。他是我的老板，平常很严肃，有次出差在外地，醉酒后他突然推门闯到我房里……我有家，他也有家。我爱我的家庭和老公，却阴差阳错和他发生了性关系，虽然是醉酒后，毕竟不能当作什么都没发生。三毛说，女人的爱情是直通阴道的，我现在信了……

我以前也对第三者嗤之以鼻，但当我自觉不自觉地站在第三者的位置时，我无言以对。原来爱情真的可以这样……

39. 做第三者，为何就像染上了毒瘾？

在生活中，我从没接触过第三者，但在我的博客中，却出入着很多有着第三者经历的女子。她们在我博客中袒露心声，诉说第三者的彷徨与苦恼。

这让我不得不惊叹网络的神奇，它看似虚拟，却能够触动人的心灵，让人们情不自禁说出在现实生活中无法启齿的肺腑之言。下面，我选登一些第三者在我博文下的公开跟帖，以及我与她们的交流。

跟帖一：2006年，我爱上了一位有妇之夫，几个月后他告诉我不想玩这种游戏，想断绝情人关系。为了挽留他，我强行生下私生子，让他无法逃脱，继续和我保持情人关系。以前是我求他上我家来，现在是他自己来。他的"尾巴"被我抓住，休想跑。他老婆说我是不要脸的贱货，我都认了。我条件不好，找个男人不容易，反正脸面也不要了，丢人丢到底。这年头，满城尽是私生子。

这位第三者的帖子看得我浑身发冷，尤其

精彩跟帖

1. 不要唾弃第三者了，我们没有错的。如果爱一个人也有错，那什么才是正确的啊？不要总是去指责第三者，同为女性，请你们为她们保留一点自尊、一点空间吧！（新浪网友）

2. 现实中，我

是她的不择手段和不管不顾，更是寻常妻子很难招架的。

让我叹息的是：她把感情和智慧都浪费在一个已婚男人身上，不惜以私生子挽留他。自以为计谋得逞，却没有意识到，让孩子背负着"私生子"的名义过一生，是多么痛苦与悲哀的事。尤其是，她要承受那位妻子的谩骂和轻视，时刻防备那个男人对孩子热情消减后的冷淡和薄情，更无法像别的女子那样，堂堂正正地生活在阳光下，享受丈夫、儿子的关爱与尊重，只能怀着怨恨，躲在暗角里得过且过。

我觉得，凭她的狠劲和心机，完全有能力抓个未婚男子，过一份健康明朗的生活。错就错在，她把智慧用错了地方。在这场爱的较量中，真正得不偿失的反倒是她和无辜的孩子。面对这位"聪明反被聪明误"的女子，我脑子里只能冒出这样一句话：可恨之人亦有可怜之处！

跟帖二：24岁那年，爱上一个已婚男人，他是我的同事。在一起做项目时，他慢慢靠近我。那时我对爱情充满憧憬，稀里糊涂地和他发生了关系。他尽力对我好，可我不愿接受，不停地闹分手。但是我又很爱他，他一个电话，我就控制不住地去了。如此反复多次，我感觉太痛苦了！我们从开始到现在不到一年半，在一起的次数不到20次。他还是一样招惹别的女孩，因为我不是他老婆，他愿怎么玩就怎么玩，我没有权利跟他闹。我想他，他不来，我没有权利发火，不管是始乱终弃，还是什么，我们都没有资格去要求什么的……

这张帖子中的她，或许真已爱得欲罢不能。但他，却是个惯于招蜂引蝶的浪子。她虽然看清了他的真面目，却缺乏抗拒的勇气和毅力，放任自己在爱欲中沉醉。他呢，吃准了女子的软弱和轻信，玩得愈发潇洒与肆无忌惮了。

由这张帖，我想到，男人的花心是女人助长的。因为女人对感情的轻信，明知是火坑还闭着眼睛往里跳的盲目，明知无果还无法果断离开的优柔，让男人可以惬意地逍遥花丛间。很多时候，是女人在为难女人，制造女人间的悲哀和眼泪，成就男人"彩旗飘飘"的梦想。

跟帖三：相爱却不能在一起是很痛苦的事情。我也爱上了一个已婚男人，他是我的初恋，我们在一起七年了。他比我大

也是一名第三者，理智与现实告诉我们，不可以。三年多无数次的分分合合，总是无法舍却，反而在一次次的分手后感情愈深厚。兜兜转转，他现在成为了我的上司。近在咫尺之间，却无法触摸，心莫名地疼痛。但看着他一步步走向成功，我无怨无悔。（新浪网友）

17岁，年龄的差距应该是他心中的一块石头。他无法承受妻子的泪水和孩子无助的眼神，我很自然成了爱情的牺牲品。我想我一辈子都不会和别人结婚的，因为真的没办法去接受除他以外的其他人。我们都知道这是一个错误，但还是一起走了这么多年。我很痛苦，却无能为力。好希望自己是一颗铁打的星星，什么都不怕，什么都可以承受，什么都可以忘记。

我相信，她对他的爱和痴迷都是真实的，她的感情有值得敬重的成分。但他对她呢？

假如，他真的无法逾越年龄的差距，真的无法承受妻子的泪水和孩子无助的眼神，真的为她的幸福考虑，就应该保持距离，用理智和清醒，拉她走出爱的泥潭，鼓励她找寻属于自己的幸福。但他却在妻儿的眼泪中享受她的青春和痴情，长达七年，用三个人的痛苦，换取一份经不起推敲的感情。可见，在"爱"的幌子下，他只是个懦弱、自私又缺乏担当的男子。可悲的是，两个女人却都认不清且放不下，让他放纵自己的欲望之余，还落个"为家庭牺牲爱情"的美名。

我想对这位女子说：没有人值得你放弃一生去追随。也许因为没有得到，你才觉得他好。情人眼里出西施，爱已蒙蔽了你的双眼，你才会对他的自私视而不见。希望你多为自己的未来想想，多爱自己一些，努力挣脱出这份未果的爱，寻找属于自己的坚实依靠吧。

跟帖四：他爱我，我也爱他，但我们只能饱受相思之苦，因为我不想去破坏他的家庭，他因为责任也不愿意放弃家庭。不要唾弃第三者了，我们没有错的。如果爱一个人也有错，那什么才是正确的？只能说他的妻子没有尽到做妻子的责任，才会让男人对外面的世界蠢蠢欲动。

你们这些老女人，面对第三者只有无情的控诉，等有一天你爱上了别人的老公，你会比你老公更恐怖。因为男人的责任感比女人强得多。我以前也对第三者嗤之以鼻，但当我站在第三者这个角度时，我无言以对。原来爱情真的可以这样。

还有，看博主的姿色也轮不到你做第三者，所以你永远不会体会到这样的心情！

这位女子心直口快，并且把矛头直接对准我，一副有了爱就有了一切的张狂，我当时回了这样的帖子给她："色易衰，俺从不打算以色侍人；假如你是凭色充当第三者的，当美貌不再时，不知你的爱还何以生存?希望你五年后，还能理直气壮地告诉我，你的爱没错!"

她很快又回复了一张帖子，内容如下："我相信不管五年、十年，就算一百年，他也会陪在我身边。每个男人都有自己的不忍，我也有我的不忍。只要这是爱就够了。他的家庭我不要，他的一切我不要。没真正体验过这种爱情的人，没有资格批评第三者的对与错。你们都是虚伪的人!"

这位女子为爱而爱的执著，她的坦率及咄咄逼人的气势吸引着我，让我不由自主关注她的命运，关注她和他的爱到底能走多远。是否真如她所期望的那样，"就算一百年，他也会陪在我身边"呢?

事实上，她发帖给我的时间是"2008-01-14 13：04：00"，此后短短半年，她的爱就已经千疮百孔。她自述，曾为他堕胎一次、割腕两次，承受着他的背叛、冷眼和伤害。万念俱灰之际，她终于发出无奈的喟叹："男人永远不可靠，相信男人就是惩罚自己! 从此只爱自己!"

这位女子的遭遇让人痛心，同时也让更多的女人警醒：没有婚姻保障，缺乏责任和义务维系的婚外情，终归只是一场"红杏出墙"的情感游戏。它以爱的名义摧毁别人的家庭，伤及无辜，让所谓的爱者伤痕累累，终以痛苦收场。

因此，作为一个女人，应当洁身自好，不去招惹已婚男人，以理智约束自己，才能享受踏实纯净的感情。这，绝不是虚伪的说教啊!

前段时间，我又提出分手，可是，他哭，一夜一夜地哭，下跪……最终，我们还是和好了，我也离不开他……

40. 第三者的路能走多远？

车老师：

　　我是个第三者，今年30多岁，曾有过一段婚姻，一个上初中的女儿，被法院判给她父亲。六年前，我离开故土，前后去过北京、中山、广州，最后来到深圳，通过自己的努力，进入深圳一家知名度较高的企业，未转正，但一直很努力地工作着。

　　三年半之前，我认识了一个台湾男人，见到他就很喜欢，于是主动约他吃饭、聊天，慢慢对他有了好感。通过打听，知道他在台湾结婚了，还有两个儿子。当时，我只想有个喜欢的人陪在身边，并没有在乎他的家庭现状。

　　在我们认识半年后发生了关系。当然，大部分是我主动，或许，我真的是很喜欢他了。转眼，我们认识三年半了，关系一直很好，他很体贴也很宠我。

　　他在半年前，曾在一家台湾企业打工，月薪约5万元，不错的工作。但因各方面原因，他还是决定自己做公司，我也是一直希望他能

精彩跟帖

1. 作为第三者，你无权去控制他，更不能管束他不给妻子、孩子打电话。你们之间现有的感情只是喜欢，而随着时间的推移，这种喜欢也会逐渐变淡甚至消失，而他和家人却不同，有骨肉相连的亲情和

自己创业。这半年，他的公司情况不是特别理想，但业务一直在进行中，因为他的业务方向的原因，投资回报速度较慢一些。

我们认识三年多里，吵过、闹过，都是因为他。曾经有好多女生追他，他也频繁应酬，我偶尔发现暧昧的短信，就会吵。这是一年前的事了。自从他创业后，基本都不应酬，而且，也没什么女人再找他了，晚上短信基本没有，他下班只想回我们的小家，感觉他对我越来越好。

但是他对他太太更好。认识三年多里，他每天都要与太太通电话。头两年，他是在单位打电话，很晚才会见我，而且都是周末，周日一早他就赶回单位。一年前他经常在我面前接太太的电话，但都在洗手间，或者我们出去吃晚餐时，他要打电话给太太，就让我先下楼。因为电话的事，我很伤心。我对他说，三年了，我还是换不回你对我唯一的爱……我们又吵，我要跟他分手。但闹了好久，还是分不开。他不分，我也离不开他。但自从吵过后，他不在我面前给太太打电话了。可是，他的电话单每月都寄到家里，我看到后，知道他还是每天都跟太太通话。

另外，在认识的三年里，他拿固定薪水 5 万时，每月给我生活费、零用钱，合计 3000~4000 元，偶尔送我礼物等。听他讲，他每月给台湾汇 3 万元。他现在自己开公司，每月给自己的工资是 27000 元，但汇给台湾家里 2 万元，仅给我 3000 元付房租。最近也很少给我买东西。

前段时间，我又提出分手。我还是那句话，三年多前，我认识你，我付出这么多；三年多了，我还是换不回你对我唯一的爱。可是，他哭，一夜一夜地哭，下跪……最终，我们还是和好了，我也离不开他。

我想，我们分不开的原因，可能是我没有另外的男朋友吧。

最近，我们的经济上出现一些问题。他的公司，现在还没有收入，只有投入。我在一年前就买了一部车子，现在基本给他开。因为他离单位远，他说要坐公车，我不忍心，所以，车子我都主动给他开，我现在基本没车用。他在台湾有一部车，上次，他说过要卖掉，可到现在，他根本没卖。

我让他买部车，他说等半年再说吧。我只能忍耐了。他一

责任，无论你怎样努力，这点是无法改变的。如果真的喜欢，就不要为难他，或许会有好一点的结局。假如你只是一味地去要求和限制他，往往会适得其反，可能结果会更糟。其实最好的办法是离开他，好男人多的是，只是你还没有遇到而已，何必为他这样

直说他不想再回台湾了，一直说他不爱他的太太。可是，每次，我问起他在深圳的规划，他只说他心里有数，从未表白过。

我不知道，我该怎么办。其实，我还是很喜欢他的，我也不一定就要结婚，因为我对婚姻已经怕了，但我希望对方给我一个空间，当我想结的时候就能结。我更不想生小孩，他一直说他台湾没有孩子，上次吵架时，他说我们应该要个孩子。我听了，很怕。我们的未来是什么？我不知道。

我这三年多来，变化也是很大的：以前喜欢喝酒、泡吧，现在，只喜欢回家。

我想买房子。可是，他现在的状况很难。我们一起吃饭，大部分都是我买单。

我也想找个给我未来的男人，结不结婚是我的事，但我需要对方给我空间，给我安全感。如果，我想找男朋友，真的有很多机会。我虽然30多岁，但看起来最多28岁，朋友都说我时尚，工作地位又高。但我不想找其他的男朋友，因为喜欢上一个男人好难。最重要的是，我怕伤他。他在深圳朋友不多，又在创业，压力很大，我怕他撑不住。但我现在真的很缺少安全感。我好怕！

我们的路到底能走多远？车老师，你能告诉我吗？

凤儿

这封邮件有两点让我感到意外：一是凤儿的坦诚和实在，对自己的所作所为没有太多掩饰和隐瞒；二是她竟然同意我在博客中公开作答，当我提醒她可能会招至一些网友的谩骂和非议时，她说："我真的很想听听别人的看法。我会坚强，更重要的是，能让我更加清晰地看到实际。"

下面是我写给她的答复。

一、各取所需的情人关系

我觉得，凤儿和那位台湾男人，是比较典型的"各取所需"的情人关系。

她是因为喜欢他，从他那里可以得到感情的慰藉和一定数量的金钱（从她的述说中可以看出，金钱因素在他们感情中的作用），而义无反顾地和他走到了一起。

一个人焦虑和痛苦。男人和女人之间的爱情和激情都是短暂的，无论双方多么优秀，多么出类拔萃，爱情最后都要走向平淡的生活。所以离开他，找一个可以给你婚姻的男人。（水仙花）

2. 你太自私，我估计你整天沉沦在你的感情里，很少想起你的亲生女↳

而对一个中年男人来说，一个年轻漂亮的女子主动投怀送抱，对他金钱上的索取也在他能力之内，他的家室又不在身边，接受她的感情，填补内心的寂寞，也是顺理成章的事情。

但事实是：男人的主要收入都寄往台湾，给凤儿的只是微不足道的一部分；不管凤儿如何反对，他都坚持跟太太频繁通电话，维系感情；不管她再吵闹，都不曾承诺婚姻给她。可见，在他心目中，台湾的太太、孩子才是第一位，凤儿只是他空虚的寄托，他可以宠她、照顾她，但很难给她一个有保障的未来。

从他对金钱支配的态度上，可以推断：当他必须在太太和凤儿之间作出选择时，他情感的天平会更多地向太太那边倾斜。因为男人更乐意为自己真正在乎的女人花钱。

所以，凤儿和他之间只是各取所需的情人关系，还谈不到爱与婚姻。当凤儿哀叹"三年多了，我还是换不回你对我唯一的爱！"时，就该明白，三年的感情，是无法与十多年的相濡以沫相抗衡的。一个人的力量很难抵过一妻两子的分量。再加上他有金钱上的付出，当她每月都接受他3000~4000元钱时，她已丧失了跟他平等地谈感情的资格。这是她必须看清楚的事实。

二、创业危机引发情感危机

凤儿一开始就明白他有妻有子，只是因为喜欢，而不是为了婚姻才跟他走到一起。两人之所以能够在相处的三年中相安无事，也是因为她不强求婚姻的结果。现在，她为什么会感到迷茫，不知道以后的路该如何走呢？

我想，原因可能有两个：一是如她所说，年岁渐长，对家的依恋感越来越强，希望找个给她未来的男人，让她有安全感；另一个是台湾男人处于创业阶段，目前只有投入没有回报，经济上比较紧张，包括开她的车、很少给她买礼物、吃饭都需要她买单……这种前后经济上的落差让她心理有点失衡。自己无名无分已够委屈，连金钱上的补偿也没有保障，甚至还要倒贴，况且他创业能否成功，也是未知。在这种情况下，内心患得患失，出现情感危机也很正常。

三、弄清楚自己想要什么

凤儿最想知道的是："我们的路到底能走多远？""我该怎

儿。三年的付出，那是从你自身利益考虑的，根本不能叫感情付出。对他而言，现在处于创业艰难期，你感觉不安，我只想到一句话：有福同享，有难不同当。当然你说你的车给他用，你来付账，那是你还存着希望，你怕现在跟他掰了，人家的企业做大，可么办?"

我觉得这个问题最终还得她自己面对。她和那个台湾男人一开始的相处模式,已经将自己定位在"情人"这个角色上,如果连最初的狂热和激情都无法占据他的心,动摇他的婚姻,那么,经过三年相处,激情逐渐消退,再想登堂入室,从他那里得到未来的保障,不是更不现实吗?

假如真的喜欢他,而且不在乎婚姻,就安于情人的身份,享受能和他在一起时的欢乐,全力支持他创业,别再患得患失。当然,作出这种选择,也要做好心理准备:他太太万一来深圳定居或要求他回台湾时,自己孑然一身的命运;承受他太太和儿子万一知情,找上门来的难堪;以及自己年老色衰后,被年轻情人取而代之的悲哀……

假如不甘心,坚持想要婚姻和未来的保障,那么,这个男人不适合。趁着自己尚年轻时尚,还有另觅新欢的资本,早点放弃他,另外寻找属于自己的人生归宿。

你有后悔的那天。还有你目前没找到比他更合适的,归根到底还是想着你自己。你呀,既然做了"小三",就别想别的了,人家老婆愿意跟你分,你就受着;不愿意跟你分,你就退出。想和别人一样过点普通的家庭生活,就别偷,偷的东西终归不是自己的。

(阳光的味道)

我清楚他很爱我,他确实有难处,我也不想让他为了我闹得众叛亲离。可是我真的不知道要等多久……

41. 爱上无法离婚的男人,怎么办?

车老师:

我是个 22 岁的女孩,男朋友 31 岁,我们认识一年了。刚认识时,我就知道他已经结婚,还有一个六岁的女孩和一个四岁的男孩,但还是不知不觉中和他产生了感情。

他是个好人,从开始交往他就没瞒过我什么。他和妻子是经介绍认识的,讲话不到 50 句就结婚了。婚后发现性格不合,几年前闹过一次离婚,可是被家人给压下去了。他老家那里的人太要面子,很多人都是宁愿抱着不爱的婚姻过一辈子,也不愿离婚给人家看笑话。

认识我以后他更想离婚,但只要一跟妻子谈离婚,她就把娘家人搬出来,闹得人尽皆知,甚至,他把公司的股份、钱都给她,她也不肯。她现在每个月跟他要 4000 元钱做孩子的生活费,她说,如果离了,她什么都没了,她愿意这样过一辈子,认了!他曾经起诉到法院,但是她叔很有能耐,使得他无法通过法律途径来解决。

我一直觉得他是个非常有魅力的人，对我也很好，而且不抽烟、不喝酒，生意做得很红火。他不善表达，很多事情他说不出来，但我能理解他在想什么。我从来没有逼他离婚，毕竟他有两个孩子，他身上的责任比我大。只要一想到孩子，我就觉得很抱歉。他说最喜欢我的善解人意。

有一天，他说我们一起去国外，因为在国内离婚太难，怕我会在周围人的压力下离开他。我们一起办了加拿大的留学签证。在我生日那天，我们去九寨沟旅行，得知了签证结果：我的签证通过了，而他则被拒签。

那晚他很沮丧，一整夜都没怎么睡，在黑暗中吻我的额头，抚摸我的脸庞。我睁开眼睛，他说如果让我一个人先去加拿大，我会怎么样。我说我会等着他一起去。后来，我把录取书延期了一年等他。

如今，他在申请第二次。偶尔我也会说，天下没有离不掉的婚。但是我清楚他很爱我，他确实有难处，我也不想让他为了我闹得众叛亲离，连他弟妹都对我说，他是很想离婚的，让我等他。可是我真的不知道要等多久。

我很爱他，他不是一个没有责任心、玩弄感情的人，不然也不会心甘情愿抛弃国内的一切跟我到国外去。我真的很矛盾。一方面我努力说服自己理解他，找各种理由让自己等他；一方面我又为自己第三者的身份感到羞耻，我甚至都没办法跟自己最好的朋友吐露心声。

父母也知道了我跟他的事，他们一直反对，只是怕我以后会怨他们，不敢多说。我每次听到父母的叹息声都觉得心痛，也下决心要离开他，可是又知道他为我们的将来有多努力，真的不忍心离开。

我该怎么办啊？车老师，我觉得我要不说出来，真的会受不了的。希望车老师能帮帮我，非常感谢！

颜颜

我相信颜颜和那位男子之间有真爱，但生活很现实，仅有爱是不够的。在答复颜颜的问题之前，我突然想起15年前轰动一时的"纪然冰命案"，相关报道如下：

爱上无法离婚的男人，怎么办？

夜整夜失眠。因为同在一个单位，担心影响他失去年薪几十万的工作，我们都很压抑、很痛苦。其实他对他老婆很有感情，不过是两地分居，只有周末团聚。我曾经觉得，一辈子就算只做他的情人，也心甘情愿、无怨无悔。但理智告诉我：只要迈出这一步，纪然冰，女，18 岁考上青岛海洋大学化学系，大学毕业后,通过考试进入青岛五星级王朝大酒店，担任公关部经理一职，其工作能力受到周围同事的肯定。

1989 年，21 岁的纪然冰遇到来青岛考察的拥有数亿家财的 58 岁台湾富商彭增吉。彭对青春娇美、温柔可人又聪慧能干的纪然冰一见钟情，两人很快坠入情网，无法自拔。

彭、纪两人的婚外情，很快被彭的妻子林黎云发现。林怒不可遏，多次逼迫丈夫和纪然冰剪断这段错乱情缘，均未果。在彭某安排下，怀有身孕的纪然冰来到美国，并于 1993 年 3 月生下她和彭增吉的私生子纪启威。同年 8 月 18 日，纪然冰、纪启威母子在美国洛杉矶的家中，被彭增吉的妻子林黎云杀死。林黎云在次年 1 月 8 日被美国警方逮捕，纪然冰、纪启威母子的命案被视为"华人辛普森案"。

林黎云后来在监狱里对彭增吉说，纪然冰"想拿孩子逼迫她离婚"，是她"自己弄死自己"。她还说："一碗饭已抢去了半碗，还想要整碗。"她担忧彭增吉会因为孩子和她离婚，对此极为恐惧，所以先下手为强，残忍地杀害了纪然冰母子。林黎云杀死纪然冰被定为二级谋杀，杀死纪启威被定为一级谋杀，但却在坐了七年牢以后，被释放并且被驱逐出境。

这个真实而又血淋淋的案子曾经轰动一时，引起全球华人瞩目。尤其值得深思的是，事发后，很多来自台湾的太太同情林黎云，自发到法庭举牌支持林黎云。当时的《世界日报》上就有"台湾太太，义愤填膺，骂纪然冰引诱有妇之夫，坐享其成，该死"的相关报道。

我不知颜颜看了这个案例作何感想。我把这个故事放在这里，不是想吓唬她，只是想提醒她，爱情不仅仅是两个人的事，仅仅站在自己的角度享受爱，而忽略别人的感受，极易引发一些悲剧。

下面是针对颜颜的邮件，给她的一些参考性建议：

肯定会要求更多。最终，我挥泪斩情丝，离开了深圳。我相信，时间会抚平心灵的创伤。赶快离开吧，到国外去，相信当你开始新的生活，你会觉得外面的世界一样很精彩。（科技）

2. 颜颜，你真够傻的，连所有男人天生就会用的小伎俩都看不懂。他

一、别让"光环效应"遮住你的眼

"光环效应"，指在人际知觉中所形成的以点概面或以偏概全的主观印象。"情人眼里出西施"就是比较典型的光环效应，又是一种认知偏差，不利于人们全面正确地认识他人。所以，在真正了解一个人前，切不可凭一时的感觉。

在颜颜眼中，这个31岁的男人重感情、有品位，无抽烟喝酒等恶习，不仅事业有成，对她又宠爱有加，简直完美无缺。这其实是"光环效应"在作怪，她被所谓的"爱"蒙住了眼，看不清他"完美"背后的诸多疑点：

1.他和妻子至少该有七年的婚姻了，性情不合，闹过离婚，却生了两个孩子。如果没有爱，没有丝毫感情，两个孩子会凭空出世吗？他家人可以阻止他离婚，总不能强逼他和妻子上床吧！

2.按照常理，婚姻不幸的男人极容易酗酒、抽烟，内心充满苦闷，而被"不幸婚姻"折磨了七年的他，既无不良嗜好，又那么有魅力、有品位。这一点，至少可以推断，在遇到你之前，他妻子对他照顾得非常周到，家庭氛围温馨，他才会远离各种恶习。所以，他在你面前表现得越好，他所谓的"与妻子性情不合"越值得怀疑，别忘了：好男人都是妻子培养出来的！

3.你说他不是一个没有责任心、玩弄感情的人。果真如此，在离婚未果的情况下，他就不该招惹你，更不该有留下无辜的孩子和妻子带着你一走了之的念头。在他对你所谓责任心的背后，恰恰是他对发妻与幼小儿女的极端无情和冷酷。

4.他和妻子一起生活七年，孕育一双儿女，和你仅相识一年。为了这一年，他可以抛下七年的情分，不怜惜妻子"认了"二字中的辛酸和隐忍，无视孩子将要承受的痛苦。这样绝情又自私的男人，是好男人吗？你怎敢保证，在他对你的激情消退之后，他妻儿的悲剧不会在你身上重演？

5.颜颜，你真的很年轻，闭上眼睛想象一下：假如你跟他生活七年，为他生儿育女，把自己的一生死心塌地交给他，他突然说跟你性情不合了，爱上更年轻、娇美的另一个她了，你是否因为他真爱那个女人而痛快地转身？在你没放手之前，他就跟那个女人在一起卿卿我我，你是否会尊重他们之间的爱，无怨无悔地成全？他妻子的处境，真的需要你换角度体谅一下！

如果真的爱你，怎么舍得你难过？他不会先离婚，再来和你谈婚论嫁？男人的自私只有女人才懂。你只是个女孩，眼里看到的只是他的好，尤其你是个已经掉进感情旋涡里的女孩，智商几乎为零。可怜的孩子！在这个世界里，只有你的父母对你的爱是无私

二、作出让自己心安的选择

颜颜，从你的邮件中，可以看出你的善良和对这份感情的徘徊与挣扎。在感谢你信任的同时，我希望你冷静判断，从下面三种选择中选出你能接受的结果。

1. 优雅地放手，高贵地离开

如果你不想让自己长期承受良心的煎熬，不想把自己的幸福建立在他无辜的妻子和儿女的痛苦之上，就优雅地放手，高贵地离开吧。

这样，你肯定会经历一段时间的痛苦煎熬，但此后却可以获得内心的安宁，尤其是，你从此不用再遭受良知和舆论的谴责，可以光明正大地追寻属于自己的幸福。

2. 独自外出留学，让他自己整理好婚姻

假如，你无法果断地离开他，就说服他留在国内，好好整理自己的婚姻问题。你独自到加拿大留学，利用留学的机会，完善和提升自己的素质，规划以后的人生，并冷静地隔着时空，重新审视这段感情。

如果在你外出就读期间，他能够说服妻子离婚，并把妻子和孩子的生活安排妥当，那么你学成归来后，可以考虑重续情缘。如果他做不到，就依然没有资格爱你，你还是要忍痛放弃。

3. 享受"半碗"的幸福，放弃"整碗"的奢望

林黎云愤然杀死纪然冰的理由是，"一碗饭已抢去了半碗，还想要整碗"，恰恰是纪然冰的贪心不足，不懂得适可而止，才葬送了她和孩子的人生。

颜颜，如果你实在放不下他，请汲取纪然冰用生命换来的教训，别太贪心，继续享受"半碗"的幸福，那"半碗"就留给那位含辛茹苦的妻子和两个无辜的孩子吧。

的，你不妨听听父母的意见。我想，可能没有一对父母会让自己的女儿去和一个已婚男人谈恋爱。这种男人根本没有资格谈爱！（新浪网友）

172

我爱我的家庭和老公，却和他发生了性关系。女人的爱情是直通阴道的，他就是利用这一点操控我，我明白却难于收手……

42. 别把男人的花心当爱情！

车老师：

我是个第三者，但绝非我的本意。他是我的老板，平常很严肃，和他有婚外情是我始料不及的。在外地，两人醉酒后他突然推门闯到我房里。我有家，他也有家，我想分手，他不让。我一心对他，他又忽冷忽热，我快被他逼疯了。他有个性，有脾气，有事业心，我又不能总是无理取闹，不知道何日是纠缠的尽头。

我爱我的家庭和老公，却和他发生了性关系，虽然是醉酒后，毕竟不能当作什么都没有发生。女人的爱情是直通阴道的，我现在相信了。无疑他也深谙此道。我要离开他，他总是想尽办法留下我。

我不知道他是不是爱我？我和他老婆见过面，他的老婆虽然身材不错，毕竟和他同龄，看上去有点人老珠黄。他很花心，爱赌博，优点是自信，有事业、有钱。他经常找小姐陪唱，以前我也闹过，后来想明白了，是他的工作需要。

现在，他对我若即若离。我远他就近，我

1.女孩子是在生活经历中成长的。如果没人爱，说明没有魅力；有人爱了，但也是有个度的。女人喜欢有人爱的感觉，何况是成功男人，更是她的上级。现在起码她已经意识到了自己是不光彩的，并缠得紧了，他又故意冷落我。我真不知道如何是好。如果我们两人都不想破坏彼此的家庭，保持这样的秘密情人关系是否可以呢？不会太伤害他的老婆吧？我不想伤害任何人呀！

我不知道大家看了这张帖子，会对她产生怎样的印象：觉得她是受害者，还是害人者？在我看来，她从开始的无辜受害，到后来沦为情人，与她意志力薄弱、轻信感情，弄不清自己的处境有很大关系。

一、她误会了老板对她的感情，错把骚扰当爱情

明眼人都能看出，她的老板无非是仗着有钱，贪图她的年轻貌美，对她产生了占有欲。他绝对不想给她婚姻，甚至厌烦她的纠缠，但又不甘心轻易放弃这个情场上的战利品，才若即若离、忽远忽近。其实，该老板是典型的"家中红旗不倒，外面彩旗飘飘"的信奉者。我相信，在她之前，肯定有别的女子充当她扮演的角色；在她之后，他依然有能力捕获其他轻信而美丽的猎物。她被他凌辱后，自愿委身于他，充当他的玩物，根本无法左右他的意志，甚至面对他的花心，她都无计可施，只好自欺欺人地以"工作需要"为由替他辩解。

二、她没意识到，自己才是最大的受害者

她担心，做秘密情人是否会伤害那个男人的妻子，还很善良地说"我不想伤害任何人"却没有意识到，在这种关系中，她本人才是最大的受害者。

那个妻子有婚姻的保障，有跟丈夫相处多年的感情，显然，男人并没有离婚的打算，所以，妻子不知情，过得很幸福。真知情的话，只要装装糊涂，照样可以保留婚姻的名分，享受富足的物质生活；即便离婚了，妻子有财产分割权，可以拿着应得的财产，另找幸福。

她则不同，她爱自己的老公，如果老公知道她和上司有染，估计会毫不犹豫地放弃婚姻。那时，她不仅输掉了婚姻，也输掉了名誉，得不偿失。而且，那个花心老板从一开始，就不是为了爱情和她在一起，轻易到手之后，更是将她玩弄于股掌之间，进退自如。她对他而言，已无新鲜感和约束力。这种关系犹如在悬崖边上走钢丝，稍有不慎，就会堕入万丈深渊。

且在寻求解决的办法，这就很好！（阿冰）

2.说实话，这个女人太虚伪，说什么深爱老公，说起谎来不脸红，明明就是她很享受，还说什么痛苦。什么叫守住底线，第一次失守，后来呢。很明显，她只是男人寂寞时的玩偶而已。我想问这个女假如，在老板第一次借着酒意强行占有她之后，她够果敢，就应该以法律为武器，让他为自己的不理智付出代价。就算为了家庭和名誉，不愿意通过法律制裁他，但警告他、疏远他，或从公司辞职，保留自己的尊严和对感情的专一也是应该的。可她在被侵犯后，不但不设法自保，还轻易地被他的花言巧语迷惑，彻底沦为他的玩物，过着胆战心惊、左右为难的生活。

如今的她，要想避免被伤害得更深，还是赶快设法抽身，离这个男人越远越好，离开得越快越明智。

三、女性，增强自己的自制力

由这个女子的故事，我想起一个以风流自诩、在女人圈中左右逢源的男人说过的一句话："现在的女人不经追！几句甜言蜜语，一束花儿或者几顿饭就可以搞定！"尽管有点夸张，但现代社会，在感情面前缺乏自制力的女人确实多得举不胜举。

比如：男人在她面前指责自己的妻子是黄脸婆，抱怨在家中不幸福，她就真以为自己是救世主，不要婚姻不要名分地去献身于他，安抚他；男人心血来潮，送她一束花、几句顺耳的话，她就自以为找到知音，找到真爱，义无反顾地扑进他的怀抱，置他的妻子和家庭于不顾；男人只不过是空虚无聊，寻求婚外刺激，瞄上了她的美色，她就沾沾自喜，以为自己魅力无穷，指责人家的老婆"人老珠黄"，又不识趣，丈夫都不爱了，还不赶快放手让位于她，殊不知老婆几句狠话，就足以吓得男人偃旗息鼓，弃她而去；男人不过是仗着有钱有势，对她进行性骚扰或者性侵犯，她就自作多情地以为是爱情，不但自觉自愿地委身于他，还到处炫耀自己傍到大树。

因为女人太不自重，才有那么多男人吃着碗里、占着盆里，理直气壮地出轨。所以，婚外恋与男人缺乏责任感、不专情有关，也与女人的盲目轻信有关。很多时候，是女人充当帮凶，和花心男人一道制造了一幕幕家庭悲剧。因为女人为难女人，同类相残，第三者才前仆后继、源源不绝，才让男人更加有恃无恐，坐享渔翁之利。

假如女人都自尊、自爱、自强，不贪图权势和金钱，坚决不招惹已婚男人，不给男人以可乘之机，相信，花心的男人和痛苦的女人会减少很多。

人：你爱你的老公，爱在什么地方？如何在爱？就是爱的同时和别人上床吗？**真希望她可以看到大家的评论。另外，老师说的很委婉，但分析得很透彻。**（新浪网友）

> 一直认为自己是个传统的人,这辈子也不可能喜欢除了丈夫之外的男人,可事实上我不仅喜欢了,还背叛了自己的丈夫……

43. 为啥对已婚男人欲罢不能?

1. 很多年前,我也为这种感情烦恼过。如果可以后悔的话,我会后悔对他和她的伤害,后悔我对自己的伤害。如果有阿拉丁神灯的话,我希望回到十年前的那个下午,我会对他说:不!(新浪网友)

车老师:

我是个三岁孩子的母亲,今年32岁。三年前认识了一个和自己年龄相仿的已婚男人。刚开始接触只是工作关系,但随着时间的推移和彼此的了解,我们开始相互牵挂和思念,还在去年8月第一次发生了性关系。

因为彼此都有家庭,我们尽量控制自己,一个月只见两三次,更多的是打电话或者聊QQ。我们是喜欢对方,但从来没有想到要破坏现有的家庭。我们也时常告诉对方,只要喜欢就足够了,不能奢求太多。

一直认为自己是个传统的人,这辈子也不可能喜欢除了丈夫之外的男人,可事实上我不仅喜欢了,还背叛了自己的丈夫。只是丈夫现在还不知道,假如有一天他知道了,他一定会非常伤心。我甚至无法想象,他会怎样对我。

我知道幸福把握在自己手里,家庭能否幸福就看自己怎么做了。当初的婚姻也是自己的选择。我很清楚自己现在这样做不对,纸包不住火，事情终究会败露。真有那么一天，又该如何去面对家人和同事？可我却放不下自己心里的那份喜欢，人一辈子能真正喜欢一个人不容易。

很想把现在的关系转换为朋友之情，却很难做到。就这样一直偷偷地喜欢下去，保持暧昧关系？抑或是放手？因为放手，就再也不用焦虑和担忧。很多人没有喜欢的人也能过一辈子。请您告诉我，到底该怎么办？

水仙花

一、爱的激情能维持多久

我相信水仙花对那个男子的感情是真实的，也理解她内心的挣扎与彷徨。

尽管她一直用"喜欢"这个还算含蓄的字眼，但她所谓的"喜欢"，其实就是爱——一种激情状态下，身不由己而又欲罢不能的爱。这种爱，有一定的生理与心理基础。相关的研究结果表明，它与人体的气味相投和激素分泌都有关，这也是它令人难以抗拒的原因。那么，激情状态的爱到底能维持多久呢？可以参考下面这段资料：

早在上世纪80年代，神经内分泌学家就发现，人类陷入恋爱时，大脑中的多巴胺、苯乙胺以及后叶催产素会激增。这些大脑制造出来的激素让人产生快感，一种让人心跳加速、手心出汗、头脑发热的兴奋和愉悦感。

正是这种"化学鸡尾酒"让人深陷"热恋"感觉中，令人乐此不疲、欲罢不能，变得头脑简单、激情澎湃。并且，人体"趋利避害"的正反馈机制促使人不断追求这种"爱情激素"高水平分泌状态。据此，科学家甚至提出"爱情=多巴胺+苯乙胺+后叶催产素"的简单公式。但是，激素在体内的高分泌是不可能永远维持的，一般时限为18个月左右，少则两个月，多则三年。

因此，相恋两三年的男女，随着爱情激素逐渐消退，婚姻也会慢慢变得淡而无味。大多数人都学会慢

2. 我认为没有那么严重。要是真的喜欢，不要去想它的后果，走自己的路，不要管他人怎样说。人的一生应该有很多插曲。都说平淡很好，但你要知道，都是因为平淡寂寞才出的轨。所以你不要自责，去做自己想做的事情。（新浪网友）

慢适应爱情激素减退的过程，由爱情转入亲情，由简单的激情主导的关系转入以责任心为纽带的相濡以沫。

根据上述资料可以看出，水仙花跟丈夫的婚姻已趋于平淡琐碎，在工作中和那位已婚男人产生感情，彼此间互相吸引，难以控制，导致情感出轨。而且，因为他们的感情不能光明正大地进行，更让她觉得感情弥足珍贵。而相见时刻，他们彼此展示给对方的都是最美好的一面，没有柴米油盐的干扰，感情的纯度和热度更超过婚姻伴侣，让他们误以为这才是真爱，进而怀疑自己的婚姻，产生不能跟自己真正喜欢的人共度一生的遗憾。

其实，水仙花如果平心静气地想想，她和丈夫当初也是经过热恋才步入婚姻殿堂的，只是，三年过去，这份激情已经消退。以此类推，她跟这位已婚男人的感情，就算顺利，也只是三五年的事情。而且，这份感情因为对两个家庭存在潜在的破坏力，稍有不慎，就会引发更多严重的后果。

二、放任激情的严重后果

关于放任激情的后果，水仙花自己也意识到一些。所以，她很坦率地说："我也知道自己现在这样做不对，纸包不住火，事情终究会败露。如果真有那么一天，我又该如何去面对家人和同事？"

其实，她对后果的严重性估计还不足，只想着无法面对家人和同事，事实上，一旦事情暴露，首先伤害的是自己的老公和孩子。

生活中，没有哪个男人在知道妻子出轨后还肯原谅她，一如既往地待她。在很多现实个例中，我们看到，面对妻子的背叛，有的男人羞愤交加，果断离婚；有的即便不离婚，也会选择羞辱和暴力的方式折磨妻子；有的男人，甚至会找情敌疯狂报复……

我不知道水仙花的丈夫会选择哪种，但我可以断定，伤害是无法避免的！而且，她还有个三岁的孩子，孩子只有在和谐温暖的家庭氛围中才能健康成长，父母的情感危机，会直接影响孩子的性格和一生的幸福。

此外，她会伤害那位男人的妻子和孩子。在我的邮箱、博客和QQ上，有太多无辜妻子的血泪哭诉。她们为了孩子，为了多年的感情无法放弃婚姻，但又无法忍受老公的背叛，过着生不如死的日子。下面就是一位妻子的留言："那个最疼最爱我的老公不仅身体背叛了我，心也背叛了我。我无法接受这个事实，我每天都哭，哭累了就睡，睡醒了就哭，我的精神崩溃了！！我控制不住自己，觉得活着没意思，我生不如死，整天哭闹……"

同为女人，仅仅为了自己所谓的"喜欢"，就无情地将一个无辜女子推向绝望的深渊。这样的感情，即使发自真心，享受起来也很难安心吧。

即便，以两个家庭的解体为代价，他们勉强走到了一起，就能如愿以偿，得到想要的幸福吗？其实未必。很多"第三者"以自己的真实经历给出了答案。一个女子曾在邮件中对我说："我曾经是个第三者，疯狂地爱上那个有妇之夫后，费尽心思拆散他的家庭，义无反地嫁给了他。现在，我跟他结婚未满月，就后悔得肠子都青了。他游手好闲、不务正业，热衷于在网上跟别的女人打情骂俏。我稍加劝阻，他就说：'当初你不是最喜欢我泡在网上跟你聊天吗？你不是说，你会尊重我，给我最大限度的自由吗？这才几天啊，就原形毕露了。早知道这样，我就不该跟我老婆离婚！她至少不敢管我，你算老几？'真是自作自受呀！"

出现这样的结果很正常，因为人性的弱点就是：远香近臭，距离产生美，得不到的永远是最好的！

三、平淡相守才是真

婚姻的最高境界是：两个人一起慢慢变老。

这种境界的婚姻，不是靠激情维系的，而是在激情消退后，责任和理智升华而成的一种亲情式的爱情。它不浪漫，没有轰轰烈烈，却是于柴米油盐的琐碎中滋生出来的相濡以沫，是一种让人觉得恬静安适的感情。

关于这种感情，作家周国平有这样一段描述：

在持久和谐的婚姻生活中，两个人的生命已经你中有我，我中有你，血肉一般地相连在一起了，共同拥有的无数细小珍贵的回忆，犹如一份无价之宝，一份仅仅属于他们两人无法转让他人也无法传之子孙的奇特财产，说到底你和谁共有了这一份财产，也就是你和谁共有了今生今世的命运。和这种相依为命的伴侣之情相比，最浪漫的风流韵事，也只成了过眼烟云。

平心而论，生活中美好的人和事多得数不胜数，让我们情不自禁地喜欢，但喜欢的不一定要得到，你喜欢的未必就一定属于你。何况，心理学家经过研究也发现：人群中有一种特殊的人，即对多巴胺、后叶催产素等爱情激素"上瘾"的人。这样的人，一旦体内的后叶催产素等激素水平消退，就会通过不断另寻新欢再次获得刺激源，从而享受激素高分泌带来的极度愉悦兴奋，这就是我们通常所说的喜新厌旧的人。

假如，水仙花喜欢的男人是这种人，那她不过是他激情之旅中的过客。即使，她喜欢的男人不是这种人，那么在不伤害婚姻的前提下，她的喜欢也注定会无果。无论如何，结局都不会太美好！

所以我觉得，如果不想破坏这份美好，水仙花就应该果断地把这份感情转化为友情，彼此欣赏，彼此尊重，把对方当成可信赖的精神知己。千万别在盲目的激情状态下，丢掉已经握在手中的幸福，让自己踏上一条众叛亲离的不归路。

> 最让我感到痛苦的是：三年过去了，他并没有兑现离婚的诺言。每次我催他，他都让我别着急。我厌倦了这样的生活……

44. 识破男人玩婚外恋惯用的花招！

广秀姐：

一段情感困扰我快三年了，恳请你帮我分析一下，指点迷津。

我有过一段短暂而不幸的婚姻，离异后带着幼小的女儿与父母生活在一起。读大学时，我曾是公认的系花，身材容貌都很出众。离异后，身边也围聚了一批追求者，但第一段婚姻的阴影使我对感情望而生畏。为了摆脱情感上的苦闷，我把很多精力投放在工作上，事业一帆风顺。

三年前，在一次会议交流中，我认识了一个男人。他后来告诉我，说看到我的第一眼内心就受到强烈震撼，觉得我正是他寻找多年的那个女人。他想尽办法接近我，托朋友请吃饭，千方百计创造在一起的机会。我刚开始并不看好他。因为他是一个有家室的男人，我不打算蹚这样的浑水。

后来情况发生了变化，他总是在我不经意时带来惊喜。比如，听说我生病了，大老远地

情感咨询

1. 看过一位博友文章中的一句话，大概意思是：干什么都要敬业，"小三"也一样，甭想取代正房，老老实实做你的"小三"，即使正房让位了，你还是"小三"，这是无法更改的。其实男人的心理都一

来送药；他去西藏，返程时飞机出现故障晚点，他第一时间告诉我……渐渐地，我被他的痴情感动。2006年的中秋节，我们第一次在一起。从那以后，他就以我的男朋友自居，并想办法接触我的家人，讨他们的欢心。

需要说明的是，从我们第一次在一起，他就承诺一定要娶我。他的孩子当时上高一。他信誓旦旦地说，只要孩子一上大学，他马上就离婚。我也相信了他的承诺。他还说，妻子一直背着他和外地一个男人关系暧昧，他早就想分开了。我打听到他妻子确实有对他不好的地方，并非他在编造。

从2006年到现在，我们一直断断续续交往。有时因为他的冷淡，我们会吵架；有时因为有人给我介绍男朋友，他很生气。吵了之后总是又和好。我很依恋和他在一起时身心愉悦的感觉。

他说能娶到我是他的福气。因为在别人眼里，我和他的差距很大：我的社会地位及工资待遇都比他高，他仅是一个部门主管，外表平常，更不是一个有钱人。和他在一起，我买单的时候居多。我的父母并不看好这段感情，他们认为一个已婚男人没资格对我说这话。但这三年，我们却一直没有办法分开。我们的关系也是公开的秘密，只是他妻子还不知道而已。

最让我感到痛苦的是：三年过去了，今年他的孩子考上了大学，他并没有兑现离婚的诺言。每次我催他，他都让我别着急。孩子已经上大学一个月了，他还没有丝毫动静。我不是非要强迫他做什么，只是觉得有些不甘心。每次见面，我们之间都要重复着这样的场景：老话重提，我生气，他哄我开心，然后分开。我厌倦了这样的生活。每次想到他正拥有二人世界时，都会心痛！

作为一个单亲妈妈，我渴望拥有幸福的生活，更渴望可以在阳光下牵他的手。三年的时光在我的人生旅途中留下了深刻的烙印。说句实在话，我在乎他。毕竟在一起时欢愉很多，我很享受那种被呵护的感觉。可从长远看，他现在确实有推诿的嫌疑。我给他的期限是今年年底，心里却一点把握也没有。

请秀姐帮我分析一下，这样的感情究竟还能走多久？这样的男人值得我等待吗？我希望能有一个结果，无论是好是坏，总该给自己一个交代。因为他的缘故，我错过了升迁的机会，

样，就好像去酒店找小姐，玩的时候说了什么他自己都不知道，要是你让他把小姐带回家去，老婆不恶心死他才怪呢。女人当初自己作践自己，也就注定了只能做一个专一的小姐而已。要想幸福，开始的时候就甭傻乎乎地作践自己，脚上的泡都是自己走出来

也错过了那些追求我的男人。我曾经想过如果分手，我会采取什么手段去讨要公道，但是对于一段见不得阳光的感情来说，什么又是公道呢？我想他完全了解我的软肋：即使他不认账，我也无法公然吵闹，更不会有过激之举。

恳请秀姐能帮帮我，可以公开我的倾诉，因为我希望能有更多的人来谈谈想法，哪怕是损我一顿。我现在太需要旁观者的慧眼和警告了。在这里先谢谢姐姐。

痛苦的晓荷

读晓荷的邮件，有些惋惜和心疼，显然她是在浑然不觉中落入已婚男人的情感圈套。假如，在三年前决定情感走向时，她来询问我的意见，我也许能阻止她卷进这个婚外旋涡。而如今，大局已定，我只能充当一下"事后诸葛"，帮她认清已婚男人玩婚外恋的惯用伎俩：

一、已婚男人玩婚外恋的三部曲

第一步：搜索婚外"猎物"，展开猛烈攻势

很多已婚中年男人不甘于婚姻的平淡，渴望通过婚外情，满足自己的征服欲和控制欲。他们展开婚外恋的第一步：在人群中搜索情感"猎物"，展开攻势。那些年轻貌美的单身女子或者风韵尚存的离异女子，最容易成为他们追逐的目标。

一旦瞄准了目标，中年男人就会发起猛烈的进攻，因为他们大都有较强的经济实力和丰富的阅历，熟知女性的心理，更懂得怎样去迎合她们。面对他们狂热而煞费苦心的追求，很多女人的情感防线都极易土崩瓦解。

第二步：痛陈婚姻不幸，满足女人的虚荣心

当女人一旦解除防线，想要接受男人的感情时，他已婚的现实却摆在面前，男人必须自圆其说。所以，男人征服女人的第二步就是：对被他打动的女子痛陈婚姻的不幸，诉说自己的妻子如何不堪等。

这样做，自己的出轨便显得理直气壮，也容易为自己争取到同情分，还满足了被追求女子的虚荣心，让她有救世主般的感觉，觉得只有她才是拯救他脱离婚姻苦海的天使。其实，男人贬低妻子，只是为了给自己的婚外情扫除障碍，他的妻子未

的，没人逼你！！

（迪丽）

2. 我也经历过你这些，我们现在结婚了。当初的痛我还记忆犹新。如果他真有娶你的意思，哪怕是犹豫不决，你都该赌一下。离开是考验他的最好办法。他要是舍不得，肯定得有行动，有时男人是要逼一逼的。不要再

必就比情人差，最典型的例子在林语堂所著的《京华烟云》中可以觅到：步入中年的荪亚追求艺专女生曹丽华，对曹说自己的太太木兰是个乡下旧式妇女，曹误以为荪亚的妻子真的是"又老又丑的乡下女人"，及至见到雍容华贵、光彩照人的姚木兰，才知道自己被骗得有多惨……

事实上，很多男子在情人面前拼命诋毁妻子，回到家里却对妻子百般讨好。妻子稍有风吹草动，他就吓得偃旗息鼓，甚至谎称是情人勾引他，为自己推脱责任。

第三步：寻找无法离婚的借口，无限期拖住对方

很多女人接受一份感情是以婚姻为条件的，她们不希望爱而无果，而婚姻恰恰是已婚男人给不起的，直截了当地说，这段情就难以为继。

所以，男人经营婚外恋的第三步是：寻找无法离婚的借口。或者说妻子死活不肯离，只能慢慢做工作；或者说孩子面临升学，不想在关键时刻伤害孩子。总之，搬出妻子和孩子为挡箭牌，使自己的婚姻处于安全地带，然后，再信口开河地作出离婚的承诺，让情人怀抱婚姻梦想，不管不顾地跟他在一起。事实是：情最浓时，他都不肯离婚，等激情逐渐消退，他又有什么必要离婚！

晓荷身边不乏追求者，她碰到的这个已婚男人也不是特别有权有势，但他只是按部就班地上演了很俗套的"婚外恋三部曲"，就让心高气傲的她误以为找到真爱，逐渐失去抵抗力，可见这"三部曲"对一些女人的杀伤力。

二、女人应有的防范和应对策略

要避免成为已婚男人的"猎物"，女人最需要做的是增强对情感的辨别力，坚守情感底线。这条底线就是：无法离婚就免谈感情。任凭他花言巧语、信誓旦旦，只要他是已婚身份，就不为之所动。假如女人能够坚持原则，那些已婚男人就无隙可乘，很多情感悲剧也会因此避免。

或许，对于一些爱得死去活来的第三者，她们始终不明白：为啥自己一旦提出婚姻要求，男人就会断然分手？不是男人无情，而是男人原本就把她当作婚外调味品，从未想过为她放弃婚姻，她却误以为自己才是他情感生活的主角。因为高估了自

给他拖延的机会，既然说了"年底"，那么就再给他两个月时间。但这两个月中，你还是要自我反省一下。万一到时候他还是让你失望，你拔腿的力气大一些，离开他容易一些。我很理解，三年的亲密不是说散即散那么容易的，到时候要靠你自己的勇气和毅力。（新浪网友）

己的魅力，低估了原有婚姻、家庭的张力，才让她一错到底。

晓荷要想避免梦断情伤的结局，就一定要坚持自己的底线：看他年底能否兑现离婚的承诺。如果那时，他依然躲躲闪闪，推诿拖延，就别再对他抱以期望。如果贪图和他在一起的欢愉，就别奢望婚姻；如果想要婚姻，就应果断离开，另寻一份阳光下的幸福。

补记：晓荷后来发邮件给我，说到了约定的期限，那个男人还在找借口推托，她因而果断放弃了这段婚外恋情。目前，她已经和一位情投意合的男人再度携手人生。在此，衷心祝愿她幸福！

在她最脆弱和最迷惘的时候，他的一句话，就可以决定她的一切……

45. 让女人用一辈子去感激的男人

精彩原帖

1. 的确，好男人绝不会让自己真爱的女人受伤害，也不会让她无名无分地过一生。让那些在甜言蜜语中迷失了自我的女孩子清醒清醒吧，别再痴心妄想自己的青春美貌可以征服一切。因为每个女人

有一个故事，曾被报刊广为转载，题目叫《白杨树该对燕子说什么》，大意是：

一个叫伊玲的女大学生，不可救药地爱上了英气逼人、才华横溢的大学老师吴越。

她被这份情愫弄得魂不守舍。终于，经不住感情炼狱的煎熬，找机会向吴越倾吐了压抑很久的炽热情怀。

吴越已经有了深爱的女友，听了伊玲语无伦次的表白，他沉思了一会儿，才字斟句酌地说："伊玲，你的感情是美好而纯真的，在它面前，你和我，都应当肃然起敬。"

然后，他用英语给她讲了个寓言故事：

一只雏燕，在灌木丛中安了一个家，它觉得十分舒适温暖，就对灌木丛说：我爱你，让我们永不分离！可是，过了两年，雏燕长大了，它觉得灌木丛已经太矮，便将巢迁到了一棵白杨树上。新家更令它满意，它对白杨树说：我爱你，让我们永不分离！又过了两年，燕子更成熟矫健了，它渴望到大海上去搏击风浪，把

巢安在了高高的海边悬崖上。这个巢的舒适温暖是前两个巢所不能比拟的，可是燕子却不想对悬崖说任何话了……

吴越讲完这个故事，对伊玲说："我不想把自己比作灌木丛，白杨树也许还恰当。你想想，白杨树该对燕子说什么？"

伊玲仔细琢磨他的话，突然间豁然开朗，忍不住开心地笑了起来。

走出情感困惑的她，不但顺利完成学业，还考取了美国加州大学的研究生，学成归国后，跟一位在美国读书时的同学结了婚，过着幸福明朗的生活。说到吴越老师，她的评价是：他是值得我用一辈子去感激的人。

我明白她的感受。在她最脆弱和最迷惘的时候，他的一句话，就可以决定她的一切。但他没有利用她的爱去占有她的青春和感情，而是用智慧和善良引领她往高处走，让她终于找到属于自己的幸福。

这是个闪耀着人性光辉的故事，每看一次，我对人性就多了一份信心。

与这个故事形成对比的，是一位女博友发邮件讲述的她惨痛的情感经历。我们暂且叫她"韫"吧。

韫也是在读大三时，爱上了一个公司老总，一位有妻有子、事业有成的38岁男人。那位老总给她讲妻子的粗俗，诉说情感的苦闷，引得她狂热地爱上他，欲罢不能。老总享受着她的青春和美色，并以金钱为诱饵，让她办理了退学手续，安心当他的情人。但，绝不给她婚姻的承诺。

韫在他甜言蜜语的包围中，完全迷失自己，以情妇的身份，跟了他十年。这十年中，她死心塌地地爱他，以为有了爱自然会有一切。

韫曾被他粗俗的妻子当众大骂，弄得声名狼藉；她为他堕胎两次，第三次因为宫外孕造成大出血，差点死掉，侥幸活过来之后，已彻底丧失了生育能力。

当韫的身体开始虚弱，皱纹爬上额角之后，这个曾经口口声声说爱的男人，用一张20万的支票轻描淡写地打发了她。理由是，不爱了！因为他又爱上了一个更鲜嫩水灵的女大学生，而他仍然是那位粗俗妻子的丈夫。

让女人用一辈子去感激的男人

都有过如花的少女时代，也必然都会有年老色衰的时候。最讨厌那些在妻子背后说婚姻不幸、贬低老婆的男人，其实骨子里卑俗下流的恰恰是他们。（谢冰清）

2. 曾经的我也是这样的女人，因为爱上了一个拥有两三家企业的大老板，也是被他的甜

第三者的声音　　187

　　韫强烈要求我在隐去真实姓名后，把她的故事在博中公开，说是要给年轻的、又被有妇之夫迷惑的女孩敲个警钟，提醒她们不要重蹈她的覆辙。

　　韫百感交集地说：好男人绝不会让自己真爱的女人受伤害，也不会让她无名无分地过一生。当一个男人守着妻子和孩子，又口口声声说爱你的时候，他根本不具备爱你的资格和诚意，更多的是对你美色和青春的贪恋，你唯一明智的选择是断然离开。

　　也许，因为有爱的激情，这样离开会让你锥心刺骨的痛，但痛过之后，你还有年轻的资本，还有重新幸福的能力。假如，你听信他的花言巧语，在婚姻之外去爱他，极有可能在失去美貌，失去自我，失去一切之后，再失去他，这才是深入骨髓的痛。

　　长痛不如短痛！与其跟一个无辜的女人去分享一个花心男人，不如找一个完全属于自己的知心爱人。

言蜜语、金钱地位及潇洒风度所动而迷失自己。到最后因为真爱他，但永远只能是他背后的女人而不甘心地闹过，自杀过。因为发现自己什么也没有了，活着的每一天都是累的！还好，自己松手了，今天还有机会堂堂正正地活着！（暖妮）

他只是寂寞，或许跟妻子闹了矛盾，为了宣泄找到我；或许在他所在的城市不开心，为了排解内心的苦闷而专程来找我……

46. 爱上已婚老师，我好累好累！

车老师：

我爱的男人是我的老师，比我大20岁。开始我只是喜欢他，淡淡的。后来他找我，向我表白。小女孩经不起情感诱惑，跟他开始交往。然而，他在另一座城市，偶尔来我这里。渐渐的，他说他忙……

我永远都不知道他在想什么，也不愿意去问别人他是不是爱我。他说他爱我，我愿意相信，而且会一直相信。我知道他为什么找我，他只是寂寞，或许跟妻子闹了矛盾，为了宣泄找到我；或许在他所在的城市不开心，为了排解内心的苦闷而专程来找我。他在我这里停靠几天，缓解一下紧张的身心，就又从我的世界消失了。

我不敢跟任何人说，没人会理解。每个人都忙，我也忙。下班回到家坐下来会发现自己很疲惫，甚至在车里都会情不自禁地流眼泪。我假装很开心，假装无所谓。我很累，很累！只是说说而已，说说而已……

情素跟他

1. 我所在城市有一所著名大学，我也认识其中一些教授，包括引进人才的一些学术带头人，很多人说他们"白天是教授，夜晚是禽兽"。可见，现在大学里的一些男老师，行为不单纯是不检点，简直是

第三者的声音　　189

这张帖子让我心疼，心疼她的迷惘与无助。

我在大学工作，了解大学校园里，怀抱爱情梦幻与激情的大学生对教师的喜爱与崇拜。因为职业赋予教师的独特地位，当他们站在讲台上传道授业时，通身笼罩着智慧的光芒，相当一部分学生容易被其渊博的学识、潇洒的风度迷住，产生爱慕之情。这种感情其实就是心理学中所说的"晕轮效应"。与普通人对偶像的崇拜与迷恋是一回事，感情来得真挚而强烈，但内心并不曾奢望得到。

面对学生纯洁炽热的感情，有涵养的教师，会在尊重与理解的基础上，用智慧拨开这层迷雾，引领着她（他）走出情感怪圈；也有些老师，会采取敬而远之和婉转拒绝的态度，让学生望而却步。尽管最终得不到，但学生会将这份美好情愫珍藏在心中。

而像帖子中的那位，却是个人格有缺陷的老师。他明明有家，却利用这位女生单纯幼稚的感情，利用她的爱，理直气壮地占有她，并且丝毫不顾及她的感受，想来就来，想走就走。他的所作所为亵渎了教师的职业形象，也蹂躏了这份纯真的感情。

我想对这位女孩说，请看清这位"老师"自私懦弱的真面目，他根本不具备爱你的资格和诚意，更多的是对你美色和青春的贪恋。你充当的，只是他抑郁不得志时寻求心理平衡的玩物。请果断地拒绝他！假如他还纠缠不休，就到他供职的学校，揭穿他道貌岸然的丑恶嘴脸。

写到这里，我突然想起在博友"桃花仙"那里看到的一篇博文《到底谁是神经病》，内容是：

一位男士，想验证自己的一个想法——上网聊天的男人目的都是想猎色。他给自己取了一个充满女性味的名字，在本市的信息港上专门找中年男人聊天。

聊过几次之后，就开始用甜言蜜语勾引男人。如果男人有视频，就要求对方打开视频。他自己没有视频，而是从网上找来漂亮少妇的照片说是"她"的近照，发给男人看。还说自己的婚姻像一潭死水，自己是个渴望爱情的寂寞女子，希望能跟对方见面，并暗

放荡，甚至是在玩弄女性，可恶至极。真希望女大学生看清楚他们的丑恶嘴脸！（镜中湖）

2. 我赞成去尝试各种感情，但是要能控制自己，认清自己和对方的状态。对方全身心投入我就用情，对方只是寻求刺激我就当成是游戏，但是初入社会的小女孩

190

示对方：如果见面了彼此喜欢，可以发生一夜情。就这样，短短一个月时间，跟他聊天的七个男人都先后被"她"迷惑，按照"她"约定的时间，来到"她"指定的旅馆门口等待与"她"见面。"她"还要求他们一定要手拿一朵象征爱情的红玫瑰。

结果，在指定的旅馆门口，在同一时间里，七个三四十岁的中年男人每人手里拿着一支红玫瑰，傻傻地站在那里被路人观赏，焦急地东张西望。有的只等几分钟，有的竟痴等半个小时甚至一两个小时，才依依不舍地离去……

这位男士幽默而又自得地说："学过统计吧？这几个男人，可是我在茫茫网海中随机挑选的，这些大鱼被我钓到的机会竟然是百分之百……"

也许，这位男士的手段有点荒唐，结论却发人深省。想想看，随机挑选的七个中年男人，面对婚外情的诱惑，抵抗能力近乎为"0"。

这出活生生的闹剧，让我们看到男人喜新厌旧、追逐婚外刺激的本性。因为不甘于现实生活的平淡，中年男人更渴望婚外艳遇，希望通过征服异性来填补内心空虚。而中年男人大多都有一定事业基础，有比较成熟的魅力，这使得他们对涉世未深的年轻女孩有莫大的吸引力。当这些女孩陶醉在他们所谓的"爱情"里时，很难意识到：这些信誓旦旦的中年男人，可以不吝啬甜言蜜语，但拒绝承担责任；可以慷慨地送上爱情的红玫瑰，却绝不会承诺未来。在婚外情中，女人投入的往往是自己的全部，男人付出的却仅仅是一时的激情。激情燃尽之后，男人可以全身而退，继续他道貌岸然的生活，女人却要独自承受那种深入骨髓的失落与凄凉。

最后，我想提醒年轻女孩的是：努力追求一份真挚、以婚姻为保障的感情，别因一时糊涂，被已婚男人的花言巧语所迷惑，酿成终生的情感苦果。

一般难以做到。所以，还是不去碰这样的男人为好。找一个没有感情经历的纯情男人，彻彻底底爱一回，感受小男人成长的过程。这个过程我没有经历过，所以我这一生都会遗憾。你可以的，去找寻属于自己的真爱吧，那个老男人不值得你为他去浪费时间！

(红枫)

> 如果他为我离开老婆孩子，我不忍心；如果他
> 不离开，我又不甘心……

47. 女人能接受乘虚而入的感情吗?

广秀老师：

　　我刚刚结束了一段痛苦的婚姻，在内心感到最无助时，一位阔别多年的男同事出现了。他对我嘘寒问暖，陪我走过最为艰难的时刻，并向我诉说了深埋已久的爱慕之情。

　　我们相识在八年前，那时我刚大学毕业，跟他在同一个部门工作。他是个内向沉稳的人，比我早来几年。我则天真活泼，正是逗人喜欢的年龄。我们在工作上配合得天衣无缝。他总是毫无保留地把一些职场心得教给我，我也经常用我那个年龄觉得开心的事，逗他高兴。呵呵，回想起来，那段一起共事的日子确实很愉快！

　　后来，他跳槽到别的单位，我们断了联系。当他这次出现在我面前时，他已经拥有属于自己的企业。关于他的感情生活，我仅知道他和爱人不和，因为孩子没有离婚。而且他的儿子像他一样聪明，明年就要考大学了。

　　他刚向我表白时，我只顾自己伤心。现在

　　1. 这种女人就是傻，人家是把她盘算成"小秘"了，还不知道呢？要是真想和她有结果，会让她去自己公司吗？现在把她弄到跟前，就是把她当一盘水果，随时可以享受。而且上下级关系一旦形成，两个人之间的平等就不存在了。不但

心情却再也无法平静下来。广秀，我该不该接受他呢？如果他为我离开老婆孩子，我不忍心；如果他不离开，我又不甘心。可是就这样离开他，我将失去一个爱我的人，而且如此情深，我真的很难过！还有，我想到他的企业去工作，合不合适？

这位女子误以为自己找到了真爱。她现在的困惑，只是无法面对他的婚姻，对他的感情却深信不疑。在我看来，这位男同事的感情并不纯粹，是比较典型的乘虚而入。

关于"乘虚而入"，有人曾经作过很形象的描述，大意是：一个人不慎掉到井里，在痛苦地挣扎，另一个人先用一条绳子，将掉落到井里的人提到半空，然后趁机跟他讲条件，并根据他的表现，决定是把他拉上来，还是再重重地抛下去。

一般来说，人最脆弱时，感情最容易乘虚而入。这位女子刚刚告别一段痛苦的婚姻，内心充满挫败感和无助感，情感上也处于真空状态，正是意志薄弱、最容易受到感情诱惑的时期。此时的她，就像行将溺水的人拼命抓一根救命稻草一样，她渴望抓住一份感情来摆脱内心的孤寂和创伤，而他此刻则像救世主一样出现在她身边，殷勤备至、信誓旦旦，她当然会感动得无以复加。在邮件中，她把他看做是"如此情深"的人，可见，她已经完全被他打动了。

事实上，站在旁观者的角度，我觉得这个男人的感情很难经得起推敲。最明显的是他缺乏爱她的资格和诚意。他结婚多年，尽管和妻子感情不和，但一直都没有选择离婚，而在儿子读高二，即将备战高考的情况下，离婚更是不太可能。所以，不离婚的他根本没有爱她的资格。而在这种情况下，他却迫不及待地向她表白，甚至说这份感情由来已久，充分说明他是一个自私、对感情缺乏诚意的男人。

既无资格，又缺乏诚意，他为什么还敢信誓旦旦地向她示爱呢？就因为他瞄准了她正处于非常时期，心理极其脆弱。他就像站在井边，拿着绳子的人，以"爱"为幌子，将她从痛苦的深渊中拉到半空，让她看到获救的希望。但是彻底将她拉出来，还是更深地把她摔下去，显然不是由她决定，而是取决于她的表现是否令他满意。

如此，而且还要配合这男的玩地下情。这种情况下的她，再要求男的离婚娶她，还有这个立场吗？笨蛋女人，前一段够郁闷的啦，为什么就不让自己活得舒展点呢？（新浪网友）

2. 我想感情的事，有时是说不清道不明的。在我们中国，有相当一部分家庭都是基于各种理由在凑合着。中年人中，真爱老婆、负责任的男人她想要的是真爱和婚姻，他给不起，当然无法彻底把她从枯井中拉出来！但她如果离不开他，他就可以趁机让她退而求其次。我想，他最想达到的目的，无非是占有她的感情，并以儿子为借口理直气壮地拒绝承担责任。

即使退一万步，他肯为她离妻弃子，她也将承受世人的指责，在他妻子和孩子的眼泪中，饱受良心的折磨。这同样是善良的她难以接受的结局。而且不排除，在他激情燃尽之后，心生悔意，把她当成是破坏他婚姻的罪魁祸首，对她恶语相向。生活中这样的例子多得不胜枚举。还有，一个能轻易背叛家庭、置发妻和爱子于不顾的男人，值得女人托付一生吗？所以，接受他的爱，无异于饮鸩止渴。

我建议这位女子抵制这份情感的诱惑，拒绝他的爱，千万别因一时的软弱受制于他。她目前最需要的是积极自救。通过对前一段婚姻的认真反思，找出自己的不足，努力完善自己，修复创伤，让自己内心变得强大。在此基础上，再顺其自然地发展一份两情相悦的感情，坦坦荡荡地去爱！

最后，我想对这位女子说：你还年轻，拥有姣好的容貌和让人羡慕的职业，完全具备重新开始的资本，与其去抓一根脆弱的稻草，让自己战战兢兢地过活，不如让自己变成苗壮的大树，舒展自然！

不是很多，可爱的老婆或老公也不是很多，所以一旦有外遇，不论男女，身心都可能背叛或远离。博主的意见有道理，很多男人只是玩玩而已。但会不会也有例外呢，如果这男人对这个女的是真爱，又苦于对家庭的责任没有离婚，那他们该怎么样呢？这个问题往往没有客观的答案，值得思考。（虹）

194

他得知自己患了癌症后，哭着让我陪他到死，还让我放弃一直深爱着我的男友……

48. 面对癌症情人，我该何去何从？

车老师：

　　我是一名第三者，和我的远亲兄长相爱，但他有家室。我嫂子曾经背叛过他，三年前，可能是为了报复妻子，他就和我在一起了。当时我才21岁，大学刚毕业，什么都不懂，傻乎乎地把第一次给了他。可是有一天，我却发现了他给嫂子发的爱意绵绵的信息，当时我就崩溃了！

　　我要离开他，因为我不愿拆散一个家庭，既然他们还在相爱，我没必要再夹在他俩之间。可是他却死活不愿意放我走。尤其是那天，通过医学检查，他得知自己患了癌症后，哭着让我陪他到死，还让我放弃一直深爱着我的男友。

　　我很迷茫，一边是快死的他，一边是深爱我的男友，我要选择谁？我是否可以拒绝一个快要死的人？

一、认清感情的性质

　　从她的叙述中发现，她的远亲兄长是在妻子背叛自己的情形下，出于报复心理，将涉世

情柔蜜地

1. 离开他，他并不是真正爱你，你在他的眼里只是一根稻草。如果是真爱，他会将你推向岸边，而决不会把你也一起拉下水。傻姑娘，他不值得你爱，好好整理一下自己的思路，放下这段无果的恋情，勇敢地向前走吧，还有无限美好的未

未深、情感懵懂的她拖下了水。

她禁不住诱惑,傻乎乎地丢掉第一次,在情感上对他产生依赖,以为是真爱。却没料到,他仅仅把她当成情场上的战利品。他通过她获得自信、平衡了心态后,却频频向妻子表达绵绵爱意,使她受到打击,产生离开的念头。

所以,他们之间一开始就不是纯粹的爱情。她是他报复妻子、医治自己情感伤口的工具;他则填补了她初入社会后情感的空白与寂寞。他们在这份婚外情缘中,各取所需。

二、爱得不纯粹,所以患得患失

如果她和他是真心相爱,面对突如其来的病魔,他们应该诚心诚意地为对方考虑,作出更有利于对方长远幸福的选择。

具体来说,他应该对她隐瞒病情,故意和妻子亲热,让她心死,迫使她离开他,找寻自己的幸福。这才是真爱一个人应有的表现。而事实上,他却像个行将溺水的人拼命抓住救命稻草似的抓住她不放,不顾及她的未来,不考虑她有深爱的男友,却企图在她的爱中缓解自己对死亡的恐惧。他的爱既不负责任,又极端懦弱自私。

来在等着你呢。(白发叟)

2. 当然选择男友,放弃情人。你和情人没有牢靠的感情,只是他一时空虚跟你在一起,看看他和妻子的短信,你就知道自己显得多余。你的情人很自私,要你离开男友陪他等死,这种想法本来就很龌龊。他有今天应该自己承担后果,而不是要谁和他一起等死。你要做的就是:祝他早日康复,告诉他,你会活得更好,请他放心,再见!(新浪网友)

而她,如果真在意他,在得知他身患绝症后,绝不会左右为难,而会义无反顾地留在他身边,用温情陪伴他走完生命最后一段。但事实上,她的内心却充满犹疑和挣扎,情感上,她或许更倾向于深爱自己的男友,善良的天性又让她对自己的离开有负罪感。

三、按照自己的心意选择

根据上述分析,我想给这位女士的建议是:按照自己的心意选择。

静下心来,把自己对他的感情整理清楚,反复衡量之后,在以下两种答案中确定一个,付诸实施:

其一,觉得他比深爱自己的男友对自己更好,更值得付出。假如拒绝他的要求,会痛苦一生,一辈子都无法摆脱良心的折磨,那就选择无怨无悔地陪他走到生命终点,其余的,且等以后再说。

其二,对他只有同情和可怜,更愿意和男友牵手人生。那就拒绝他,让他的妻子履行陪伴他的职责。你可以以亲友的身份偶尔探视,送上你对他的关心、问候和祝福,而后好好经营自己的感情和人生。

她愕然了，他哭了。两人谁也无法想象：最后能给对方的竟然是这样的结局……

49. 如果做不了爱人，我们做什么？

车老师：

我现在心很乱，希望得到你的指点。其实下面的一篇网文可以代表我现在的心情。以你的聪明，是可以知晓我的心思的。以下是这篇让我流泪的网文：

如果做不了爱人，我们做什么？

小心地问对方："做不了爱人，我们做什么？""我们做知己吧！"她对他说。

他说："不，我承受不了那份永久的牵挂与思念，没有人能做一辈子的知己。"

"那我们做情人吧！"

他说："不，因为你是善良的女人，尽管我们的感情没有阳光的青睐，但是这样暧昧的词语是对我们的玷污。"

"那我们做兄妹吧！"

他说："不，我们的爱早已超越了兄妹之情，会有哥哥用带着柔情爱意的目光看待妹妹的吗？我不会做这样的哥哥。"

"那我们做朋友吧，我只能给你这个了。"

情感跟帖

1. 偶然来到你的博客里，看了你关于情感、婚姻及两性话题的诠释和分析，俨然，你就是一个情感专家。爱的伟大和广博，就在于彼此能时刻为对方着想。人毕竟是生活在社会这个大家庭里，不是独立的个体。正如你所说，除了爱，他说："不，在我的心里，你早已经是我的爱人了，做了朋友的身份，我无法面对你和你的另一半，也无法想象你和你另一半在一起的时候……我也无法抗拒和我的另一半同床共眠的时候不去想你。"

"唉，我们还是做仇人吧！"他对她说，"既然我们都改变不了自己的命运，此生注定了没有相互厮守一生的幸福。与其这样相互念着、痛着，不如仇恨地远离对方的视线，永远找寻不到对方，也许会是一种最好的解脱。"

她愕然了，他哭了。他们无法想象最后能给对方的竟然是这样的结局。但是他们明白，也只有这样选择，才可以保留住对方的那份善良与纯洁，也不再会伤害更多的人。

从此，他们消失了，没有相互的祝福，就这样静静地消失在茫茫的人海中。

两副柔弱的肩膀，承受不住另类的爱情。

这是个缠绵悱恻的故事。一对男女在茫茫人海中相遇、相识，爱情的火花由此迸发，他们充分感受到彼此心灵相通、灵魂交汇的快乐，他们才是最适合携手一生的人。只是，相见太晚，人生无奈，彼时，他们都在俗世红尘中承载着太多的责任和道义，他们给不起对方承诺，给不起对方想要厮守一生的幸福，所以，只能选择放弃，痛苦地转身。

看他们的故事，我最先想起的就是曾经风靡一时的小说《廊桥遗梦》。在这部脍炙人口的作品中，尽管他和她相遇的四天，如醇酒般醉人、鲜花般灿烂、天使般圣洁，但女主人公为了不伤害丈夫和孩子，宁愿放弃所爱，留在平淡乏味的生活里。男主人公本可以要求她一起漂泊天涯，但他尊重她的选择，独自离去。我想，很多人之所以被这个故事震撼和感动，就是因为能从这份真挚的爱中读出善良和理性之美。

我想对这位朋友说，我喜欢并敬重你们现在的结局，这是智者最好的选择。因为生活仅有爱不够，还必须承担责任和义务。假如一份爱是建立在一些无辜而善良的人的痛苦之上，那么，这份爱注定会因为充满伤害，缺乏祝福与认同，而最终伤痕累累。

我们还有责任和义务，道德和良心。也正是为了心中那份永恒的爱，智者才会选择放手，就像那首歌《有一种爱叫做放手》一样！（雨点）

2. 有过这样一段经历的人才能真正体会到，善良和理智的选择背后，是一生的心痛和悔恨，是一个人在暗夜里永远的伤悲。

198

生命中有过这样一次邂逅已足够，它于刹那间焕发出的光彩足以温暖和抚慰我们一生，就让美永存于心间吧！

　　我不知道这位不知名的朋友是否读过徐志摩的《偶然》，我把它放在这里，相信聪明的她也会读懂我的答案：

偶　然

我是天空里的一片云，

偶尔投影在你的波心——

你不必讶异，

更无须欢喜——

在转瞬间消灭了踪影。

你我相逢在黑夜的海上，

你有你的，我有我的，方向；

你记得也好，

最好你忘掉，

在这交会时互放的光亮！

爱情没有什么对与错，只有愿不愿意承受生命中所有的负累。人性的光辉和内心的独白往往有着强烈的反差，理性的选择背后可能是一生的心碎。我会给心爱的人关怀和陪伴，不管在道义和理智上是否能通，我希望他想起我的时候，心里是幸福的。（新浪网友）

> 曾经,我是那么鄙视、痛恨第三者,可现在我却在不知不觉中被别人扣了顶"第三者"的帽子,心痛到无法呼吸……

50. 男人坏的最高境界是——偷心!

车老师:

无意间看到您的BLOG,看了所有的文章,感触很深,觉得做一个女人真的不容易。冒昧地给您写信,请谅解!

曾经,我是那么鄙视、痛恨第三者,可现在我却在不知不觉中被别人扣了顶"第三者"的帽子,心痛到无法呼吸。我想报复他,又怕伤到他的妻女,我真的不知道怎么办?我曾想放了他也放了自己,只要他道个歉,承认他的欺骗。可是他骗了我还不承认。他说把小孩子扮家家的游戏说成是离婚很正常,现在满大街都是。当我问他,为什么把老婆叫做前妻时,他说他也曾叫过我老婆,而我也曾经叫过他老公。

他竟然用我曾对他的爱来堵我的嘴。

秀老师,下面是我写的一篇情感日记,我希望能在您的博中公开。看的人多了,也许可以给那些像我一样把爱情看得比天高、涉世未深的女孩们一个借鉴,世间就少了一个悲剧的发

精彩跟忙

1. 经历也是财富,该女生今后的生活道路会走得更好。教育也是积德,秀老师的婚恋课堂教育挽救了不少人。(阿冰)

2. 谢谢大家!我曾给他机会要他道个歉!但他没有,他无动于衷。也许

生。

初吻恋上香烟

附日记：

我是第三者吗？是吗？

这些天，一直活在痛苦的挣扎中，一直活在"我是不是第三者"的疑问中。你的年龄告诉我，你应该是有家室的。所以，我说："我不会做第三者破坏别人的家庭，更不会做情人。"

你笑了，说你已协议离婚，一年后就能拿到证了。我真以为，协议离婚需要一年后才能拿证，那是一个程序，你说你有的是时间……我们相恋了。

你很忙，应酬很多，我能理解。时间久了，我也会有抱怨，我也会跟你争吵，可你从不跟我计较。每次只有三句话："对不起了！我错了，下次改！"

终于，我爆发了，抬手打了你。那一刻，我后悔了，我不能这样对一个爱着的男人。你没有怪我，只是抱着我。那一刻，我感觉到了你爱我爱得有多深。

当我知道昨晚的电话是你"前妻"打来的，我好像比你还着急，要你快过去看看，是不是孩子有什么事儿。当你说房子，"前妻"还住着的时候，我劝你：一个女人离了婚带着孩子挺不容易，把房子给她吧。

跟你在一起，尽管不是我去破坏你的家庭，但总觉得对不起你的"前妻"、女儿，总会劝你多回去陪陪女儿，毕竟离婚对孩子的伤害是最大的，应该尽自己所能对孩子更好一点。你总说："你是个好妈妈！"

日子在你的宠爱与冷漠中激情演绎着。终于一天听同事说，协议离婚，只要一签协议马上就可以拿到离婚证。我崩溃了！我发疯了！打电话问你为什么要骗我？为什么要我扮演一个让人唾骂的角色——第三者？

你说："你不是第三者。你出现的时候，我们已经没有感情了，协议都签好了。只是临去办手续时，她反悔了……"现在虽然协议不成，但你还在努力。

情到深处，你也知道对我不公平，你也曾想过要放弃，可

他以为，我也会像他曾玩弄过的那些女孩儿一样不了了之吧。我不想他再去害别人，同时也给自己讨要一个说法，把他的所为汇报给他的单位了。他们所长和教导员还算公正，说对他的处理方式看我的态度，可以开除他的警籍。后来看他真的挺可怜，我也

又舍不得。你是一个执法者（职业是警察），你应该知道，你所谓的"协议"是不具备法律效力的；你应该知道，你所谓的"前妻"就是老婆；你应该知道，你的做法就是欺骗。

我气急败坏之下骂了你："你不知道有因果报应吗？你不怕你的作为会报应到你女儿身上吗？"

你挂了我的电话。

孩子，对不起！你是无辜的，我收回我说过的话，希望我经历过的痛苦与你无缘！希望你快乐、健康地成长！

我要退出，我要放弃，可我一直深爱着你！清楚地记得我们在一起的喜怒哀乐，我投入了太多的感情，陷得太深太深，我忘不掉！

时间又过去了好久，我病了，病得失去了生活的勇气。疼痛占据了我的心灵，我又在内心深处想你。我在犹豫，我试图去忘记你，可是，可是我真的做不到。我又一次在深夜里听到了自己的哭声，伤心的泪水不听话地肆意横流。我想你，怀念双手被你握着的感觉，怀念你宽厚的胸膛，怀念你轻柔的耳语，怀念……

爱情里面没有对与错。喜欢一个人没有错，爱一个人也没有错，可是，不要轻易伤害。如果你真的不再爱你的妻子，你可以离婚后再去追求你心仪的女子。因为，每个人都有让自己幸福的权利！但是，如果你没打算离婚，或者还没离婚，请你自重！千万千万自重！

就没再追究了。我想这次他应该长点记性，短期内不会再去害人了吧。
（初吻恋上香烟）

看她的情感日记，能感受到她发自内心的伤痛和无奈。仿佛是为了证实我的感觉，她还随邮件传了份闺中女友为她鸣不平所写的文章。

女友为了认清那个男人的真面目，以老乡的身份加了他的QQ，了解他对感情的看法。通过几次聊天才知道：被女孩倾情相爱的男人，只是无赖、欺诈、肮脏的代名词；被女孩看得圣洁无比的爱情，只是他用以调剂自己生活的小插曲。他从不曾真爱过她。没有她，他同样会去寻找下一个美丽猎物。

事已至此，我以最快的速度给这个被痛苦纠缠的女孩回复了邮件，劝她说：请不要再充当"帮凶"，和那个不道德的男人一道伤害和虐待自己。错的是他，不是你。既然如此，请别拿他的错误来惩罚自己，陷自己于绝望的深渊。可以的话，去美美容，换个发型，买套新衣，将自己打理得整齐漂亮，到空气清新的地方走一走，舒缓一下心情……你还年轻，路还长，请振作精神，重新开始。

与其报复他，不如庆幸自己的运气，不是吗？幸亏你早一步认清他的真面目，避免了悲剧和伤害的扩大。假如他真的离婚娶你，之后，再露出狰狞的面目，继续他寻花问柳的人生，那时，善良而多情的你所要承受的痛苦和磨难不是更多吗？将他从你的记忆中抹去，就当是为成长付出的代价。所以请保重自己，珍惜自己！并用你未来的幸福、快乐来证明，离开他是对的。离开他，你的人生才可以更精彩！！

如今，这个善良而自尊的女孩情绪平稳了下来，她选择以外出旅游的方式减轻疼痛，积蓄重新站起来的力量。在发给我的第二封邮件中，她意味深长地说："现在才明白，男人坏的最高境界，不是偷身，不是偷情，而是偷心。这种人最可怕，也最可恶！女人一定要提高警觉。"

希望天下女子守护好自己的心，将它交付给值得信赖的男人！也祝福这位美丽而又坚强的女孩，走出伤痛之后，人生更精彩！

> 没想到，他很直白地对我说："做我的情人吧，我养你！"可是，我就是想不明白，他怎么会看上我……

51.能否为了报复充当老板的情人?

车老师：

最近，我碰到了一件好郁闷的事——老板让我给他做情人。

老板是一个南方人，长得一点也不帅，30多岁，已婚。老婆倒挺漂亮的，还有个可爱的儿子。我在他公司待了三年多，平时感觉他不苟言笑，挺严肃的。而且，他似乎并不欣赏我，经常在工作中找各种借口骂我。

昨晚，他突然约我去咖啡厅，和我聊了几个钟头。他聊的话题，尽是关于感情方面的。而我谈的大都与工作有关，并趁机把平时对他的点滴不满全说出来了。

没想到，他很直白地对我说："做我的情人吧，我养你！"我就想不明白，他怎么会看上我？我今年23岁，也不是什么漂亮女生，何况，他平常没少骂我。他强调，就是对我有感觉。

我现在有两种想法：

第一，辞职。但是想想为了这事而放弃工

作，有些不情愿。因为在他公司，毕竟有一个属于自己的发展平台。

第二，答应辞职并让他养起来，我要报复他！因为他对我的严厉和道貌岸然！但细想想，如果我答应他的要求，会受到舆论的谴责，成为别人眼中道德败坏的第三者，包括我自己心里也不会安宁。还有我经济条件比较优裕，目前有着为数可观的积蓄，完全没必要为了 MONEY（金钱）而……

我很郁闷！不知道自己该怎么办？我愿意你把我的故事整理出来，听听别人怎么说。

思晨

看到这封邮件，感觉很惊讶。因为女人给已婚男人当情人，大都是为着一份难以抗拒的感情，也不排除那些爱慕虚荣，贪图金钱和权势的，但像思晨这样，仅仅为了报复上司，就想成为被他包养的情人，实在令人费解。下面，是我写给思晨的分析与建议：

一、辞职不做，自尊地离开

思晨有优越的经济条件，不是为了生存压力才到该公司打工。尽管公司为她的发展提供了平台，但老板平常对她的态度，并不能推动她在职场的良性发展，反而容易带给她挫败感和失落感。尤其是，老板把话挑明之后，思晨如果拒绝他的非分之想，他肯定会变着法子给她小鞋穿。

因此，我觉得思晨辞职的想法是比较明智的，既可以避开老板的骚扰和指责，保持人格的尊严和独立，也不会伤及无辜（老板的妻子和可爱的儿子），甚至可以谋求更为理想的发展空间。

退一万步讲，就算她舍不得公司的工作，也可以断然拒绝老板的无理要求，警告他不要痴心妄想，否则，就把他的作为告诉他的妻子和公司同仁。以此让老板对她心存敬畏，收回邪念，而思晨也可以更为自尊地在公司发展。

二、莫为报复耗费自己的青春

因为老板以往的指责，思晨心头积压着一些委屈和怨气，现在，老板态度突然一百八十度大转弯，迫切地想包养她。在内心彷徨的同时，她似乎明白了，他之前对她的恶劣态度并不

游戏。（小东东）

2. 人可以傻，但不可以傻到这种程度！她以为她是谁，杨玉环？白痴也比她聪明。凭什么报复人家呀？就凭她傻？一个无耻，一个傻，真是一对活宝！（云儿）

是因为她不好，而是对她另有所图。

在洞察了这一点后，尽管老板的长相和钱财都无法吸引她，她还是在心理上产生了一些满足感，甚至想到被他包养，花他的钱，破坏他的家庭，撕开他道貌岸然的面纱，使自己内心更痛快一些。

她以为被包养是对老板的报复，却没有想到，情感无价，青春无价。付出自己的青春和感情，去报复一个自己不爱，又没有价值的无聊男人，是很草率、很愚蠢的行为。果真如此，只会白白便宜老板，葬送自己如花的青春。实际上，对这种男人最好的报复是：果断地拒绝他的无理要求，漠视他的存在，让他明白，有钱并不可以为所欲为。

我看过思晨传给我的照片，俏丽的模样，清甜的笑容，再加上她优厚的经济条件，完全可以享受一份相知相许的感情，在阳光下快乐舒展地生活，实在没必要为了一点小委屈，充当不名誉的第三者，赔上自己一生的幸福。

总之，青春宝贵而短暂，婚姻和感情非同儿戏。希望思晨谨慎冷静，珍惜自己，用心生活，努力追寻真爱，让自己拥有高贵而纯净的人生。

我也很厌恶"情人"这个词,可是却做了别人的情人。他比我老了整整一轮。在一起时,我总是提心吊胆……

52. 和第三者的对话

生活中,我接触到的女子,大多婚姻稳定,温雅贤淑。所以,我一直好奇,什么样的女人才肯委屈自己,插足他人家庭,甘当被人指责的第三者?

我的《对付第三者,明枪不如暗箭》一文发表后,因为被新浪博首推荐,引起众多网友的关注,在文后一百多条跟帖中,有控诉第三者的,有支持和质疑我博文观点的,也有以第三者的身份为其情感作辩护的。

我佩服那些敢于公开承认自己是第三者的女子,对她们的帖子自然格外留意。下面我选摘三条第三者在我博文下的跟帖,并将我的答复一并放在这里,算作是和第三者的一次文字交流。

之一:我就是你说的第三者。那个男人没有钱,是两个孩子的父亲,他的生活很可怜。他妻子很少管家、管孩子,天天在外面跳舞、泡吧、喝酒、打牌等等。他很爱很爱我,说要和妻子离婚娶我。可是,他妻子又不同意。我该

1. 我就是一个这样的女孩。他,一个有妇之夫,当初疯狂追求我。我以为我是一个救世主,只有我能让他高兴。后来才知道,一切都是假的。现在想想这种男人最可恨了,自己也是最傻的了。奉劝所

怎么办呢？

　　看这张帖子，我有点心疼这个女子。这个男人是两个孩子的父亲，说明他至少有几年婚史；他没有钱，说明他事业上并不得志；他说妻子不管家，整天在外面泡吧、喝酒，那么，他妻子泡吧、喝酒的钱从何而来？

　　有人说，看一个女人的性情脾气，就能知道她丈夫是怎样一个人；也有人说，谁有一个好丈夫，从她的脸上就能看出。他和妻子结婚几年，把妻子说得如此不堪，而他娶这样品行的女子为妻，还跟她生了两个孩子。你说，他自己能好到哪儿去？

　　显然，这个女子单纯善良，是因为爱和同情才和这个男子走在一起。但这个男子值得爱吗？他既给不了她金钱，又给不了她婚姻，他有什么资格去爱，拿什么来爱？何况，他妻子还当宝似的抓住他不放，他还有两个孩子需要他尽父亲之责。

　　我想对这位女子说，赶快离开他！你用善良和柔情为他潦倒的人生增添亮色，而他只是个打着"爱"的幌子，占有你的青春和身体，却不愿承担丝毫责任的猥琐男人。为这样的男子背负第三者恶名，亏的是你，占尽便宜的是他，伤害的则是他无辜的妻和子。

　　之二：我也很厌恶"情人"这个词，可是却做了别人的情人。他比我老了整整一轮。相识了几年后，有一天他说他喜欢我，想和我在一起。因为他对妻子、家人和朋友都是热心肠，是个极细心的男人，他的这些优点在我老公身上是找不到的，我慢慢对他产生了好感，答应跟他约会。我们在一起时总是提心吊胆，也有些不情愿，但是我扭不过他，就成全了他。

　　我也说不清自己是不是真的喜欢上了他。在一起几次后，我发现了问题的严重性，多次说要退出，可他说他很难过，说他爱上我了。我不知道他是不是在骗我，却被他的细心折服，一次一次地宣告分手失败。

　　他其实很爱他的妻子和家庭，但他也爱我，什么事情都想着我。他的妻子是个能干、贤惠的女人，我们是好朋友，经常在一起玩。而我和她的老公却私下里约会。我一想到两家人，心里非常难受，害怕！

　　秀老师，我想请教你，我现在该怎么办才好？我爱我的老

有处于这种困惑中的女孩，千万别爱上这样的男人，伤人又伤己呀！（新浪网友）

　　2.有些人居然还蛮赞同第三者的，不可思议！出轨不一定都和爱情有关，胡搞而已。真的不爱了就离婚，别老是伤自己又伤别人的。不管女人还是女孩，都没有必要去做第三者，不高

公和儿子，也不想破坏我们的两个家庭，可又退不出这个情局，你能帮我出出好主意吗？

谁都可以看出，这是个贪婪、自私，占有欲极强的老男人。因贪恋她的美色，不惜背叛妻儿，却又虚伪地在妻儿面前扮模范丈夫和父亲，用一些假象和爱蒙蔽这个女子，而且丝毫不考虑她内心的挣扎和顾虑，更不为她的家庭和未来着想。

我很为这个女子担心。假如他们的私情败露后，这个男人尚有妻儿可守，甚至极有可能反咬一口，说她勾引他，以洗刷清白，继续扮演正人君子的角色，而她该以何种面目面对老公和孩子，面对她的好友——那个男人的妻子？

请赶快离开这个自私又虚伪的男人，别再听信他任何的借口。就冲你是他妻子多年的朋友这一点，"兔子还不吃窝边草"呢，他连起码的道德底线都没有，你怎么能为他那份虚幻的爱，置家庭和多年的友谊于不顾？

之三：难道说，第三者就没有爱吗？错了，她应该说是爱得很深很深。否则一个有道德修养的人，不会去破坏别人的家庭。她心里肯定也很不好过。我觉得，她只不过是比做妻子的出现或是遇上的晚了些。世间有哪个女人想这样啊！

我相信第三者有爱。很多女人之所以委屈自己，甘当第三者，就是因为相信自己遇上了真爱。所谓相见恨晚，就是在没有合适的时间遇到他。而在合适的时间遇到他的，则是他的妻子。

问题是，他的妻子比你先到。妻子和他相濡以沫多年，耗尽心血和智慧，把他培育成一个成熟、有魅力的男子，在她该享受劳动成果时，你却借着"爱"的名义去采摘别人的果实，还要他的妻子忍气吞声退出，凭什么？就好比谁都爱钱，但银行的钱不能因为爱和需要，就理直气壮地去抢吧。

所以，一个有道德修养的人，绝不会放任自己的爱去伤及无辜，更不会在别人的痛苦和眼泪中享受自私的爱。因为生活中不仅有爱，还有需要承担的责任和义务。

如果一份爱注定要建立在伤害之上，即便你得到了这份美味的晚餐，也会因为良心和道义的谴责，寝食难安。而这份爱，因为抛弃了责任和义务，因为没有祝福与认同，也注定了会在

贵，不道德。男人多得是，干吗去破坏别人的婚姻？如果女人都对自己放纵一点，一生中会有无数次机会去当男人的情人。我本人就很漂亮，而且优秀，所以不当第三者，要当就当太太。如果老公乱来，到不可容忍的程度，就让他滚蛋，去娶那个女人好了。

（新浪网友）

未来的路途中，伤痕累累，胎死腹中。

常言道："善有善报，恶有恶报；不是不报，时候未到！"试看所有的第三者，只要他（她）一条道走到黑，又有谁一辈子幸福快乐？因为，这是生活的铁律！这是人间的天理！

幸福婚姻解码

　　本是十多年的夫妻，有着美好的过去和深厚的感情，却因为其中一方不安于平淡，有了出轨经历，另一方知情后，痛苦万分。尽管出轨的一方诚心诚意想改，可受伤的那一方却在两难境地中徘徊不已。他们问我最多的问题是：怎么办？！离又离不了，忘又忘不掉，每天过得暗无天日，身心俱疲……

一个抢着道歉的丈夫，一个善解人意的妻子，构筑相濡以沫的人生……

53. 平鑫涛和琼瑶夫妇的相处之道

台湾著名女作家琼瑶是言情小说的圣手，在华人世界中享有盛名。她写出那么多唯美和浪漫的爱情小说，滋养着无数渴求爱的心灵。读她的作品，我一直觉得她是不食人间烟火，对感情世界苛求完美的女子，无法想象，她能适应琐碎庸常的婚姻生活。事实却是：她和台湾凰冠文化集团社长、资深出版人平鑫涛先生相濡以沫多年，是一对融洽和美得让人羡慕的夫妻。

用心拜读了平鑫涛先生所著的《逆流而上》这部个人传记，我才明白了琼瑶夫妇婚姻幸福的关键。现归纳总结如下：

一、抢着道歉的丈夫

夫妻过日子，难免磕磕碰碰，发生口角纷争。很多寻常夫妻，为一些鸡毛蒜皮的小事，一方拍案而起，恶语相向，将对方驳得体无完肤，对方也毫不示弱，奋起反击。双方唇枪舌剑的结果是：两人口不择言地互相伤害，最终两败俱伤。这是典型的"窝里斗"的做法。

平鑫涛和琼瑶是如何面对此类情形的呢？

情素聚焦

1. 我想，真正相濡以沫的爱是存在的，但却非常罕见，那是发生在两个极端明智而有涵养的人之间的。其实，吵吵闹闹的爱也不见得就不是爱。爱是对于对方的高估，恨是对于对方的低估。宣泄情绪是肯定要的，但是在《逆流而上》中，平先生意味深长地写了这么一段话：

在生活上，我们之间也难免有意见不合而有所纷争。如果错在我（通常是误会），那么，男子汉大丈夫说道歉就道歉！即使有时候犯错的不是我，为什么我让她犯错呢？所以道歉的应该是我。其实，我道歉，她不好意思，一场风波就烟消云散。这是夫妻相处的艺术。

细想想，平先生的做法的确有过人之处。夫妻之间本无高低，家也不是讲理的地方，没必要面红耳赤地争出谁对谁错，孰高孰低。因此，选择退一步，主动道歉，让对方一个巴掌拍不响，既保持了家庭的和睦，又融洽了两人的感情，何乐而不为？

二、善解人意的妻子

平鑫涛先生用"退一步海阔天空"的方式对待琼瑶，琼瑶又是如何待他的呢？在《逆流而上》中，平鑫涛记录了这样一则小故事：

30年前，他驾车到台中出差，觉得独行无聊，就邀了琼瑶、琼瑶的妹妹及其男友同行。因为那天倾盆大雨，视线不佳，再加上他的驾驶技术不太好，发生了车祸。琼瑶被车窗的玻璃碎片割得遍体鳞伤，她妹妹脾脏破裂，急送医院开刀，他自己也双脚骨折，躺在病床上动弹不得，自责不已。

这时，琼瑶步履艰难地走到他床前，开口说道："车祸是常有的事，大家平安就好，受点伤也没有什么了不起，千万千万不要自责。"

充满体谅和温暖的一句话，让平鑫涛感动得无言以对，心中却有一个声音在说："这辈子我们不会分离了。"

从这个故事可以看出：琼瑶是个明辨事理、善解人意的好妻子。面对已经发生的事实，她不是忙着指责和抱怨，而是深切地理解车祸发生后平鑫涛内心承受的煎熬和压力，并努力帮他消除心理负担。她宽阔的心胸、细腻的体贴换来的是平先生的感激、敬重，以及终身相守的决心。

与琼瑶的做法形成鲜明对比的是：生活中很多心胸狭窄、缺乏智慧的女子，因为丈夫一点过失，就喋喋不休、没完没了地抱怨，使得丈夫怒发冲冠，与妻子产生隔膜。所以，聪明妻子应该学学琼瑶的体贴和大度，面对已经发生的事情，不要忙着兴师问罪，而是努力站在对方角度，尊重他，体谅他，顾全

怎么宣泄和教养、性格有关。关键不是形式，而是那份心灵的链接是否真实可靠。（enigma0605）

2.能做到抢着道歉的，都是有素质和涵养的人。而有的夫妇却把对方的道歉当成笑柄。比如我的一个女同事，每次丈夫发火，无论是谁的错，她都马上说："好了，好了，是我不对，

他的感觉，用信任和大度，让他知道，你才是他最值得信赖、最亲密的人。

三、相濡以沫的人生

平鑫涛和琼瑶不但在感情上互敬互谅、琴瑟和谐，在事业和生活中面对危机和困难时，也总能携手面对，共渡难关。在《逆流而上》中，平先生用娓娓道来的笔触，讲述了好几个感人至深的故事，比如：

平先生几年前，误入人生陷阱，遭遇平生最严重的一次打击。他几乎有一个星期彻夜未眠，苦思对策。琼瑶并没有袖手旁观，而是冷静地和他一起分析各种情况，帮他理出头绪，拟订对策，终于拨云见日，反败为胜。

还有，琼瑶对工作要求极严。当工作延误或者品质欠佳，达不到她的要求时，性情急躁又求好心切的她不想迁怒于人，就选择把自己锁在房间里一言不发，或者独自出门宣泄自己不良的情绪。每逢此时，平鑫涛尽管担心，但总是尽量不打扰她，让她平静下来。他明白，她需要的不是虚假空洞的安慰，而是解决问题、改进工作的办法。他总是努力去找寻解决问题的方案，帮她达成心愿，成为她事业上最得力的帮手。

尤其让平鑫涛难以忘怀的是：

2002年9月下旬，他患了一场小病，因为庸医误诊，小病变大病，几乎毁容。在他病得水深火热、痛不欲生的日子里，琼瑶衣不解带，全心全力地照护他。卧床半个月，平鑫涛体重减了四公斤，而琼瑶却锐减六公斤，还诙谐幽默地说："这不是意外的收获吗？"

很多夫妻，可以共甘，却无法同苦，而平鑫涛和琼瑶却总是互相扶持，直面人生的风风雨雨，从他们身上，我们可以明白什么是相濡以沫，什么叫夫妻同心。

说句实在话，我佩服琼瑶。她不但用她的生花妙笔，为人们营造出一个个浪漫旖旎的情感世界，满足大家关于感情的诸多遐想。在现实生活中，她也脚踏实地，用一颗充满热情和真挚的心，将庸常的婚姻生活演绎得有声有色。琼瑶夫妻风雨与共、携手相依的和睦婚姻，向我们昭示着：人世间自有真爱。对于真正懂得爱，并用心经营爱的人来说，用情相守就是家，有爱的婚姻是天堂！

别生气了，生气对身体不好。"然后会端一杯热茶给丈夫。丈夫当时是不再发作了，但事后再起龃龉时会"揭短"："你都给我道歉多少次了？你知不知道每次都是你的错！否则你为什么给我道歉？"看看，他把对方的大度与包容当成理亏了。没有大脑的粗鲁男人！（张叶）

> 明明有足够的理由抱怨,但她却选择了尊重和宽容,让爱人信心百倍,让自己其乐无穷⋯⋯

54、一个教给夫妻如何去爱的童话

《老头子总是不会错》是丹麦童话大师安徒生的经典名篇。大意是:

乡村有一对贫寒的老年夫妇。

有一天,他们想把家中唯一值点钱的马拉到市场上去换点更有用的东西。老太婆对老头子说:"今天镇上是集日,你骑着它到城里去,把这匹马卖点钱回来,或者交换一点什么好东西。你做的事总不会错,快到集上去吧。"

她替老头子裹好围巾,打成一个漂亮的蝴蝶结,然后用她的手掌心把他的帽子擦了几下,同时在他温暖的嘴上接了一个吻。老头子就这样带着老太婆的殷殷嘱托上路了。

他先用马换了一头母牛,又用母牛换了一只羊,再用羊换来一只肥鹅,又把鹅换成了母鸡,最后用母鸡换了别人的一大袋已经开始腐烂的苹果。

在每次交换中,他都认为他做的事情是老伴最需要的,肯定会给老伴一个惊喜。

当他扛着烂苹果到一家小酒店歇脚时,碰

1. 恋爱时,两人之外别无他物,一旦步入婚姻,就不一样了,柴米油盐,公婆叔伯,还有一大堆的关系,一大堆理不完的家事,真的很烦。老头子总是不会错,在现代年轻人中,尤其是双方都受过到两个有钱的英国人。他得意洋洋地给他们讲了自己赶集的经过。两个英国人听完哈哈大笑，说他回去准得被老婆子结结实实地揍一顿。老头子坚称绝对不会。他信誓旦旦地对两个英国人说："我将会得到一个吻，而不是一顿痛打。""我的女人将会说：老头子做的事儿总是对的。"

于是，英国人就用一斗金币为赌注，三个人一起来到老头子家中。

让两个英国人目瞪口呆的是：老太婆一直兴奋地听着老头子讲赶集的经过。每当听到老头子用一种东西换了另一种东西时，她都用满是钦佩的表情和语气大声地表示肯定。当她知道老头子用马最终换回的是一袋烂苹果时，她还是兴高采烈地说："现在我非得给你一个吻不可，我要告诉你一件事情。你知道，今天你离开以后，我就想今晚要做一点好东西给你吃。我想最好是鸡蛋饼加点香菜。我有鸡蛋，不过我没有香菜。所以我到学校老师那儿去——我知道他们种的有香菜。不过老师的太太，那个宝贝婆娘，是一个吝啬的女人。我请求她借给我一点。'借？'她对我说，'我们的菜园里什么也不长，连一个烂苹果都不结。我甚至连一个苹果都没法借给你呢。'不过现在我可以借给她十个，甚至一整袋子烂苹果呢。老头子，这真叫人好笑！"

老太婆说："谢谢你，我的好丈夫！"

她说完这话后就在他的嘴上接了一个响亮的吻。

两个英国人心悦诚服地付给老头子一斗金币。因为他做了一笔明显赔本的交易，不但没有挨打，还得到了老太婆热烈的吻和积极的肯定。

我第一次读这个故事是在小学，读后捂着肚子笑了半天，觉得这个老头儿和老太婆实在是太蠢了，那两个英国人的金币输得好冤。

第二次读这个故事是在大学。重温这个故事时，我对老太婆有一种怜悯，觉得她缺乏主见、是非不分，对丈夫有一种盲从和愚忠。而她丈夫呢，实在是配不上她的称赞。我不喜欢这种无原则的夫唱妇随。

现在，了解到生活中那么多夫妻为一些鸡毛蒜皮的小事吵

高等教育的夫妻中，更是不可能的。但我认为，婚姻中夫妻双方应该讲究处事的方式方法，不能无原则地首肯，也不能遇事就要辩个是是非非。（三月小雨）

2. 看完这段故事，真是感慨万分啊！可是生活中，只有一个人肯付出，而另外一个人还是

得不可开交，日子过得焦头烂额，我突然想到这个故事，也突然明白了安徒生在故事开头写的一段意味深长的话。他说：

现在我要告诉你一个故事。那是我小时候听来的。从那时起，我每次一想到它，就似乎觉得它更可爱。故事也跟许多人一样，年纪越大，就越显得可爱。这真是有趣极了！

我第一次发现：《老头子总是不会错》不是写给孩子的童话，而是写给成人的婚姻读本。它通过一个妙趣横生的故事，努力教给婚姻中的男女如何去爱一个人的道理：爱一个人，就要多赞美他、肯定他。即使对方做错了什么，只要动机是好的，就应该鼓励和肯定他，千万不要自作聪明地去伤害你爱着的人。爱人的快乐比什么都重要。夫妻应该本着彼此尊重，互相欣赏和宽容的原则相处，才能恩爱和睦，生活才能有滋有味。女人如此，男人也不例外。

很浅显的道理，但恰恰最容易被人们忽视。比如：丈夫用自己月薪的一半给妻子买件衣服，妻子却抱怨丈夫买的衣服难看，花钱大手大脚，两人不欢而散；妻子辛辛苦苦煮一桌饭菜，想讨丈夫欢心，丈夫却说难吃，让妻子掀翻桌子，跟丈夫吵得不可开交。

夫妻之间，明明爱着，明明是世间最亲密的两个人，却又不由自主地把对方当作是不良情绪的垃圾桶，拼命地挑毛病，口不择言地伤害对方。

谁都可以看出，《老头子总是不会错》中的老头子并不是一个聪明能干的丈夫，老太婆有足够的理由抱怨，抱怨他贫穷，抱怨他愚蠢等等。假如她选择了抱怨，她和他的处境不会改善多少，只会给贫苦的生活雪上加霜，让两个人更绝望，更痛苦。但她没有抱怨，而是用她的尊重和宽容，让老头子信心百倍，让自己其乐无穷。

这是一个多么智慧又可爱的女人啊！

假如，配偶不是吸毒、嫖娼；假如，他不是犯下十恶不赦的罪行；假如，让你们争吵的只是生活中一些无伤大雅的小事，我们不妨想想那个可爱的老太婆，她是怎样对待她那位用一匹马换了一袋子烂苹果的丈夫……

爱的核心是宽容和尊重！

那样自我欣赏，即使自己付出太多，对方还在指责你时，心里又会怎样想呢。不过，还是很感谢你给大家带来这么好的文章！（水中的鱼）

> 希望生活中的男人们，少一些"刀枪剑戟"，多一些"和风细雨"……

55. 男人：摈弃"窝里横"，去做"浓绿荫"

　　大二那年，我们几位同学结伴去陕西乾陵游玩。有一段路坑洼不平，要坐蹦蹦车才可通过。

　　蹦蹦车最多可以容纳八人，我们男男女女加起来才六个，车主就招呼一对抱小孩的农民夫妇和我们同行。

　　那对夫妇看起来30岁出头，女人长得很清秀，抱着一个襁褓中的孩子。男人个头不高，样子很猥琐，神色却凶得吓人。从一上车起，他就横眉立目地对着手忙脚乱照顾孩子的妻子指责个不停，怪她让孩子哭，怨她笨，骂她不会当娘等等。

　　女人显然是被他欺负惯了，低眉顺眼，吭都不敢吭一声。

　　他们比我们先抵达目的地。男人抢先跳下车，却并不去抱孩子，而是破口大骂，说女人动作慢，没眼色。

　　女人抱着孩子站在车上，神色狼狈至极，不知该如何下车才好。

　　跟我们同行的男生海看不下去，主动伸手接过孩子，让那个女人下车。女人怯生生地看了一眼车

情来课帖

　　1. 这样的男人，通常是因为不敢惹一方又窝在心里难受，只好拿另一方出气了。男人有时是很可怜的，做好了两头稀罕，做不好了两头讨厌。或者说是顾此失彼，得罪一方是为了成全另一方。建议男

下正发威的男人，慌乱地跳下车，又接过孩子，在男人尖锐的骂声中，抱着孩子低头往前疾走。

海气愤地指着那个男人的背影说："窝里横，就会欺负老婆。我最讨厌这种男人！"

那是我第一次听到"窝里横"这个词。

我不知道字典上是如何解释"窝里横"的。因为海的话让我印象至深，后来一看到那些在外面混得不如意，在家里打老婆、骂孩子，用拳头和暴力树立自己权威的男人，我就会想到"窝里横"三个字。

在我看来，"窝里横"指的就是那些在外面唯唯诺诺，事业不如意，心态失衡，就在家里用暴力树立自己的权威，在妻儿的眼泪和畏惧中，享受大男人自尊的男人。

在社会转型时期，很多男人在激烈的社会竞争中处于劣势，下岗、失业，或者在单位郁郁不得志，心态严重失衡，就把不良情绪转嫁给妻儿，在对弱妻幼子的打骂中，寻找一种变态的快感和满足，为其失落的自尊找平衡。

这种"窝里横"的男人在生活中多得举不胜举。我在学院的"心灵朋友室"值班时，经常会有一些自卑又无助的男孩和女孩坐在我面前，诉说他们那性情暴躁的父亲和在父亲的辱骂和拳头中度过的苦痛的童年，他们眼底的悲哀和心底的伤痕，既让我心疼又让我无奈。

我觉得"窝里横"与学历无必然联系。即使是博士毕业，假如缺乏责任感又心态不良，照样可以沦为"窝里横"式的人。这种"窝里横"男人实在是很不成器，有本事你就在外面打拼一份事业，来证明自己呀！在妇女儿童面前发威，除了说明自己无能和欺软怕硬，还能说明什么？

在我看来，真正素质高、有涵养，事业有成的男人大多是爱老婆、爱孩子的，他们通过自己的努力，在外面赢得认可和尊重，在家更愿意表现自己轻松和随意的一面，悉心呵护妻子，努力和孩子成为朋友，营造一种温馨和睦的家庭氛围。这样的好男人被我称作是"绿荫式"男人，他们用能力和爱心为妻儿撑起一片绿荫，让他们生活得幸福。

人没招的时候就沉默。（玉兰花白）

2. 尽管不讨人喜欢，但可以理解。对许多人来说，家是他（她）唯一可以释放压力的场所，家庭成员是其发泄的唯一对象，否则他们会发疯的。（老马）

这种"绿荫式"的男人，名人中俯拾即是。比如，杨绛在《回忆我的父亲》一文中，有这样一段文字描述她的父亲：

我父母好像老朋友，我们子女从小到大，没听到他们吵过一次架。旧式夫妇不吵架的也常有，不过女方会有委屈闷在心里，夫妇间的共同语言也不多。我父母却无话不谈。

而她父亲杨荫杭，曾由南洋公学派送日本留学，在辛亥革命后做了民国的官，当过省级的高等审判庭庭长，还曾任京师高等检察长，事业不可谓不辉煌，却始终尊妻爱子，可谓是好男人的一个范本。

还有众所周知的林语堂，不但有着过人的才气和辉煌的文学成就，还是爱妻爱孩子的典范。他的女儿林太乙多次撰文描述自己的父亲，并公开宣称："对我来说，他是最好的父亲。"

我敬重并喜欢这样的男人，他们自己事业有成，却始终对妻儿持有一种平常心和真性情，如一棵大树，给妻儿撑起一方绿荫，让他们自在地呼吸，欢畅地生活。

希望天下的男人，摈弃"窝里横"，去做"浓绿荫"，让生活中少一些"窝里横"，多一些"绿荫式"的男人。

女人不是因为好看才温暖，而是因为温暖才好看……

56. 好女人是温暖而且好看的

《人生纪实》杂志《妙语录》栏目收录了这样一条妙语："好女人是好看而且温暖的——英国一家调查公司对'男人心目中的好女人'的调查结果。"

盯着这段话看了半天，心一子变得温润柔软了。然后，不由自主地在记忆中搜索好女人的形象。

最先跃入脑海的是林语堂先生在《京华烟云》中塑造的经典女性形象——姚木兰。她集富贵、美貌和才华于一身，温婉灵动，娇柔妩媚，浑身散发着馨香优雅的女性气息。她爱父母、爱家人，以成熟圆润之美，将庸常琐碎的日子过得流光溢彩，充满诗情画意；她不动声色地化解婚姻危机，悉心培育儿女，即使在战火纷飞、流离失所的日子里，也不忘伸手去救助弱小无依的孩子。她浪漫风雅的天性，化平凡为灵动的能力，处变不惊的沉稳与智慧，倾倒了无数读者，以至于林语堂先生都忍不住发出"生女当如姚木兰"的感叹。

除木兰之外，让我念念不忘的，还有《飘》中的韩媚兰。她文静纤弱，整张脸娇怯可怜，五官平淡，没有思嘉让人目眩的美貌，却让丈夫卫希礼对她一往情深，爱若至宝。她沉静温雅的性格，如磁石一般，对周围的人散发出强烈的吸引力。就连一向桀骜不驯的白瑞德，面对媚兰时，也不由自主地变得绅士起来，他由衷地说："媚兰是他这一生唯一尊敬、唯一欣赏的女性。"

媚兰之所以如此有人缘，得益于她的内涵与气质，由里到外散发的温馨之美。她人品高洁，心地纯良，时时处处都在为别人打算。在医院里，她忘我地照顾伤员；在义卖场上，她忍痛割爱，大度地捐出婚戒；在男人们为了思嘉和北佬起冲突，处境万分危险时，她镇定自若地配合白瑞德演戏，化解身边男人们的险境；在思嘉一时情迷，忍不住和媚兰的丈夫卫希礼拥抱在一起，并被几位亲友看到，谣言满天飞，思嘉成为众人谴责的对象时，最该痛恨她的媚兰却旁若无人地当众拥抱她，处处维护她。媚兰不美，但其精神的高贵与性格的完满，使得她平淡的五官也变得熠熠生辉，是当之无愧的好女人。

在生活中，我见过的最"好看而且温暖的"女人是我的母亲。她只是个普通的家庭妇女，却是我内心最温暖明亮的支撑。她慈和善良，一辈子任劳任怨，抚养我们四个孩子长大。尽管家中经济拮据，还是坚持和父亲一道供我和妹妹读完大学，让我们有比较好的人生归宿。母亲年轻时容貌清秀，现在60多岁了，依然满头黑发，精神矍铄，目光宛如孩童一般纯净。在我的记忆中，母亲从没有对我发过火，也极少对别人口出怨言，她只是一味地对人好。

只要孩子高兴，只要家人健康，她就心满意足，欢天喜地了。每次回到家，我都会扑过去，把瘦弱的母亲搂在怀里，又哭又笑好半天。我拖着她散步，跟她撒娇，有时挤在她的床上，和她滔滔不绝地聊天，聊到倦极，靠在她的怀里沉沉地睡去。因为母亲的慈爱和善良，我在闯荡他乡的冷峻岁月里，始终保持着与人为善的品性。

在我的阅读范围中，姿容出众的女人很多。如温雅动人、感情真挚的安娜·卡列妮娜，争强好胜、贪婪冷酷的郝思嘉，弱

都来争做广秀老师笔下的温暖女人哦！我会试试看的。（小雨）

2. 我也希望做个这样的女人。但我只是红尘中的一粒尘埃，在红尘中摸爬滚打，不管怎样付出，换来的只是不公。这些天我正在生气，觉得人生好像已无路可走，每天一个人傻傻地 ↱

不禁风、多愁善感的林黛玉，命运多舛又风流成性的潘金莲等等。但这些女人都不温暖。安娜让人同情，思嘉太自我，黛玉太柔弱，潘金莲太纵欲，她们都让人怜惜却无法温暖别人。

因此，女人不是因为好看才温暖，而是因为温暖才好看。女人之美，首先源于气质、性格的美。生活中，一个明艳美丽、光彩照人的女子固然好看，假如她当众随地吐痰，用脏话骂人，甚至利用美色肆无忌惮地插足别人的家庭，这样的女子，会因为她自身的不检点，使得美丽黯然失色。而一个母性十足的女子，因为有着丰盈的母爱、纯厚的天性，即使容貌平平，也会成为孩子和家人眼中的最美。

所以，我觉得那个调查结果应该改为：好女人是温暖而且好看的。

因为温暖，所以好看！

坐着，无处发泄的怨气就这样堆积、堆积，好像背着一个大包袱，甩不掉也无处放。看了你的文章眼前一亮，我虽然不是完人，但如果放开一切不是要轻松很多吗？谢谢你！（小尘）

当男人怕女人时，女人才能对男人施加积极影响，既推动男人事业的成功，又维护家庭的稳定与和谐……

57. "妻管严"的婚姻更和谐

在婚外情泛滥，一夫一妻制面临严峻挑战的今天，怎样才能确保婚姻的稳定，实现"执子之手，与子偕老"的婚姻梦想呢？

美国爱荷华大学经过研究，开出了这样一剂药方，即"妻子的权威是家庭和谐的保证，健康婚姻的一个标志就是丈夫接受来自妻子的影响。"通俗地说，就是丈夫要怕老婆，"妻管严"更有利于婚姻的和谐。我觉得这个论断很有些道理，试析如下。

大家都知道，男女两性，生而有别。一般来说，男性体魄强健，尽显阳刚之气；女性纤细瘦弱，更见阴柔之美。从性格方面，男性具有攻击性和冒险性；女性则安静、温柔、随顺。从社会分工的角度，男性主外，更倾向追求事业的成功；女性主内，更在意家庭的完满。所有这些，导致男女之间很难实现真正意义上的平等。如果男人跟女人硬碰硬的话，落败的大都是女人。

所以，男人们对妻子唯命是从，并非真的敌不过她，纯粹是因爱生惧。很多事业有成的

清茶跟帖

1. 我就是上面说的"妻管严"，大事小事都是她说了算，个人挣多挣少也都是如数上缴。现在我就是这样爱她，并且准备一直这样"傻"下去，自己活着不累，而且她也高兴。（果平）

2. 其实说得更深刻点，应该是上

名人背后，都站着一个让他爱且敬畏的女人。从房玄龄到戚继光，从苏格拉底到托尔斯泰，综观这些怕老婆的名男人所取得的成就，不难发现"男子惧于内，则必然勇于外"的事实。怕老婆的男人在妻子强有力的约束下，更容易将精力专注于事业，达到常人难以企及的高度。

其实，很多男人对老婆的"怕"是建立在爱的基础上。因为爱她，舍不得她伤心流泪，才会对别的女人目不斜视，做到情感上对妻子的忠贞；因为爱她，希望带给她安全感，才会把工资悉数上交，自己甘愿俯首听命，使得家庭生活井然有序。

由此可见，当男人怕女人时，女人才能对男人施加积极的影响，既推动男人事业的成功，又维护家庭的稳定与和谐。社会上风行一时的"上等男人怕老婆，中等男人爱老婆，下等男人打老婆"的说法，对怕老婆的男人给予了很高的认可与评价，也从另一个侧面证明其可取之处。

既如此，女人怎样让男人变成"妻管严"，对他施加积极的影响呢？我觉得途径有两条：第一，嫁给爱你甚过你爱他的男人。男女之间能够互爱最好，但很多时候，都会陷入"爱我的，我不爱；我爱的，不爱我"的情感怪圈。尤其是女人，可以为自己深爱的男人付出一切，却对爱自己的男人冷若冰霜。她总是怀着飞蛾扑火般的热情，追逐那些对自己不屑一顾的男人。

其实，男人的本性是很残忍的。对自己不爱，却主动找上门来示爱的女性有一份骨子里的看不起。他很难迁就，亦不会委曲求全。男人能够用心相待的，一般是让他牵肠挂肚，并且花费了很大气力方才追到手的女人。这样的女人在情感方面胜算的把握会更大一些。或者，她的心被他的爱暖化，情不自禁地爱上他，和他琴瑟和谐、白头到老；或者，她爱他不如他爱她那么多，但在他浓浓爱意的包裹中，淡定、自信，保持个性，让自己过得轻松。

第二，新婚初期，建立理智而友好的相处模式。婚后的第一年，是夫妻之间相互磨合、相互适应的阶段，如何理智而友好地相处非常重要，它可能决定着两人终生相处的方式。在这个时期，女人应该利用自己对丈夫的影响力，努力建立起家务分担、钱财共管、公平公正的相处模式。绝不要因为爱，就盲目地付出，无保留地为对方奉献一切，这极容易造成家庭的失衡、失和。

等男人更懂得怜香惜玉。因为怜香惜玉，所以让着老婆，当然前提是一个通情达理的老婆。只可惜世界上这么多人，能懂得怜香惜玉的男人和通情达理的女人还真不多。即使有，偏又没有碰到一起，所以总有很多人在抱怨婚姻是爱情的坟墓。

婚姻何罪之有？有罪的是人！(nice_talk)

如果你爱的他是个"爱无能患者",那么别期望他能带给你幸福,也别天真地以为你的爱可以改变他,重新塑造他……

58. 女人婚前为啥要擦亮眼?

车老师:

我前夫是我的大学同学,读书时被公认为班级里脾气最暴躁的男生。

可我爱昏了头,义无反顾地跟他结婚了,还以为他会改。他曾对我说过,他的母亲脾气如何暴躁,他心里如何苦。我很同情他,却做梦也没有料到,结婚后他的脾气比他妈还暴躁!经常为小事大发雷霆,别人还在生气,他却已经忘了……

弄到最后,我和儿子不能犯一点小错误,不然他就会勃然大怒,家庭气氛太压抑了!在单位更是,同事说他修养极差。后来,还是他老乡告诉我,他妈妈就是当地有名的泼妇。我和他不是同一地区的,虽是同学,如何知道这些?永远是他一个人有理,从来不会换位思考。坏脾气真的会遗传。

车老师,请你提醒姐妹们,婚前一定要擦亮眼睛啊!

精彩感悟

1. 广秀老师说得很对,我原来的婚姻就是这样。前夫是个单亲家庭的孩子,父亲早逝,母亲除了哭泣就是责骂。那时的我单纯得就像一张白纸,看到一个男人诉说儿时的不幸,以为自己能救赎一颗没这张跟帖反映了父母的暴脾气给孩子的遗传，对孩子婚姻状况的影响。很多涉世未深的青年男女，在进入婚姻之前，更在乎的是两人之间的感情，却忽略了对对方父母的性情及婚姻状况的考察。迈入婚姻后才发现，配偶身上有很多让自己无法忍受的缺点，自己的婚姻在不知不觉中复制着配偶父母的相处模式。所以，我特别赞同这位女子关于"婚前要擦亮眼睛"的提议。下面是我对此问题的看法。

一、父母的婚姻模式对子女的影响很深

父母是孩子的第一任老师，是孩子学习和模仿的对象，对孩子的性格形成起着至关重要的作用。

从我国的"三岁看到老"的民谚，到美国心理学家布鲁姆提出的假说、奥地利动物心理学家洛伦兹的关键期理论等，都认为性格形成及人格发展的关键期是在生命的早期，家庭教育对孩子潜移默化的影响，会让孩子不知不觉沿袭父母的性格特点和相处模式。根据这些理论，如果一个人在生命的早期，面对的是性情暴躁的父母和充满纷争的家庭，会导致孩子性格发育不良及爱的能力缺失。而爱的能力缺失则会为婚姻埋下重重隐患。

关于这一点，美国心理学家米尔博士（Dr·Paul Meier）曾经提出过"储爱槽"理论。他认为：心形的储爱槽是储存爱的地方，是来解释人对爱的渴望。每个人的内心深处都有个心形的储爱槽。如果这个储爱槽有个计量表，一开始等于零，随着时间的流逝，父母会用自己槽中的爱注满孩子的槽。当孩子脱离了家庭，自己成家，那时孩子的槽已注满了爱。于是，就有能力爱妻子、爱孩子。因而在一个正常运作的家庭里，爱是代代相传的。万一父母当中有一方不能给予孩子所需要的爱，这个孩子的储爱槽里不过被注入了一半甚至更少。

比如父母时常争吵，他们就不能及时补充储爱槽里的爱，不但如此，还可能发生储爱槽倒流的现象。因为夫妻冲突后往往留下悲伤的情景，如果不事先预防的话，父母中的一人很可能本能地为了满足自己受伤的情感需要，不自觉地从孩子那里寻求支持，从孩子那少得可怜的储爱槽里汲取爱，这样将会使孩子的储爱槽更加匮乏。

有被爱滋润过的心，把自己糊里糊涂地交给对方，结果到最后被重重伤害的是自己。现在已经过去三年，这三年是身心重新修复的三年，我很庆幸我能走出来。回想过去的婚姻生活，才发现当初婚姻中的自己是多么不堪，就像是一场噩梦。（艾米）

2.所谓"擦亮眼睛"，实际上是学习一点心理学和伦理学、社会学知识。

这样的孩子成人之后，连爱自己的能力都不具备，当然无法善待配偶和孩子，重蹈父母婚姻的覆辙也就在所难免。

二、婚前对配偶家庭状况考察的重要性

我承认任何事都有例外。生活中不乏这样的事例，即一个人尽管成长于充满暴力和残缺的家庭，但他却凭借着良好的学校教育和自身的努力去修正自己的性格缺陷，使自己充满爱心和智慧，有能力经营幸福美满的婚姻。

但对于更多笼罩着父辈婚姻阴影的人来说，他们则更容易沿袭父母的相处模式，复制出另一段不幸婚姻。现实生活中，有很多女子以为爱可以改变一切，怀揣着对美好生活的憧憬进入婚姻的殿堂，耗尽心血，最终还是无法感化性情暴躁的丈夫。

因此，我觉得年轻女子在决定接受一份感情之前，有必要先考察一下对方父母的性情和婚姻质量，了解其父母的婚姻是否和谐美满，他的成长是否一帆风顺，他是否曾在情感上遭遇过重创，在彼此相处的过程中，他是否通情达理、善解人意，尊重和体谅你的感受等等。假如他成长于单亲家庭或暴力家庭，假如他性情孤僻多疑，动辄发火，假如他说起自己的父母总是愤愤不平，跟你的家人也格格不入，这是比较典型的爱无能患者。别期望他能带给你幸福，也别天真地以为你的爱可以改变他。

所以，我奉劝那些怀揣着爱情至上理论即将步入婚姻的女人们，请慎重，千万不要轻易地和"爱无能"的男人涉足婚姻呀！

尤其是心理学，所谓性格决定命运，确实是有道理的。因为人的所有思维方式和行为都是有逻辑联系的——除了精神病患者。一个人的性格其实在他6岁之前就已经形成，他的童年经历、父母素质、教养方式和家庭氛围就是模具，打造出他日后的性格。爱情改变不了任何东西，更不要奢望结了婚会改变什么。
（长沟流月）

> 不要因为爱，就盲目付出，无保留地奉献，最后的结局，也许你只能被纳入"怨妇"的行列……

59. 男人像弹簧，你弱他就强！

玟，42岁，某国有企业会计，其夫老安在文化机构当科长，独子在外地上大学。在外人眼中，玟家庭稳定，收入丰厚，孩子争气，拥有一份让人羡慕的人生。

可了解玟的人都知道，她不快乐，整天像个祥林嫂似的，逢人就絮絮叨叨地诉苦。概括起来，她的苦集中在两个方面：

第一，老安太懒。玟说从嫁给老安那天起，家里的所有活计都由她包了，老安是油瓶倒了都不扶的主儿。每天回家，就知道跷着二郎腿坐在沙发上看电视。她累死累活，老安还在一旁挑三拣四。有时候，她加班回家很晚，老安就跟没事人似的等着她煮饭。如果她出差，老安就天天带着孩子下馆子，脏衣服积攒一大堆，把家里弄得像猪窝。玟委屈地说，我俩都工作，都挣工资，凭什么我就得像老妈子似的，天天伺候他？一天两天可以，可19年了……这日子什么时候是个头啊，想想就寒心。

第二，老安不公道。玟是会计，在单位跟钱

打交道多，见钱心就烦。所以婚后，她才自觉自愿地把工资交给老安保管。老安家是农村的，七大姑八大姨谁有难事，一张口，他就很大方地掏钱。

玟的父母是城市的，家境较好，很少跟玟要什么，但逢年过节、父母生日等等，还是需要表示一下。每逢此时，老安的脸色就很难看，不但钱掏得勉强，还时不时讨价还价一番，弄得玟心里很不是滋味。平常他对生活费和玟的零用钱控制得也很紧。玟要请好友吃饭，都得手心向上跟他要钱。他心情好，就多给点儿，心情不好，就给得少，态度还很不耐烦，气得玟眼泪汪汪的。玟想不通，自己挣钱并不比老安少，凭什么花自己挣的钱还要看他的脸色。

因为有这两条缺点，尽管老安不花心，不惹是非，安安稳稳地过日子，但玟越想越觉得自己这辈子活得窝囊，活得憋屈。所以，本该幸福享受人生的她，不知不觉中变成了人见人怕的怨妇。

这是我根据一对朋友的婚姻经历，记述的一段情感故事。

我见过老安，挺敦厚平和的一个男人，并不像玟描述得那么可恶。我问玟，刚结婚那会儿，他也很懒吗？玟说，那会儿他也主动地洗过碗、做过饭什么的，一来水平不够，二来我觉得女人干家务天经地义，也不好意思让他多干，结果，他越来越懒……

我又问，当初，是你主动把自己的工资交给他的，还是他强行要的？

玟依然很坦白地答："是我主动给他的。我天天跟钱打交道，嫌烦，在家里想清静一点儿。开始的时候，他还不太好意思拿我的钱，后来习惯了，我的工资卡不给他，倒有种对不起他的感觉。有几次，我们为钱的事儿吵得厉害，他把工资卡还给我，我倒像拿个定时炸弹，惶恐得不知该怎么办好了……"

听了玟的诉说，我得出结论：老安是个好人，他的两个所谓的坏毛病全是玟惯出来的。

男人像弹簧，你弱他就强。夫妻相处，最和谐的方式是势均力敌、互敬互爱、取长补短。不管是东风压倒西风，还是西

受？爱不是互相的吗？（停下的脚步）

2. 看此文犹如看到了我自己。生活中的我也是这样，总觉得自己有时间就多干点没什么，可是我错了，百般的忍让、迁就换来的是"做给别人看的"这么一句。好伤心好气愤！无论做什么事在他眼里都是错，甚至连哭

风压倒东风，都容易给家庭埋下隐患。比如，"妻管严"是丈夫无限制地向妻子妥协的结果；"窝里横"和家庭暴力，则是妻子一味地逆来顺受、忍气吞声造成的……

玟看不上老安的懒，牢骚满腹，但是，在长达19年的婚姻中，对他的懒却没有采取措施制止，而是听之任之；玟不希望老安把钱管得太死，但不把钱交给老安，自己却坐卧不宁。久而久之，他们夫妻就形成了这种不合理的相处模式。

玟和老安的相处模式由来已久，要改变目前这种状况，可以试试下列方法：第一，请保姆做家务，先把自己从家务重负中解脱出来。第二，从自己收入中，取出固定的一部分，作为小金库，摆脱看老安脸色消费的阴影。

这些方法，可以把玟的心病除掉，让她过得痛快一些。

假如积习难改，两人都维持现状的话，玟只能改变心态，也就是停止抱怨，心甘情愿做家务，轻轻松松地把钱交给他管。不能做都做了，还生一肚子的闷气，那才是赔了力气又伤神呢。

从玟的故事中，我想给即将进入婚姻的年轻人提个醒：婚姻第一年是夫妻的磨合期，如何理智而友好地相处非常重要，它可能决定着两人终生相处的方式。不论你有多爱对方，都应该本着平等、公正的原则，共同分担家务，钱财共管。不要因为爱，就盲目付出，无保留地奉献，这极易造成婚姻失衡、失和。最后的结局，也许你只能被纳入"怨妇"或"怨夫"的行列。

都是我的错。现在我不干了，我想开了，可他又不习惯了。争吵了一年多，甚至闹到了离婚的地步，他也不认错。真的想放弃！可是为了孩子，我忍了。不过现在他倒有些改变，知道顾家了。男人就是贱！失去时才知道珍惜！（新浪网友）

碰对了人,婚姻可以把你带上天堂,让你享受人间至乐;碰错了人,婚姻可以把你带入地狱,让你心力交瘁……

60. 婚姻是撞大运,不幸是没有碰对人?

关于婚姻，人们有着各种各样的描述，我比较喜欢的是："婚姻如鞋，是否合适只有脚知道。"在我看来，那些怀揣着美好憧憬步入婚姻殿堂的伴侣，之所以半途分道扬镳或反目为仇，不是因为两人不好，而是因为两个人不合适，没有碰对人。

我这里所说的碰对人是碰到心意相通、情投意合，彼此能惺惺相惜、和谐相处的人。假如碰对了，琴瑟和谐、白头到老是件很容易的事情；碰不对，就容易身心俱疲、两败俱伤。

拿女作家聂华苓的婚姻来说，她的第一份婚姻维持了十多年，有两个女儿。但两人聚少离多，在一起也天天怄气，这份婚姻令她绝望和窒息。她因此而变得尖锐敏感，眉宇间总是夹着哀怨。谈及这份婚姻，她自称是患了"婚姻癌症"，活着只是为了两个孩子。

直到碰到第二任丈夫Paul，这个欣赏她、倾心爱恋她的知心伴侣，她才豁然开朗。自此，她的生命之舟驶入爱的甜美港湾，才情如鲜花

情素摇地

1. 茫茫人海中，如何才能碰到适合你、你适合的人呢？鞋的款式很多，哪双是我买得起，又感觉舒适的呢？赌，是需要勇气的，同时，也需要运气。你准备好如何去赌了吗？你准备下多少赌本呢？我的观

般绽放，整个人也容光焕发、神采飞扬，由里而外地散发着明媚和爽朗。而Paul的第一份婚姻也不对，他对聂说："我整个人给了Marry（前妻），结果很糟糕。我也是整个人给了你，这次很幸福。我和你在一起，每一刻都很满足。"由他们的故事，我想说的是，即使是素质很高的两个人，碰到的伴侣不对，感情生活也会陷入一片淤泥。这种不幸，只能归纳为，他们没有遇到适合自己的人。

还有目前知识女性喜欢看的《新结婚时代》：顾小西和丈夫何建国因为相爱，抵住世俗和家庭的压力结了婚。但婚后，两人家庭背景的差异，伦理亲情观念的不同，使得他们焦头烂额，矛盾迭起，婚姻几次濒于绝境。尽管作者在他们历经各种考验和磨难之后，出于仁慈，给了他们一个还算圆满的结尾，但我并不看好他们的未来，因为各种隐患尚存，并没有从根子上消除。

所以，我对这个小说的理解是：婚姻应建立在门当户对的基础上，再谈感情最好。门不当，户不对，使得存在着种种差异的两个人，磨合起来非常困难，往往还没磨合好，就已经筋疲力尽、伤痕累累了。

点：适者生存，不适者淘汰。(Green)

2. 常言说："缘是天意，分在人为。"如果遇见不对的人，亦无果。珍惜对的人，放弃错的人，打拼一片生活的艳阳天！（花非常花）

从大学时代起，我一直喜欢看《简·爱》。这部经典名著的主人公罗契斯特先生，第一份婚姻因为幼稚无知，再加上年轻人对爱情的贪婪、冲动和盲目，连自己都不知道怎么回事，就和有着倾城之貌的西班牙城梅森小姐订了婚。婚后不久他就发现，梅森的个性与他格格不入。她气质平庸，趣味低下，罗契斯特甚至无法同她舒舒服服地度过一个晚上。不堪忍受的他把疯掉的妻子关进桑菲尔德三楼的密室，自己在流放中求安息，在享乐中求幸福。但那种绝望的肉欲的享乐，使他智力昏聩，感情凋零，心倦神疲，最终怀着厌恶与愤怒结束了自我放逐，回到家中。

在这里，他碰到了瘦弱娇小，却内涵丰富，有着独特人格魅力的家庭教师简·爱。简·爱追求平等和自由，蔑视权贵的骄横，嘲笑上流社会的愚蠢，内心蕴藏着火一般的热情和激情。她的出现让罗契斯特先生耳目一新，使得他麻木而疲惫的心灵渐渐走出低迷，重新复活，并开始追求纯洁的感情和高尚的生活。尽管他们的感情也经历了一些磨难和波折，但在心灵相通、性情相投和真爱的前提下，终于有情人成为眷属。他们的婚姻体现的是人间爱情至美的境界，令人神往无比。

现摘录两人结婚十年之后，主人公简·爱描述其感情生活的片段：

我知道和我在世间最爱的人同住，并且完全为他生活是怎样一回事。我认为我自己极为幸福——幸福得不是言语所能表现。因为我是我丈夫的生命，正如同他是我的生命一样，没有妇女比我更靠近我的伴侣，更为绝对的是他的骨中骨、肉中肉。我和我的爱德华在一块不知有厌倦，他和我在一块也如此，这就如同我们对于心的跳动不知有厌倦一样，因为，我们永远在一块……

我完全对他推心置腹，他的心腹也完全献给我，我们的性格恰恰适合——结果完全和谐。

我对这些文字百读不厌，经常沉醉于它所描摹的境界中。我相信世间有这样温润丰美，让人向往无比的爱情。这也就是说，婚姻幸福的关键是两人要适合，要碰对人！碰对了，婚姻可以把你带上天堂，让你享受人间至乐；碰错了人，婚姻可以把你带入地狱，让你心力交瘁。

现代女性,面对二奶和情人的挑战,学学恒娘的"三招退敌"妙策,是非常必要的……

61. 从恒娘看女性御夫术

《恒娘》是《聊斋》中的名篇,柏杨先生在《堡垒集》中,曾极力推荐它,说那是一篇了不起的大作,无论男女,无论已婚、未婚,无论婚姻有无纠纷,都应详细拜读。

恒娘是布商狄先生的夫人,约30余岁,仅有中人之姿。除恒娘外,狄先生尚有一年轻美貌的侍妾,但他却对半老恒娘爱得要命,小妾仅是一个名义上的存在。恒娘不但自己御夫有术,还积极为处于婚姻困境中的邻居洪夫人出谋划策,帮她重新赢回丈夫的爱。

在现实生活中,面对二奶和情人的挑战,学学恒娘的退敌高招,是非常必要的。基于此,特将恒娘传授给洪夫人的"御夫术"归纳整理如下。

一、欲擒故纵

洪夫人是洪大业的妻子,漂亮绝伦,曾经和洪恩爱异常。可洪却娶了婢女宝带为妾,宝带不美,但洪爱她入骨。洪夫人气得死去活来,跟丈夫大吵大闹,结果,洪跟洪夫人越来越疏

1. 秀老师又用招了。不过,时过境迁,今时今日这些招数还灵验吗?外面的诱惑太大,欲望太容易得到满足,人的追求就会降低,所以你吊不住他的胃口。恒娘如果转世,面对"如此多娇"的世

远,对宝带越来越亲近。夫妻感情面临破裂。痛苦不堪的洪夫人求助于恒娘,并向恒娘诉苦。

恒娘直言不讳地告诉洪夫人:

嘻!子则自疏,而尤男子乎?朝夕而絮聒之,是为丛驱雀,其离滋甚耳!其归益纵之,即男子自来,勿纳也。一月后当再为子谋之。

这段话的大意是:错在你自己啊!你整天和丈夫打闹吵骂,逼他不爱你而去爱别的女人,你越大吵大骂,他越厌恶你。所以,你回去后,不要再跟他吵架,主动撮合他和小妾。就算他找你,你也不要理他,坚持一个月,我再告诉你下一步怎么做。

在恒娘的授意下,洪夫人回去后,果然不吵不闹,而是将宝带打扮得漂漂亮亮,让她精心照顾洪。洪不好意思,偶尔想和朱亲近,朱却拒绝。于是合家上下都称赞洪夫人的贤惠。

看到这里,现代女性可能会不以为然,认为这种做法太委屈自己。事实上,面对男人感情出轨,若想挽回,这般欲擒故纵、委曲求全的招数,要比跟丈夫大吵大闹明智得多,也见效得多。至少它能让出轨的男人心生愧疚,而不是义无反顾地投身到情敌的怀抱。

二、毁之而复炫

经过一个月的时间,第一招大见成效,恒娘又为洪夫人支第二招。原文是:

子归毁老妆,勿华服,勿脂泽,垢面敝屦,杂家人操作。

大意是让洪夫人不要穿鲜艳的衣服,不施粉黛,蓬头垢面,在家中与仆人一道辛苦劳作,坚持一个月。

洪夫人依言行事,一个月里不事打扮,如农妇般卖力干活,什么都不过问。洪不忍心,让宝带帮她分担。她执意不从,洪气愤地指责她,怪她把自己弄得不成人样。

至此,她再去见恒娘,恒娘夸她做得好,并约她去踏春,嘱咐她到时要做到:

细勾铅黄,尽去敝衣,袍裤袜履,崭然一新。

在恒娘的指点下,洪夫人打扮得如牡丹盛开般明艳动人,美得令人目眩。回去后缓缓推开院门,洪先生一见她,眼睛都直了,用只有初恋时才有的欣喜而含情脉脉的目光,热烈地看

界,想必也会束手无策的。(阿冰)

2. 劝别人容易,但是到了自己头上就没有那么简单了。我的好几个客户老板娘,开着奔驰、宝马车,看似风光,其实她们过得都很累。老公都这边养、那边包的,家里有儿有女,还要到外面再生几个。去年我的一个老板娘朋

着她。

在这里，恒娘巧妙地利用了心理学中的视觉对比效应。她解释道：

置不留目，则似久别；忽睹艳妆，则如新至。譬贫人骤得粱肉，则视脱粟非味矣。

她的这番话，反映了这样一个心理学道理："人芝兰之室久而不闻其香，入鲍鱼之肆惯而不闻其臭。"再美的人和事，天天见，也会使人产生审美疲劳，熟视无睹。稍微改变一下原有事物的组合方式，则会令人眼前一亮，产生奇异的感觉。

男人花心，追逐新爱，无非就是贪图新鲜，厌倦了妻子的一成不变。现代女性没必要像洪夫人那样，毁之而复炫，追求极端刺激。但在婚姻生活中，妻子多点奇思妙想，多一点求新求异的态度，会在一定程度上拢住丈夫的心。你也可以不断地与时俱进、花样翻新，以满足男人喜新厌旧的心理。

三、欲迎还拒

将洪夫人打扮得光彩照人，放她回家见丈夫之前，恒娘反复叮嘱她说：

归去一见男子，即早闭户寝，渠来叩关勿听也。三度呼可一度纳。口索舌，手索足，皆吝之。半月后当复来。

洪夫人尽管不明就里，但对恒娘言听计从，一丝不苟地遵命行事。

面对重新变得美艳如花的夫人，洪先生难以遏制喜爱之情，对她嘘寒问暖、殷勤备至。而洪夫人始终反应平淡，一到黄昏，就闭门独处。洪先生急得抓耳挠腮，在外面频频叩门，洪夫人借口太累、习惯独眠，而将之毫不留情地拒之于门外。如此几次三番，将洪先生迷得七荤八素，难以自持了，方同意三日为率。

恒娘又训练洪夫人以秋波送娇、媚入骨髓的一些伎俩，使她不但美而且媚。结果是：洪先生彻底被洪夫人的魅力折服，唯恐再失去她，寸步不离地守护在她左右，连宝带都嫌碍眼，干脆打发她一走了之，一心一意和洪夫人厮守，两情相悦，甜蜜无比。

"御夫术"之所以产生如此奇效，恒娘有个非常精彩的解

友已经离婚。还有一个说，为了两个小孩，为了不让别人来分家产，随便老公怎么搞，她无论如何都不会离婚。唉，我都替她们伤心啊！(julie)

释。她说:

> 子不闻乎,人情厌故而喜新,重难而轻易也;甘其所乍获,而幸其所难遘也。纵而饱之,则珍错亦厌,况蔾羹乎!

将这段话套用到夫妻关系上,我们可以做如下理解:男人都有喜新厌旧的心理,越难得到的,越是珍惜;越是容易到手的,越是心存轻视。如果妻子对丈夫百依百顺,有求必应,丈夫会厌倦,也就懒得在妻子身上费心思;如果妻子保持独立个性,欲迎还拒,欲擒故纵,让他受点挫折,反而容易让自己的魅力增值。

恒娘原本是狐精,只消三招,就轻轻松松帮洪夫人打败情敌。现代女性,自然不必生搬硬套她的做法,但汲取她的智慧,用心把自己的婚姻经营好,还是很有必要的。如此,也契合"和谐社会"的时代精神呀!

好妻子应该是丈夫的PAC，轻松地游走在孩子、妻子和母亲三个角色之间……

62. 好妻子是丈夫的PAC

人性复杂多变，人心诡奇多姿。

每一个人，面对不同的情境和人物，会展露出自己不同的性格侧面。比如，一个年逾不惑、事业有成的中年人，在慈爱的父母面前，会不由自主地撒娇装憨，宛若孩童；在职场和同事面前，则尽显其稳重、干练的成人本色；在孩子面前，又会变成宽严有度的父母。

成年人在不同的人面前流露出的三种状态，简称为PAC。P是指父母（Parent）态，A是指成人（Adult）态，C则是儿童（Children）态。同一个人，不但在不同的人面前可以流露出不同的情态，即使是在同一个人面前，也可以因心境不同而表现出不同的情态。

《后汉书·列女传》中有一个断织劝夫的故事。大意是：

河南郡的乐羊子出门寻师求学，一年后回到家里来，妻子一见面便问他为什么回来了。他说："出门久了，想念家人，没有别的原因。"妻子拿刀走到织布机前，正色说道："这

1. 夫妻之间相处的学问真多！有个朋友说，夫妻之间这样、那样的，多累啊！开始我很相信她说的话，夫妻之间就需要自自然然，无须那么多技巧。后来才明白，这是她幸运，恰好遇到一个特别爱她

匹绸子是由蚕茧生的丝,一寸一寸地累积织起来的。如果将它用刀割断,则前功尽弃。你去求学,每天都能懂得一些新的学问,养成美好的品德,如果中途而废,与刀断匹绸有什么两样?"乐羊子被妻子这一番话感动了,立刻回到老师那里,勤奋苦学,终于成了一个有学问的人。

这里乐羊子的妻子更像严母,有理有据,循循善诱,使得乐羊子迷途知返。但如果她只热衷于扮演严母的角色,肯定也会使丈夫反感。所以,这种角色是情势所逼、见机行事,也是积极、向善的。

知名学者杨绛在《记钱钟书与围城》这篇文章中,用相当的笔墨描绘了为人夫、为人父的钱钟书"痴气"的一面。比如:

他们夫妇在牛津时,钱钟书午睡,杨绛临帖,写着写着困了,就睡着了。钱恰好醒来,见杨睡态可掬,就饱蘸浓墨,想给杨画个大花脸,刚落笔就惊醒了杨。杨绛费了很大的劲儿,差点洗破脸,才洗掉脸上的浓墨。意犹未尽的钱不敢再在她脸上搞恶作剧,却给她画了一幅肖像,上面添上眼镜和胡子,聊以过瘾。

此情此景中的钱钟书,不再是一个学贯中西、文采斐然的大学者,而是一个不折不扣的顽童,是儿童态的钱钟书。

这两个例子,说明PAC理论同样适用于夫妻。即丈夫在妻子面前,可以根据需要自然而然地充当儿子、丈夫和父亲的角色:儿子使他放松,丈夫使他成熟,而父亲则满足他的大男子主义倾向。三种角色的不断变换,可以使他的多重心理需求得到满足,乐此不疲;又可以改善夫妇关系,使家里情趣盎然。

同理,妻子在丈夫面前,除了是温婉可人的妻子外,也需要不时客串一下妈妈和女儿的角色。假如妻子言行举止一直像孩子,事事都仰赖丈夫,丈夫会觉得疲倦;妻子一直像严母,丈夫会觉得压抑;妻子一直是温雅端庄的妻子,千篇一律,丈夫会觉得枯燥乏味。

因此,要使婚姻有新意,让丈夫把家当作港湾,把妻子当作相濡以沫的知音,妻子应该根据丈夫的情感需要,恰如其分地在PAC三态之间转换角色。比如,当丈夫情绪很好时,妻子跟他撒娇、耍赖,搞点无伤大雅的恶作剧,会逗得丈夫心花怒放,

又总是顺着她的人。可能她的那一半付出很多,才有了今天这个爽朗、快乐的她,而她却把这一切都看作自然的状态!谢谢秀老师,让我又明白了许多!(清雾)

2. 我还一直纳闷,为何一向稳重成熟的老公,有时在我面前就像个小孩子,有时却像个↳

给婚姻增添不少情趣；当丈夫为琐事烦心时，妻子的温柔体贴和善解人意会让他烦恼顿消；而当丈夫工作不顺或事业失意时，妻子像乐羊子妻那样，抓住要害，苦口婆心，可以使丈夫翻然悔悟，迷途知返。

所以，好妻子应该是丈夫的PAC，轻松地游走在孩子、妻子和母亲三个角色之间，满足丈夫不同层次的精神需要，让他时而轻松惬意，时而激情澎湃，时而安然自信。这样，婚姻自然能稳定持久，散发出迷人的馨香。

严肃的老父亲。呵呵，现在知道了！
(狼小妹)

242

天下最幸运的男人，莫过于既拥有一位好母亲，又遇上了一位好妻子……

63. 男人生命中最重要的两个女人

每个男人的生命中，都有两个至关重要的女人，一个是母亲，一个是妻子。

母亲是男人的生命之源。因为"男主外，女主内"的社会分工，母亲陪在孩子身边的时间以及对孩子的情感付出，远远多于父亲。所以，男人的性格特质和人格底色，主要是由母亲奠定和涂抹的。

伦敦大学心理学家多萝西·埃诺博士，谈到那些渴望成功并取得成功的人们时说：

母亲那种献身精神，那种专注，灌输给一个男孩的是伟大的自尊。那些从小拥有这种自尊的人将永远不会放弃，而是发展成自信的成年人。你有了这种信心，如果再勤奋就可以成功。

法国教育家福禄贝尔更是直截了当地说：

国民的命运，与其说操在掌权者手中，倒不如说是操在母亲手中。

所以，男人有一个善良、慈爱的母亲是非常幸运的。他沐浴着母爱的阳光，因此学会自

清茶泡帖

1. 不是每个男人都懂得珍惜生命中最重要的两个女人。事实是，母亲是最伟大的，妻子是最重要的！当你拥有母亲和妻子时，毫不吝惜地爱她们吧！再多的爱，都回报不了她们对你的深情！（小信使）

爱与自信；他感受着母亲的博大与善良，由此学会豁达和乐观；他目睹着母亲的坚韧和不屈，自己也在不知不觉中变得勇敢而独立。

当今华语歌坛超重量级的"小天王"周杰伦，成长于单亲家庭，妈妈对他的影响可谓至深。他在接受记者采访时说：

全天下最重要的人就是妈妈！我能取得今天的成就，是因为妈妈严厉督促我所至……你们可以不记得我的名字，请记住我妈妈的名字——叶惠美！

所以，好母亲是男人精神的支柱，是男人辉煌人生的缔造者。

母爱是人类永恒的话题，也是世间最伟大的力量。没有无私的母爱，孩子的心灵将是一片荒漠。放眼望去，那些愤世嫉俗、悲观绝望的男人，大都是缺失了母爱的滋养所致。在他们的背后，几乎都有一个失和的家庭、不幸的童年，以及一个刻薄而不称职的母亲。

恩格斯在《英国工人阶级状况》一文中有这样一段话：

一个没有时间照顾自己的孩子，没有时间让孩子在出生的几年中享受最普通母爱的母亲，一个很少能见到自己孩子的母亲，是不能称其为孩子的母亲的。她必然会对孩子很冷漠，没有爱，没有丝毫的关怀，完全像对待别人的孩子一样。在这样条件下长大的孩子，以后对家庭是没有丝毫眷恋的，他们在自己创立起来的家庭里也永远不会感到一点家庭味，因为他们太习惯于孤独的生活了。

男人不能没有母亲，更不能缺失母爱。母爱可以使志向消沉的男人转眼变得意气风发，可以使虚度年华的浪子瞬间回头；母爱是天涯游子的最终归宿，是润泽男人心灵的一眼清泉。

可惜，母亲再好，她跟男人只是半世情缘，更多陪在男人身边，跟他一起痛、一起乐，相依相伴的还是那个叫做妻子的女人。

上帝设立妻子的目的是什么？

上帝说："那人独居不好，我要为他造一个配偶帮助他。"所以帮助"他"是上帝创造女人的本意，也是上帝对女人最大的托付。

2. 赞成！我曾经把"好空调，格力造"改成"好男人，女人造"。（瞿扬）

西谚云："好女人，好学校。"好妻子是一所学校，可以帮助男人成材。

她给丈夫打理出一个温馨舒适的居所，让在外面辛苦打拼的男人一回家，就被家的温暖融化，从而不断地从家中汲取对抗外界寒冷的力量；她是丈夫最亲密的情感伴侣，再多的烦恼，再多的困惑，只要男人看到她的笑脸，听着她的呢喃，就可以百愁顿消；她和丈夫一起孕育一个可爱活泼的生命，使得丈夫的血脉可以延续，也使得家中洋溢着欢快、明媚的气息；她以一颗温柔而安静的心，承载男人的喜怒哀乐，和男人一道经历尘世风雨，如一棵树稳稳地立在那里，为男人撑起一方精神的绿荫，让男人无忧且无惧。

妻贤夫祸少，妻贤夫事也少。

因为妻子好，男人才可以抵御万丈红尘中的诱惑，只爱妻子这一个；因为妻子好，男人才可以心无旁骛地专心谋求事业的成功，才可以堂堂正正地生活在阳光下，成为被世人称道的爱家、爱妻也爱子的好男人。影帝周润发与陈荟莲结婚十载，尽管在银幕上光芒万丈、颠倒众生，婚后却从未传出绯闻。周润发接受采访时说：

她（发嫂）只身从新加坡到香港，跟了我那么多年，为我付出了那么多，到目前为止，她是我眼中最好的太太。如果我还有外遇，那我就是世上最蠢、最差的男人。

由此可见，好妻子如磁石，可以吸住丈夫的心。《圣经·雅歌》中说：

才德的妇人，谁能得着呢？她的价值远胜过珍珠。

希望天下男人都幸运，既有好母亲，又得遇好妻子，从而拥有一段完满无憾的人生。

> 同样是面对爱人的背叛,不同的心态,不同的
> 选择,决定了未来生活的幸与不幸……

64. 同样的背叛,不同的结局

一、一样的故事,不一样的结局

先讲两个故事,都是从报刊上看来的,因为隔得时间久了,记不清作者和人名,只说故事大意。第一个故事:

一对夫妻,因为恋爱而结婚,恩爱和美地过了十多年,儿子都读初中了。忽然有一天,丈夫和一女同事到外地出差,一时冲动,做了出格的事情。因为太爱自己的妻子,他主动向妻子坦白了自己的错误,并信誓旦旦地保证,以后再也不会犯错,希望得到妻子的原谅。

妻子是大学教师,一向自命清高,对人对事皆求完美。在丈夫的苦苦哀求下,她没有离婚,但从此对丈夫冷若冰霜,形同陌路。无论丈夫怎样努力表现,她都没有丝毫通融,始终视他如空气。夫妻俩在冷得让人窒息的环境中,很辛苦地生活了十年,妻子患癌症去世。

那位丈夫痛哭流涕,后悔莫及。他说,早知这件事伤她这么深,自己当初就不该告诉她,或者告诉她之后,就尊重她的意见离婚。那样,

246

她不会将自己冰冻十年，抑郁至死。

第二个故事：

也是一对很美满的夫妻。在上个世纪70年代，丈夫是医院的业务尖子，妻子是妇产科医生。丈夫奉命带一支医疗小分队到农村去支农。就在丈夫离家期间，丈夫的情人，一个挺着大肚子的女子突然间找上门来。这在那个年代是惊天丑闻，未婚女的父母恼羞成怒，将她赶出家门。她走投无路，才想到找情人来商量。

突如其来的孕妇给这个妻子以致命的一击。她痛苦、难过，她难以置信，一向温文尔雅的丈夫竟会背着她作出这么荒唐的事情。她可以选择将这个濒临绝境的孕妇赶走，也可以选择向单位告发。在当时，如果她告发的话，她的丈夫和眼前这个女子都将为自己的行为付出沉重的代价。

但，最初的伤痛之后，她还是被善良的天性主宰，为了丈夫前程，为了孕妇腹中无辜的孩子，她选择了宽容和接纳。她利用自己娴熟的医术，在家中亲手为孕妇接生，使她顺利生下一个女婴。然后，她好吃好喝地照顾产妇坐月子。在她无微不至的照料下，孩子长得结实可爱，产妇也恢复了健康和美丽。

给孩子过完满月后，丈夫的情人虔诚地跪倒在她面前，泪流满面地叫了她一声"大姐"，把在襁褓中的孩子郑重其事地托付给她，然后，给她丈夫留了封信，嘱他要好好爱自己的妻子，再不要做任何对不起妻子的事，就从他们生活中彻底消失了。

丈夫从农村回来，得知真相，痛悔莫及。从那以后，他对妻子充满敬意，充满感激。两人相濡以沫，并精心抚育情人留下的女孩，使女孩在充满爱的氛围中长大。她说，从没有见过比她父母感情更好的夫妻。

二、离又离不了，忘又忘不掉

我之所以突然想起这两个结局截然不同的故事，是因为近期接到的情感邮件中，很多夫妻，都处在被一方情感出轨的痛苦困扰中，不能自拔。

本是十多年的夫妻，有着美好的过去和深厚的感情，却因为其中一方不安于平淡，有了出轨经历，另一方知情后，痛苦万分。尽管出轨的一方诚心诚意想改，可受伤的那一方却在两

他，我打算原谅他。那种不信任的心态需要时间慢慢地修补吧。（叶枫）

2. 我被痛苦缠绕着，不能自拔。因为我不能原谅我老公的出轨，虽然他真心在悔改。我一天一天地憔悴，一天一天地消瘦，有病我也不去看，我想耗尽自己的生命，直到死去。看

难境地中徘徊不已。想离婚，怕父母受不了刺激，也怕孩子没有完整的家；想原谅，可一想到对方出轨的事实，就满腔怨恨，无法挣脱。最终，两人都在无法分开又无法释怀的痛楚中苦苦挣扎。

他们问我最多的问题是：怎么办?! 离又离不了，忘又忘不掉，每天过得暗无天日，身心俱疲。我理解他们发自心底的悲哀和无奈，希望借助上面两则故事，能唤醒他们的心态，明确以后的方向，坚定内心的选择。

在我看来，置身于这样的处境中，为了将伤害减到最小，只有两种选择：或者彻底原谅，走好下半生；或者彻底放弃，断然离开。在这里，最关键的是当事人的态度，无论你选择什么，一定要彻底!!

因为只有彻底，不拖泥带水，不动摇，不徘徊，才可以减少内耗，抓住自己未来的幸福。

三、彻底原谅

什么样的情形可以选择彻底原谅呢?

对方出轨已成事实，诚心悔改，而你无论是为了孩子，为了双方父母，还是为了自己，都无法毅然决然地放弃婚姻，那么，请选择彻底原谅。忘掉他的背叛和伤害，记住曾经的美好，记住他在关键时刻最终还是选择了你，用宽容接纳他（她），努力珍惜现在，把握未来。

可能有人会指责我"站着说话不腰疼"，这么惨痛的伤害，岂能说忘就忘? 可是，你不原谅，又不离开，结果会如何呢? 拿上面两个故事作对比，谁都可以看出，第一个丈夫的错误比第二个丈夫要轻微得多，但因为妻子的执拗，不仅赔上了自己的健康和生命，也害得丈夫愧疚终身。这种选择中，没有赢家，有的只是相互的怨恨与折磨，是典型的两败俱伤。而第二位妻子，因为宽容和大度，既赢得了感情，也赢得了半世的幸福。权衡之下，自然是第二位妻子的选择更明智，她用原谅救赎了丈夫，也成全了自己!

人生太短暂，人的情感也很脆弱，经不起天长日久的伤害和折磨。每个人都有权利选择高质量的人生，忘掉不愉快的过去，是为了活好现在和未来。即使，有时候因某些人、某些事、

了您的博客我豁然开朗，有一种拨云见日之感。原来，这种事也是可以原谅的。（新浪网友）

某些物勾起这些不愉快的回忆，但想想对方已经努力悔过，想想眼前好不容易获得的幸福和平静，想想孩子的笑脸和老人欣慰的面容，还有什么无法释怀的呢？

凤凰只有涅槃后才能重生，涅槃当然会痛，但痛过之后，其羽更丰，其音更清，其神更朗啊！

四、彻底放弃

也许有人会说，眼睛里揉不得沙子，自己绝对无法容忍配偶的背叛。是的，从"朱买臣马前泼水"到"杜十娘怒沉百宝箱"，这种性情中人可谓屡见不鲜。

假如你是这种人，那就干脆选择放弃。不放弃，你要用下半生来怨恨他，诅咒自己遇人不淑，哀叹自己的悲惨命运，压根就不会再有幸福的机会；而放弃，自己有机会重新寻找幸福，也可以给他（她）一条重生之路，因为他（她）可能会为此对你抱愧终生。

因为老公情感出轨，有位朋友曾经哀叹：

如果有一种药能让我们把过去的痛苦全忘了，多好。可惜，没有办法找到这味药。

我想，这味药还是有的。只不过，它需要用理智、宽容和时间来用心煎熬。对此，李开复说：

我一直信奉以下做事的三原则：有勇气来改变可以改变的事情，有度量接受不可改变的事情，有智慧来分辨两者的不同。

把这句话套在对情感出轨的解读上，即，出轨已成事实，无法改变，那么，我们只能改变对这件事的心态；如果绝对无法放弃，就包容他（她），彻底原谅他（她），从此夫妻间坦诚相见，彼此珍惜，携手下半生；如果对他（她）心已死，那就坚决放弃，优雅转身，另外找寻自己的幸福。

所以，面对配偶的情感出轨，面对在感情的十字路口痛苦挣扎的朋友，我的答案是：如果无法原谅，就彻底放弃；如果无法放弃，就原谅彻底！

世上的男人就好比是疾病，女人好比是药，什么样的病，就得吃什么样的药……

65. 男人如病，女人如药

1. 对的病找到对的药，确实是好，关键是，世间万物都在变化，病也会多种多样，而且是不断变化的，那么一味药是不是万能呢？（新浪网友）

2. 女人生病该找什么药来医？男人可以选择对他合适

他叫宋跃平，是一位外科医生，前妻在"文革"中和一个权贵结婚，背叛了他，也伤害了他。在感情沉寂很久之后，40岁那年，他迫于母亲的压力，娶了貌美如花又聪慧能干的岑清明。

岑清明有着独特而凄惨的人生经历。生父作为国民党高级军官，兵败后逃往台湾，她是父亲出逃前夜，与母亲混杂着痴情与狂乱的产物。那一夜之后，父亲一去不复返，柔弱无依的母亲留在内地，独自孕育并抚养她长大。母亲怕国民党军官太太的身份影响她成长，自小就告诉她，她是被拣来的弃儿。她经历"文革"中母亲被批倒批臭的恐怖，下乡后，又因为初恋男友的薄情，顶着医生的白眼去堕胎，丧失了生育能力。苦难的经历造就了她直面现实、不屈不挠的性格。宋跃平是她返城后立足现实的选择。他们的婚姻与浪漫无关。

宋跃平在香港的伯父病逝，将一间规模小且不景气的服装加工厂留给他。他和岑清明到香港发展。岑清明沉稳、干练，工于心计，以这个小厂为起点，利用丰厚的人生阅历，驰骋商场，所向披靡，将宋氏发展壮大为一个财力雄厚的大集团。

在妻子忙于商场冲杀，生意做得越来越红火的时候，宋跃平作为宋氏企业的名誉董事长，完全被架空了，成为一个富贵闲人。他出入茶楼、饭庄，后来认识了一位叫秀娟的书店店员。她不美丽，但有温暖的笑容，有十足的女人味。在她面前，他才觉得自己是男人。他们相爱了，她怀了他的孩子。他将她金屋藏娇，和她过着和谐甜蜜的生活。

秀娟知道岑清明漂亮能干，想起她，心里就犯怵。有一天，她问宋跃平："说实话，我一直想问你，论漂亮，我比你太太差了十万八千里；论能干，我不及她的一只脚趾，你为什么找我？是她太忙，你太寂寞吗？"

"我不知道！"宋跃平温和地回答说，"也许，世上的男人就好比是疾病，女人好比是药，什么样的病得吃什么样的药，冠心病不能吃痢特灵。你，就是我的药。"

后来，宋跃平跟能干而美丽的太太离婚，娶了性情温柔的秀娟为妻。

这是女作家蒋韵在她的情感小说《红殇》中讲述的一个故事。因为宋跃平关于婚姻的精妙比喻，让我不由自主地把它整理了出来。

婚姻是人类的千古谜题。关于婚姻，人们有着形形色色的比喻，而男人如病，女人似药，什么样的病，得吃什么样的药，则掀开了婚姻的神秘面纱，道出幸福婚姻的本质：合适的，才是最好的。

很多时候，人们都戴着有色眼镜，用世俗的标准去评判婚姻。对他们而言，只有郎才女貌、门当户对的婚姻看起来才名正言顺。所以，人们对那些不同流俗，看似差异很大的婚姻，总是抱以怀疑的眼神，甚至用"好汉无好妻，赖汉娶花枝"、"一朵鲜花插到了牛粪上"、"老牛吃嫩草"等等，来表达对一些看似不般配婚姻的感慨。事实上，婚姻幸福与否，只有当事人自己明了，外在的东西说明不了什么。

的药，女人呢？就该被动地等待男人来选择吗？事实上，婚姻是双向的，当你选择别人时，别人也在选择你；当你成为男人那味合适的药时，他也必须适合你，是你的良药才行。（新浪网友）

昔日，影帝周润发和无线当家花旦余安安盛大的婚礼曾轰动香港。在无数人的羡慕与祝福中，这场婚礼只维系了九个月，就迅速夭折。

而在冯骥才的小说《高女人和她的矮丈夫》中，高女人身高一米七五，矮丈夫只有一米五八；高女人工作平平，矮丈夫才华横溢。在左邻右舍眼中，这对身高逆差一头、收入相差甚远的夫妻是怪异的，是没道理做夫妻的。他们以猥琐的心态，对他俩的关系作出种种推测和中伤，却挡不住他们的相濡以沫、恩爱和谐。甚至在高女人抑郁伤怀地离世之后，鳏居的矮男人还像妻子在世时那样，进出总把雨伞举得高高的。这把伞延伸着他们曾经的爱，也告诉那些对他们的婚姻中伤的人们：你们觉得不对的，未必就不好。

从这个意义上来说，男人是病，女人就是药。药对症，病才可以除。再好的特效药，不对症，吃下去，只会伤及身体；那些看似不起眼，甚至廉价的药，因为找准了病因，却一样可以还病人神清气爽。

托尔斯泰说："幸福的家庭都一样，不幸的家庭却各有各的不幸。"

我想，幸福的家庭都是找对了属于自己的那味药吧。

经济和精神上完全依赖丈夫而活的女人是可悲的。平等和谐的婚姻，应建立在经济和精神对等的基础上⋯⋯

66. 夫妻相处的最佳距离

恩爱和谐的夫妻关系必须建立在等距离的基础上。等距离是指夫妻之间地位平等，付出和享受对等的爱。

一、双方经济能力要对等

这里的对等，不是说丈夫和妻子要收入相等，而是说夫妻双方都要有工作能力，有经济收入，不存在谁养活谁的问题。

在中国传统文化观念中，有"嫁汉嫁汉，穿衣吃饭"和"男主外，女主内"之说，认为男人挣钱养家是天经地义的。但是，如果妻子没工作、没收入，只依赖丈夫生存，夫妻之间就很难平等。毕竟，拿人的手短，吃人的嘴软，靠男人养活，看他的脸色，唯他的马首是瞻也是自然的。传统社会也正是如此。

封建社会里，女子被"三从四德"的礼教束缚，大门不出，二门不迈，在家生儿育女，任劳任怨，把丈夫当主人般精心服侍，丈夫不但不买账，反而在家纳妾蓄妓、在外寻花问柳，甚至稍不如意就一纸休书把女子打发回娘家。

1. 说得很理性！主要是在双方价值取向方面的一致性，说到底，婚姻里面追求的东西是很直接的，因为互相要合得来，要互利双赢。但太理性，会使婚姻中的激情和愉悦感大打折扣！我个人觉得，在这个世界上，最难相这种"夫为妻天"的不平等现象，说白了，最主要的根源在于男女经济和社会地位的不平等。女子完全仰仗男人鼻息生存，离开丈夫寸步难行，才让男人高高在上、有恃无恐。现代社会，很多女子之所以面对丈夫包二奶、养小蜜的行为，或忍气吞声，或装聋作哑，就是因为自己缺乏经济来源，在经济上于过依赖丈夫，担心离开了丈夫，无以生存。

联合国发布的《墨西哥宣言》中指出：

男女平等是指男女的人格尊严和价值平等以及男女权利、机会和责任的平等。

从这个意义上来说，养家糊口不仅是男人的责任，也是女人的责任。女子自强自立，有一份维持生活的稳定工作，这是得到尊重并和丈夫平等相处的前提。

二、夫妻之间还应该精神独立

在互敬互爱的同时，夫妻双方都应有属于自己的交际圈和兴趣范围，不存在谁离开谁就活不了的问题。

从性别差异和社会文化的角度来分析，男人对事业投入得更多，女人则更看重感情。很多女子一旦进入婚姻，就将丈夫当作赖以生存的大树和终身幸福的保障，将自己所有寄托毫无保留地给了丈夫，完全为了丈夫而活。

丈夫工作紧张，压力大，她就毅然辞职，做专职保姆来照顾他；丈夫不喜欢她和女伴家长里短、琐琐碎碎，她就疏远好友，整天围着厨房和孩子打转。她把丈夫照顾得体面光鲜，自己却渐渐丧失个性，沦为日渐憔悴的黄脸婆。而且，因为付出太多，就完完全全将丈夫当作私有财产，高度警觉，严加看管，生怕他生出二心，每天疑神疑鬼，草木皆兵。

在我看来，精神上完全依赖丈夫而活的女子是可悲的。因为男人既刚强，也脆弱，他们在社会上咬牙打拼，承受很大的压力，在家中更需要的是放松，需要一个情投意合、可以在精神上对等交流的伴侣。没有人能够天长日久被另一个人完全依赖，再强大的男人也有无助、需要依赖别人的时候。所以，夫妻应该彼此依赖，互相给予，这样才不会疲劳。

而做到彼此依赖，互相给予，双方就必须站在同一高度上，保持精神和人格的独立。当一方工作忙，无暇照顾对方时，对

处的关系就是夫妻关系。婚姻不能效仿别人，也很难找到一个被所有人认可的模式。（布兰得利）

2. 一个偶然的机会，看到你的一篇文章，从此便加入收藏夹中，一有时间，就慢慢阅读。我真后悔没有早一日在网上看到你的文章。我现在对他真的有些厌倦了。

254

方也能自信、坦然地生活；即使一方感情不再，另一方也有能力调整身心，重新开始，而不是死缠烂打，非要在一棵歪脖子树上吊死。

总之，和谐的夫妻关系，应建立在经济和精神对等的基础上。只有夫妻双方都自强、自信、自立，婚姻才能平等和谐，夫妻才能携手同行。

夫妻相处的最佳距离

我的爱人，我一直以来围绕的中心，我一而再、再而三地为他改变，变成了现在这样一个没有棱角的人，几乎丢了自己。虽然我身体没有背叛他，但因为伤透了心，心灵不知离开了他多少次。谢谢你说了这么多实话，我感觉好像大雾中看到了一个指示灯。（我心善本不恶）

> 能够安于琐碎，从一勺一羹中感到快乐，从老公、孩子的笑容中体味到满足的俗女子，更容易把握婚姻，享受幸福……

67. 女人，俗气一点儿更幸福！

1. 有钱、有情调、有才华、感情又专一的男人只是戏中才有。女人不管多有成就，没有丈夫的爱和家庭的和睦，内心世界仍是寂寞的。新西兰总理在休息日一定会提着菜篮去买菜，回家为丈夫和孩子

涵和韵是大学同学，也是闺中密友。

涵容貌美，气质佳，毕业后在外企当职员，收入可观，身边有一大批爱慕者；韵容貌清秀，性格沉静，毕业后追随热恋两年的男友，一起到中学当了教师，很快就结婚生女，有滋有味地过起小日子。

韵的女儿满月，涵应邀到她家做客，看到她围着襁褓中的女儿，尿布、奶瓶，忙得团团转，心里颇有些不以为然，一脸同情地对韵说："这样的日子，想想都累人，真不知你是怎么撑下来的。"

韵却是一脸的幸福和满足，滔滔不绝地向涵介绍女儿的种种可爱之处。

韵的女儿过两岁生日，在饭店请客。涵到美容院好好修饰了一下，穿上名牌服饰，将自己打扮得楚楚动人，姗姗来赴约，却看到韵穿牛仔裤、T恤衫，黑着眼圈，一脸的疲惫，大部分的注意力都放在女儿身上，给她喂饭，帮她擦嘴，抱她去撒尿，忙得满头大汗，饭也没顾

上吃几口，忍不住叹气说："你看看你，就知道围着老公和女儿打转转，自己都成什么样子了?"

韵甜甜地笑着，说："等你当了母亲就知道了，乐在其中啊!"

涵不屑一顾地说："你就阿Q吧!"

涵觉得韵太俗气，整天围着锅台、老公和孩子打转转，日子寒酸又窘迫，暗下决心要找一个有钱、有情调又感情专一的男人，过高雅而有品质的婚姻生活。

她走马灯似的换了一个又一个男友，千挑万选，最终在28岁那年嫁给一个如意郎君。此人乃私企老板，身家千万，有房有车，家中雇有保姆。就在别人都羡慕涵的幸福生活时，新婚不到三个月的涵却毅然决然地离婚了，理由是老公太俗，既不懂情调，又不学无术，就喜欢跟一群哥们儿打麻将……

当涵结束这段婚姻，重又过起单身贵族生活时，韵的女儿已经上小学一年级了。小家伙聪明可爱，美丽得像个蝴蝶，在学校里品学兼优。韵的老公当上了校长，韵调到一家杂志社当编辑，做起自己喜欢的文字工作。韵和涵一起喝茶聊天时，说起老公和女儿滔滔不绝、眉飞色舞，满脸抑制不住的喜悦和满足。

涵30岁时再婚。这次嫁的是一个才华横溢的诗人，也算是郎才女貌的组合，但婚姻同样没有维持一年，就解体了。涵说诗人太寒酸，志大才疏，除了会说漂亮话，制造点小情调，别无他长……

经历两次失败婚姻的涵对男人彻底死了心，养了一缸鱼，弄了几盆花，工作之余，喜欢出入美容院、咖啡屋，在人们好奇的目光中，过着外表绮丽而内心孤寂的日子。

这是我根据闺中密友讲述的故事，记述下来的一则小品文。

在生活中，我们经常看到如涵一类才貌双全的女子，因为自视甚高，目无俗尘，一味追求风雅浪漫，对婚姻抱有不切实际的幻想，而在婚姻中碰得头破血流，最终满眼萧索，一身疲惫。

法国电影《欲望街情人》中的艾玛莉说："我要找一个男

做饭，她说这是她最幸福的时候。每当看着丈夫和孩子吃完自己做的饭，在一起吹牛，我认为那是自己最幸福的时刻。（过来人）

2. 文章貌似有道理，但您也写了"在人们好奇的目光中"，涵"过着外表绮丽而内心孤寂的日子"。其实很多东西要问当事人，她人，生两个崽，为他煮饭，喂奶，洗尿布……"

这话听起来很俗，但事实证明，女人是情感动物，生儿育女，相夫教子，拥有甜蜜而稳定的家庭更容易让女人幸福。所谓的风花雪月、甜言蜜语、浪漫情调都是恋爱时的产物，婚姻就是柴米油盐，琐琐碎碎。能够安于这份琐碎，从一勺一羹中感到快乐，从老公、孩子的笑容中体味到满足的俗女子，更容易把握婚姻、享受幸福。

让我们学着当一个"俗气"的女人，安享俗世红尘之乐。

是不是真的内心孤寂？因为大家能够看到的，也仅是她外表的绮丽而已。生活是自己的，不能强加到别人头上。生儿育女是某些人的快乐，不是所有人都适应这种快乐的。（iouray）

> 夫妻之间,日常所犯最大的错误是对外人太客气,而对彼此太苛刻,把这个坏习惯改过来,天下太平……

68. 夫妻之间最容易犯的大错误

章丽和李强是普通的公务员,结婚九年,女儿八岁,日子一直和美温馨。

他们夫妻奉行的是"男主外,女主内"的原则,财政大权由章丽把持,但李强也有足够可供自己支配的零花钱。夫妻俩都出生于普通的市民之家,又分别是家中的长子和长女,家庭负担挺重。结婚多年,为了支持两家弟妹读书、结婚等事,两人没少掏钱,让他们伤心的是,去年他们买了一套集资房,房款带装修需要20多万元,而他们将所有积蓄花光,手头还缺6万元。

其实,他们已经向银行办理了贷款手续,并没打算向家人张口。可是,当初每个弟妹结婚时,他们的礼金都不少于1000元,支持他们读书的钱几年下来也不少于几万元,那么,他们的乔迁之喜,家人总该表示一下吧。

谁知两家人知道此事后,都装糊涂,包括被他们供到大学毕业已经挣工资的弟妹。两人都感到寒心,用钱的时候就想到他们,该帮忙

情素张帖

1. 无论是夫妻对待双方的亲戚,还是父母对待子女,都应该尽量做到公平公正。无论是谁,如果长期遭受不平等待遇都会伤心。文中的女主人公虽只犯了一次错误,可由于财权在手,丈夫无法相信她只

时就躲得远远的。所以，夫妻俩决定，除非是家里老人急用，弟妹们再张口要钱的话就一口回绝。

也许是这么多年在经济上对他们依赖惯了，这条"家规"制定没多久，李强的弟弟就以做一项紧俏生意本钱不够为名，要求哥嫂赞助2000元。章丽态度强硬地拒绝了。李强也无话可说，但他是个责任感很强，也很要面子的人，总觉得这件事让自己在弟弟面前抬不起头。

没想到，最近，章丽的妹妹又打来电话，说妹夫生病住院，花费很大，希望姐姐能寄点钱回去。章丽本想硬着心肠拒绝，一听到妹妹的哭泣声，心就软了，偷偷背着李强汇了2000元。妹妹收到钱，打电话来向章丽致谢，电话是李强接的。他一听此事，立刻火冒三丈，原来定的"家规"只是针对自己家人，而对她娘家，却不过是一张废纸！

章丽自知理亏，忙不迭地向李强道歉，又解释说自己刚得到一笔奖金，并没有挪用家中"公款"。为了弥补过错，她还主动提出给李强弟弟2000元。李强不依不饶，说不知道章丽背着自己给娘家塞了多少钱，他以后再也不会信任她了，要收回自己的经济大权。

章丽被逼急了，大发雌威。两人就这样针尖对麦芒，各不相让，闹得不可开交，最终以离婚惨淡收场。

这是我记述的一位朋友的家事。

应该说，章丽和李强都是很有责任感、很要面子的人。尽管家人在经济上有负于他们，但在关键时刻，他们还是不愿意撒手不管。章丽错在不该背着丈夫寄钱，李强错在不该得理不饶人。因为两人都不能理智地处理事情，才有了让人遗憾的结果。

对章丽而言，既然"家规"已定，并且拒绝了小叔子的要求，那么接到妹妹求助电话后，就不能自作主张。而应先征询一下丈夫的意见，上次拒绝了他弟弟，这条"家规"要不要改，然后把妹妹求助的事也如实相告。如果丈夫坚决不同意，就当着丈夫的面打电话给妹妹，以还贷为由拒绝，让丈夫感到自己处世的公平与可信；如果丈夫也说这条"家规"让他很不舒服，

犯了一次错误，以至事情闹大。可闹到离婚的地步真是可惜，本是多善良的一对夫妻啊！文中的那些弟妹也真是让人心寒！来自亲人的伤害是最痛的。（庭中芳赏月）

2.中国有句俗话叫"礼尚往来"，作为他们的弟妹们，在遇到此等大事时都没有半句关心，

可以主动提出给小叔子2000元，再跟丈夫商量给妹妹2000元。这样也不失为公道之举。

因考虑不周，章丽偷偷寄钱被发现之后，虽然她的道歉和主动补偿的措施很及时，但丈夫正处在气头上，不可能马上原谅她，她理应冷静一下，缓一步再作打算，但她却跟丈夫硬碰硬，才会弄出两败俱伤的结局。

当然，李强的态度也不够理智。这件事尽管有让他生气的地方，但也反映出妻子的善良、大度，何况事情已经发生，最佳的处置方法是化尴尬为轻松。他可以对妻子说："老婆，看来我们都不是狠心之人，那就把那条见鬼的家规取消吧，以后碰到此类事情我们商量着办，你别再偷偷摸摸就行。"或者发发脾气，给妻子点脸色，当感觉到妻子真心悔悟时，应该见好就收，适可而止。不应该穷追猛打，让对方没有退路，反恼羞成怒，使事态朝着更糟糕的方向发展。

"金无足赤，人无完人"，夫妻相处久了，总有犯错误的时候，当一方做错了事，被抓到把柄，一方是得理不饶人，穷追猛打，还是以一颗宽容体谅的心，给对方留有余地，让对方心怀感激。这是值得慎重思考的问题。

著名女作家亦舒曾说：

人们日常所犯最大的错误是对陌生人太客气而对亲密人太苛刻，把这个坏习惯改过来，天下太平。

这句话值得所有夫妻深思。毕竟，人生苦短，亲情无价，夫妻是世间最亲近的人，彼此间多一点体谅和宽容，同心协力，家才会幸福。

实在让人汗颜！亲情固然重要，可对那些"长不大"的亲人来说，还是狠心一点好，也利于他们成长、成熟和自立。唉，亲情也是一把双刃剑，一面是温情的互助，一面是残酷的戕害。为文中的夫妻惋惜！（新浪网友）

哪个男人常年面对妻子一成不变都会厌倦,现代女性学学木兰求新求异的生活态度,拓展自己,也拓展对方,自会受益匪浅……

69. 学学姚木兰的为妻之道

姚木兰是林语堂先生在其长篇名著《京华烟云》中塑造的一个经典女性形象。她集美貌和才华于一身,拥有同时代女性没有的新锐思想,却又灵动温婉、优雅自然,被誉为是林语堂笔下最完美的女性。

因为良好的家世背景和深厚的文化积淀,木兰不仅风雅浪漫,而且深谙婚姻之道,将婚姻经营得有声有色。她在婚姻中化庸常为神奇、化平凡为灵动的能力,以及遭遇情感危机时的大智大勇,对现代女性而言,具有很大的借鉴价值。下面我们就一起学学木兰的为妻之道。

一、求新求异,花样翻新,让丈夫惊喜不断

嫁为人妻的木兰,从不拘泥于世俗,在平凡的日常生活中,随时可以异想天开。林语堂先生在小说中写道:

她对每个季节都有不同的反应,在冬季则平稳沉静,春来则慵倦无力,夏天则轻松悠闲,秋来则舒爽轻快。甚至连她头发的式样也随之改变,因为她喜爱改变头发的梳法。

木兰不但随季节改变心情和发型,还善于根据季节来选择喜欢的生活方式,享受四季的

精朱谋帖

1. 林语堂曾说:"若为女儿身,必做木兰也。"可见姚木兰是林语堂心中理想的女子。这样理想化的人,现实生活中是找不到的。所以亲爱的博友千万不要在木兰面前看矮了自己,觉得自己事事不如人。

美。在冬天下雪的早晨，她穿鲜蓝的衣裳，花瓶里插红石竹带有樱桃状的小果实，或一枝野桃，或一枝腊梅。在春天，尤其是仲春，杨柳初展鹅黄小叶，或暮春时节，法源寺丁香盛开之时，她要睡到日上三竿，头发松垂，有时着睡衣，穿拖鞋，立在院中，整理牡丹花畦。夏天，她那院子特别敞亮，西边儿有格子凉亭，上面爬满葡萄蔓。凉亭下有一个石头方桌，可以做固定的棋盘。她常和侍女或是丈夫苏亚在那儿下棋。不然就一卷在手，躺在低长的藤椅上看小说。秋季到来，她则偕同丈夫到处游玩，欣赏各处美景，看见一片丹红的柿树林频频落叶，或者一群雪白的鸭子在水上游荡，她都会忍不住落泪……

很多人抱怨婚姻的琐碎和庸常，而木兰凭借自己求新求变的思维特点，让自己的每一天都流光溢彩，充满诗情画意，所以，苏亚充满爱怜地把妻子称作"妙想夫人"。她的奇思妙想所散发出来的神奇魅力，在婚后很长一段时间，都如磁石一般，吸牢苏亚的心，让两人惬意地享受婚姻之乐。

事实上，哪个男人常年面对妻子一成不变的发型和服饰都会厌倦，现代女性可以没有木兰的闲情逸致，但应该学学她求新求异的生活态度，多给丈夫一点新鲜感，展示自己的魅力，这样才能避免丈夫喜新厌旧。

二、面对情敌，不动声色，让丈夫束手就擒

木兰和苏亚是一对让人羡慕的恩爱夫妻，但在步入中年以后，他们也经历了一段感情危机，看看木兰是如何化解的吧。

为实现田园生活的梦想，木兰和苏亚告别京城奢侈豪华的生活，到杭州隐居。她穿简单朴素的布旗袍，亲自操持一些家事，戏称自己为"乡下老婆子"。可生于富贵、长于富贵的苏亚，一下子很难接受木兰的改变。烦闷之际，他对杭州艺专的女生曹丽华展开情感攻势，对曹说自己太太是个乡下旧式妇女，不幸娶了那样旧式妇女的男人，都想要一个时髦妻子。

苏亚的异常表现被木兰发现了，在父亲的帮助下，木兰知道了情敌的名字和通信地址。她没有忙着兴师问罪，而是竭力表现如常，稳住丈夫。然后，她给情敌曹丽华写了封短信，约其见面。

聪慧的木兰能够猜出丈夫在情人面前是如何描绘自己的。为了先声夺人，见面那一天，她有意穿一件鲜艳的海蓝色旗袍，质地高贵，式样新潮。曹丽华看到美丽高雅、光彩照人的木兰，

每个人都是一个独特的个体，不可复制，也模仿不来，有些做法可以借鉴，做个自由自在的自己最好。（沙子）

2.这样的女人，算是极品了。我等凡夫弱女子，尽己所能，学一点好一点，学多一点好多一点，但也别太委屈了自己，更别东施效颦，贻笑大方。

第一个念头就是自己被骗了。经过交谈，得知木兰原来就是赫赫有名的京城王府花园姚家大小姐，受骗的感觉就更强烈了。在谈话结束之后，她简直以提到苏亚的名字为耻。

木兰轻而易举地让情敌折服之后，并没有就此罢手，而是想方设法和丽华做朋友，以真诚和善解人意打动她，还说服丽华到自己家做客，让苏亚措手不及。面对情人和妻子，苏亚狼狈不堪，只好认错。

木兰的高明之处在于发现丈夫情感出轨之后，没有哭天抹泪，忙于兴师问罪，而是采用迂回曲折的战术，与情敌握手言和，结成统一战线，让丈夫束手就擒。现代女性也经常会遭遇类似的婚姻危机，不妨学学木兰在这种情形中所表现出的不动声色、豁达平和。

三、善于反省，敢于担当，让丈夫心服口服

寻常女子在知道丈夫负心之后，一般都对丈夫恨之入骨，一门心思想着如何报复，因为态度激烈，方式极端，逼得丈夫无路可逃，只好破釜沉舟，彻底投身到情敌的怀抱里。

木兰生育两女一子，最大的女儿阿满15岁那年在学潮中被枪杀。木兰跟苏亚有多年的夫妻之情，又曾经一道面对丧女和战乱之痛，她把苏亚当作生死相依的伴侣。苏亚中年负心，对她的伤害是显而易见的。

但是，她却能咽下种种委屈，从自身找原因，自始至终，都表现出难能可贵的反省精神。譬如，她意识到正是自己追求理想太过火，才导致夫妻间的情感危机，立刻买来一些时髦新潮的衣饰和化妆品，改变自己"乡下老婆子"的形象，来迎合丈夫口味；在写给曹丽华的信中，她也坦言："拙夫之行径，多少系木兰之过。"她不但勇于反省过错，还努力用行动去挽回丈夫的心。譬如，安排情敌与丈夫在自己家会面，丈夫俯首认错之际，木兰不仅没有不依不饶，相反，为了帮丈夫摆脱难堪，主动伸手表示和解，又故意转移话题，使得苏亚又爱又气，哭笑不得，发自内心地说："这个小机灵鬼儿。"

尤其难得的是，事后木兰从不翻旧账，而是努力从改变自己的角度完善婚姻，她所表现出来的胸襟和气度，让苏亚心服口服，也因此获得了丈夫永久的真爱。

但愿为情感困扰的现代女性，能静下心来学学木兰的为妻之道，用智慧和爱心经营婚姻，巩固家庭。

做人呢，随性一点，随心一点，开心就好。（过客小桥）

这位古稀之年的老人，能够当众骄傲地说出"宝贝儿"三个字，昭示的是经过岁月打磨，如钻石般恒久耀目的爱情……

70. 婚姻中最浪漫的事

我能想到最浪漫的事，
就是和你一起慢慢变老，
一路上收藏点点滴滴的欢笑，
留到以后坐着摇椅慢慢聊。
我能想到最浪漫的事，
就是和你一起慢慢变老，
直到我们老得哪儿也去不了，
你还依然把我当成手心里的宝。
——引自歌曲《最浪漫的事》

2008年8月30日晚，看了由湖南卫视主办的第七届金鹰节颁奖晚会暨闭幕式。给我留下至深印象的，不是那些有着耀眼光环的明星，而是堪与电视剧《金婚》媲美的现实版的一对金婚老人：周尔均与邓在军夫妇。

周尔均将军是周恩来总理的侄儿，曾任国防大学政治部主任，中国人民解放军功勋荣誉章获得者。邓在军是我国著名的第一代电视艺术家，国家一级导演，曾经执导过多届春节晚会。他们夫妇在事业上可谓各有千秋，在情感

情素跟帖

1. 很羡慕这一对老夫妇。其实幸福并不遥远，一句贴心的话，一个关心的眼神，已经足够！也期待自己的生活多点这样的点点滴滴！（流动的风景）

2. 我当时也看了，很感动。白发

幸福婚姻解码　265

上更是和谐甜美得让人羡慕。

在金鹰奖的颁奖舞台上，年过七十的周尔均将军很自得又很骄傲地向观众宣称，他在家中一直用"宝贝儿"称呼老伴儿邓在军。此话一出，全场掌声如雷。我也情不自禁地为之动容。

"宝贝儿"是个多么温馨甜蜜的称呼呀！家长们把心爱的孩子叫"宝贝儿"，是暖暖亲情的自然流露；年轻爱侣把自己另一半叫"宝贝儿"，是爱怜疼惜的炽热告白；而这位陪伴妻子走过漫漫50年婚路，已步入古稀之年的老人，能够当众骄傲地说出"宝贝儿"三个字，昭示的则是经过岁月打磨，如钻石般恒久而耀目的爱情。

记得晚会编导曾把电视剧《金婚》中的佟志和文丽同现实版中的周尔均与邓在军夫妇作对比，说他们有很多共同之处。比如，一起走过艰难困苦的岁月，同是四个孩子的父母，邓在军跟剧中人文丽一样，也曾遭受癌症病魔的威胁等等。在我看来，电视中的佟志和文丽是吵吵闹闹，历经各种波折和磨合后，才达到与子偕老的境界，他们的婚姻生活有浪漫温馨也有挥之不去的遗憾，让人笑也让人叹；周尔均与邓在军则是恪守"信任、理解、宽容"六字箴言，用心、用爱迎来了50年金婚。他们对自己的婚姻生活心满意足，也用娓娓道来的话语，向世人揭示了幸福婚姻的源泉——爱。

因为爱，他们长相知、不相疑，彼此爱对方的优点，也欣然接受对方的缺点；因为爱，在平淡冗杂的岁月长河中，他们不离不弃，携手走过50年风雨人生后，依然深情款款、两心相依。被爱包裹着的他们，尽管年过七旬，站在金鹰灿烂的舞台上，还是那样精神矍铄、光彩照人。

行文至此，不由想起我的博客中那些为爱所伤而陷入婚姻困惑中的女子。她们痛陈婚姻的不幸，也有人不断问我：在婚外情泛滥的今天，人世间还有真爱吗？还有永不背叛的婚姻吗？

我想，周尔均与邓在军，这对通身洋溢着幸福与温暖气息的金婚老人已经向世人昭示了爱的力量，他们用一生的不离不弃、相濡以沫告知人们：人世间自有真爱，有爱的婚姻是天堂！让我们滤去尘世的浮躁，抵住围城外的诱惑，用专一与执著，无怨无悔地爱我所爱，营造属于我们自己的婚姻天堂。

苍苍的老人，耳边还响着爱人如此亲昵的呼唤。幸福、羡慕！（想飞的鱼）